全国革命老区县发展史丛书——河北卷

秦皇岛市海港区革命老区发展史

秦皇岛市海港区民政局 编

河北出版传媒集团
河北人民出版社
石家庄

图书在版编目（CIP）数据

秦皇岛市海港区革命老区发展史 / 秦皇岛市海港区民政局编．--石家庄：河北人民出版社，2021.6
（全国革命老区县发展史丛书．河北卷）
ISBN 978-7-202-15465-6

Ⅰ.①秦… Ⅱ.①秦… Ⅲ.①区（城市）—地方志—秦皇岛 Ⅳ.①K292.24

中国版本图书馆 CIP 数据核字（2021）第 112456 号

丛 书 名 **全国革命老区县发展史丛书——河北卷**
QUANGUO GEMING LAOQU XIAN FAZHANSHI CONGSHU HEBEI JUAN
丛书主编 河北省老区建设促进会
书　　名 **秦皇岛市海港区革命老区发展史**
QINHUANGDAOSHI HAIGANGQU GEMING LAOQU FAZHANSHI
编　　者 秦皇岛市海港区民政局

责任编辑　赵　蕊　郭　忠
美术编辑　于艳红
责任校对　余尚敏

出版发行　河北出版传媒集团　河北人民出版社
（石家庄市友谊北大街 330 号）
印　　刷　三河市华东印刷有限公司
开　　本　787 毫米×1092 毫米　1/16
印　　张　24.5
字　　数　288 000
版　　次　2021 年 6 月第 1 版　2021 年 6 月第 1 次印刷
书　　号　ISBN 978-7-202-15465-6
定　　价　150.00 元

编审委员会

总　序

在举国欢庆新中国成立70周年前夕，中国老区建设促进会王健会长请我为《全国革命老区县发展史》丛书作序，作为一名在老区战斗过并得到老区人民生死相助的老兵，回首往事，心潮澎湃，感慨万千，深感义不容辞，欣然应允。

中国革命老区，是以毛泽东为代表的中国共产党人在领导人民推翻帝国主义、封建主义和官僚资本主义三座大山，争取民族独立和人民解放伟大斗争中建立的革命根据地，在这片红色的土地上，诞生了无数可歌可泣的革命英雄儿女，为后人树起了一座不朽的丰碑，他是新中国的摇篮，是党和军队的根。

在艰苦卓绝的战争年代，老区人民把自己的命运与中华民族的命运紧紧地联系在一起，与中国共产党和人民军队的命运紧紧地联系在一起，他们生死相依，患难与共。我曾经历过战争年代，并得到过老区红哥红嫂的救助，切身感受到发生在身边的一幕幕撼天动地的革命故事，在那极其艰难的条件下，老区人民倾其所有、破家支前，不怕艰难困苦，不怕流血牺牲。“最后一碗米送去做军粮，最后一尺布送去做军装，最后一件老棉袄盖在担架上，最后一个亲骨肉送去上战场”，这是当时伟大的老区人民为建立新中国做出巨大牺牲的真实写照，他将永远镌刻在中国共产党、中国人民解放军、中华人民共和国的历史丰碑上。他们的光辉业绩永载史册，他们的革命精神必将影响一代又一代的革命新人，造就一代又一代的民族脊梁。

在社会主义革命和建设时期，革命老区和老区人民响应党的号召，面对落后的面貌、脆弱的经济、恶劣的生态环境，他们本色不变，精神不丢，自力更生，艰苦奋斗，干一行爱一行。始终坚持“革命理想高于天”，自觉做共产主义远大理想的坚定信仰者和忠实实践者，勇于向恶劣的自然环境和贫穷落后宣战，他们在各条战线上为国建功立业，用平凡的双手创造了一个又一个不平凡的奇迹，彰显了老区人的崇高精神和人格力量。

在改革开放的伟大进程中，老区人民解放思想，勇于创新，发奋图强，攻坚克难，老区的经济社会建设取得了辉煌成就。特别是在改变中国的面貌、中华民族的面貌、中国人民的面貌、中国共产党的面貌的伟大实践中发挥了至关重要的作用。老区人民既是改革开放的参与者，也是改革开放的推动者。

艰苦炼意志，危难见精神。老区人民在近百年的革命战争、社会主义建设和改革开放的伟大实践中，孕育形成了伟大的老区精神；爱党信党、坚定不移的理想信念；舍生忘死、无私奉献的博大胸怀；不屈不挠、敢于胜利的英雄气概；自强不息、艰苦奋斗的顽强意志；求真务实、开拓创新的科学态度；鱼水情深、生死相依的光荣传统。这是党和人民宝贵的精神财富、丰厚的政治资源，是凝心聚力、振奋民族精神的重要法宝，也是社会主义核心价值观的重要内容。

中国老区建设促进会怀着强烈的政治责任感和历史使命，组织全国各地老促会人员克服困难，尽心竭力编纂《全国革命老区县发展史》丛书，记录老区的光辉历史和辉煌成就，传承红色基因，弘扬老区精神，是功在当代、利及千秋的一件大事。手捧这部丛书的部分书稿，读着书中的故事，倍感亲切，深感这部丛书具有资政、育人、存史的社会功能，有着重要的时代和历史价值。它是不忘初心、牢记使命的源头活水，是赞颂共产党、讴歌老区人民的一部精品力作，是弘扬老区精神、传承红色记忆的丰富载体，是一项继承优秀传统文化、弘扬革命文化、发展社会主义先进文化，坚定“四个自信”的宏大文化工程。他必将成为一种文化品牌，为各界人士了解老区、宣传老区、支持老区提供一部有价值的研究史料。希望读者朋友们能从中了解并牢记这些为党和民族的利益不断奉献的老区人民，从中得到教益，汲取人生奋斗的精神动力。

新时代赋予新使命，新的起点开启新征程。让我们更加紧密地团结在以习近平同志为核心的党中央周围，坚持以习近平新时代中国特色社会主义思想为指导，增强“四个意识”，坚定“四个自信”，做到“两个维护”，弘扬老区精神，铭记苦难辉煌。为实现“两个一百年”奋斗目标，实现中华民族伟大复兴的中国梦，作出新的更大贡献！

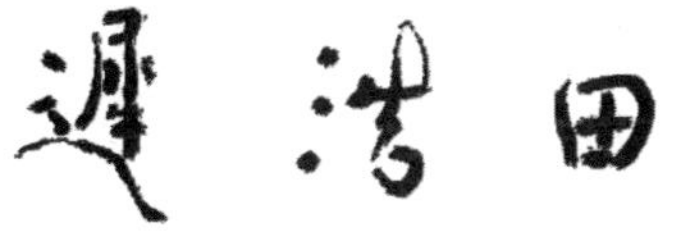

2019 年 4 月 11 日

编写说明

2017 年 6 月，中国老区建设促进会组织全国各地老促会启动编纂《全国革命老区县发展史》丛书，按照“建立中国共产党、成立中华人民共和国、推进改革开放和中国特色社会主义事业”三大里程碑的历史脉络，系统书写革命老区百年历史，深入挖掘革命老区红色文化资源，这对于充实丰富中国革命史籍宝库，在新时代传承红色基因、弘扬革命精神、强固根本，对于激励人们夺取新时代中国特色社会主义建设的伟大胜利，实现中华民族伟大复兴的中国梦具有重要意义。

丛书编纂以习近平新时代中国特色社会主义思想为指导，以《中国共产党历史》《中国共产党的九十年》等中央文献为基本依据，以党的领导为核心，以老区人民为主体，以老区发展为主线，体现历史进程特征，突出时代发展特色，坚持辩证唯物主义和历史唯物主义相统一、历史真实性和内容可读性相统一的原则，书写革命老区从站起来、富起来到强起来的光辉革命史、不懈奋斗史、辉煌成就史，把老区人民的伟大贡献、伟大创造、伟大成就、伟大精神充分展示出来，形成一部具有厚重历史特征和鲜明时代特色的精品力作。这是一部培根铸魂、守正创新，既为历史立言，又为时代服务，字里行间流淌着红色血脉、催生着革命激情的传世之作。丛书的编纂出版将成为讴歌党、讴歌人民、讴歌时代，传播红色文化，为革命老区和老区人民树碑立传的重要载体。

丛书按照编年体与纪事本末体结合、以编年体为主的编写体例确定框架结构；运用时经事纬、点面结合的方式记述史实，坚持人事结合、以事带人的原则处理人与事的关系；采取夹叙夹议、叙论结合、以叙为主的方法展开内容，做到了史料与史论、历史与现实、政治与学术统一，文献性、学术性、知识性相兼容。

为编纂好《全国革命老区县发展史》丛书，打造红色文化品牌，中国老区建设促进会认真组织积极协调，提出政治立场鲜明、史料真实准确、思想论述深刻、历史纬度厚重、时代特色突出、编写体例规范、篇目布局合理、审读把关严格、出版制作精良的编纂出版要求，力求达到革命史籍精品的精神高度、思想深度、知识广度、语言力度，增强丛书的权威性和社会影响力。各省（区、市）、市（州、盟）、县（市、区、旗）老促会的同志以强烈的使命感、责任感和紧迫感，勇于担当，积极作为，认真实施，组织由老促会成员、专家学者等参加的十余万人编纂队伍。编纂工作主体责任在县；省、市组织协调，指导、审读把关。各方面人员以高度负责的精神和科学严谨的态度，满腔热情地投入工作，为丛书编纂出版做出了重要贡献。丛书编纂工作还得到了党和国家有关部委、地方各级党委、政府及有关部门的大力支持和积极参与，社会各界也给予了热情帮助。中共中央政治局原委员、中央军委原副主席、原国务委员兼国防部长迟浩田上将，对老区人民怀有深厚感情，对革命老区建设发展十分关注，欣然为《全国革命老区县发展史》丛书作总序。

丛书由总册和1599部分册（每个革命老区县编纂1部分册）组成，共1600册。鉴于丛书所记述的史实内容多、时间跨度长和编纂时间紧，不妥之处，敬请批评指正。

中国老区建设促进会

目　录
CONTENTS

第一章　区情综述

海港区居秦皇岛“一市三区”独特格局中的核心位置，是秦皇岛市的政治、经济、文化中心，是秦皇岛历史发展的本源地。1984年4月，秦皇岛被国务院批准为全国14个进一步对外开放的沿海港口城市之一，海港区成为中国对外开放的前沿城区。历经40多年改革开放，这个美丽的滨海城区发生了天翻地覆的变化，城市建设快速发展，道路建设日新月异，基础设施日臻完善，经济实力显著增强，各项社会事业繁荣进步，人民生活水平大幅提高，在环渤海经济圈战略位置的重要性日益显现。海港区已成为中国北方重要的对外贸易口岸、最适宜人类居住和旅游休闲度假的城市之一。

历史沿革

海港区即秦皇岛城区。相传秦始皇巡游途中曾求仙驻跸于此，秦皇岛由此而得名，也是中国唯一以皇帝名号命名的城市，是中国古代神秘文化的发祥地之一。唐太宗李世民东征高丽时曾到此观海览胜，故又有秦王岛之说。上古属幽州，商属孤竹国，战国时期属燕国，秦汉时期属辽西郡累县（临渝），隋唐属平州临渝县，辽属迁民县，元属迁民镇，明属山海卫，清乾隆二年（1737年）置临榆县，属其管辖。光绪二十四年（1898年）辟为商埠，修建码头，人烟骤增，形成聚落，直至1948年为临榆县1个镇，称秦皇岛镇。

1948 年 11 月 27 日，秦皇岛解放后建立秦榆市，市区在 3 个镇的基础上设立 3 个区。1949 年 2 月，秦榆市改称秦皇岛市。1950 年 2 月，成立秦皇岛市郊区；7 月，秦皇岛市郊区改称四区；9 月，第一、二区合并称一区，三区改称二区，四区改称三区。1953 年 8 月，一、二区合并称一区，三区改称二区。1956 年 1 月，一区改称海港区，二区改称汤河区。1958 年 5 月，汤河区并入海港区。

地理位置及面积

海港区位于秦皇岛市东南部，地理坐标为北纬 39°24′至 40°37′，东经 118°33′至 119°51′。南临渤海，北倚燕山，东毗历史文化名城山海关，西连避暑胜地北戴河和秦皇岛经济技术开发区。是连接华北、东北的咽喉要地，处于京、津、冀都市圈的东端，环渤海经济区的中间环节。素有“京津门户”之称，自古即为兵家必争之地、军事战略要地。海、陆、空交通发达，为全国性综合交通枢纽，距秦皇岛北戴河国际机场 47 千米，距首都北京 300 千米，距天津 220 千米，距河北省省会石家庄 483 千米。京哈、津山、大秦、秦沈客运专线，津秦客运专线，秦南、秦山 7 条铁路和京沈高速公路、沿海高速公路、承秦高速公路及 102 国道、205 国道穿境而过。渤海和燕山赋予秦皇岛港得天独厚的自然条件，为北方独有的一年四季不冻不淤的天然良港。境内有年吞吐量超亿吨的能源输出港——秦皇岛港和秦皇岛地方港口——新开河港。海岸线长 28 千米。东接辽宁葫芦岛市，西近京津，位于最具发展潜力的渤海经济圈中心地带，是东北与华北两大经济区的接合部。改革开放后，地理位置日渐突出，成为北京、内蒙古、山西、河北等省市区和东北地区重要的出海口。

行政区划

1883 年，秦皇岛形成清真街、柴禾市、洪义里、杨家胡同 4 条街。1890 年后又形成遇井街、正街。1911 年后形成朝阳街、道德街、长城路、东大街、莱市街、阜兴街、高升街、小南街等，1916 年，唐榆铁路南移经秦皇岛设车站，铁路南逐渐形成商业区，铁路北形成居民区。

1935 年，划分一镇、二镇、三镇。1943 年 5 月，3 个镇合并称秦皇岛镇。1945 年，秦皇岛设 5 个镇 5 个乡。1947 年，调整为 3 个镇 4 个乡（朝阳路镇、海阳路镇、开滦路镇；黄土坎乡、白塔岭乡、蔡各庄乡、马坊乡）。

1948 年 11 月 27 日，秦皇岛解放后设 3 个区。1956 年 1 月，三区合并，称海港区。1958 年 5 月，汤河区并入海港区。1958 年 12 月，秦皇岛市和抚宁县合并，原抚宁县的海阳区、石门寨区、驻操营区划归海港区。1961 年，秦抚分开后又划回抚宁县。1961 年 5 月，海港区辖 5 个农村公社（黄土坎公社、马坊公社、铁庄公社、孟营公社、归提寨公社）和 3 个城市街道（长城路街道、海阳路街道、开滦路街道）。1963 年 6 月，城市又划为 5 个街道（长城路街道、新华大街街道、海阳路街道、开滦路街道、耀华街道）。1976 年 8 月，农村 5 个公社划给郊区。城市区 5 个街道调整为 8 个街道（港口街道、耀华街道、新华大街街道、海阳路街道、新生路街道、建设大街街道、友谊路街道、长城大街街道）。1984 年 6 月，郊区撤销后，原划出的 5 个乡又划回。至此，海港区管辖范围又恢复到 1976 年 7 月以前的规模，既管城市又管农村，辖 8 个街道、5 个乡（港口街道、耀华街道、新华大街街道、海阳路街道、河东街道、建设大街街道、友谊路街道、长城大街街道；黄土坎乡、马坊乡、铁庄乡、白塔岭乡、归提寨乡）。1984年9月，建立秦皇岛经济技术开发区。位于大、小汤河之间的东白塔岭村，占地面积1.9平方千米土地划秦皇岛经济技术开发区管辖。1985年4月，街道由8个调整为10个，新增加西港路街道和燕山大街街道。1988年3月，耀华街道、港口街道合并称海滨路街道，新华大街街道、海阳路街道、长城大街街道合并称文化路街道。1993年8月，白塔岭乡的孟营村、孙庄村、前进村划归秦皇岛经济技术开发区，面积6平方千米。1995年4月，抚宁县的海阳镇、姚周寨乡、拦马庄乡划归海港区，辖1个镇、7个乡、127个行政村。1996年1月，马坊乡、铁庄乡并为海港镇，姚周寨乡、拦马庄乡并为北港镇，白塔岭乡、归提寨乡并为西港镇，黄土坎乡改为东港镇。2001年4月，撤销友谊路街道，新建北环路街道、东环路街道、港城大街街道、白塔岭街道，街道调整为10个。2002年10月，海阳镇的杨庄户村、许庄村、王校庄村、烟台山村、约和庄村、计新庄村、西张庄村、凤凰店村和西港镇的邢庄村划归秦皇岛经济技术开发区，面积12.67平方千米，耕地面积842.35公顷。2002年底，辖海港镇、海阳镇、东港镇、西港镇、北港镇5个镇118个行政村和燕山大街街道、港城大街街道、建设大街街道、北环路街道、东环路街道、西港路街道、海滨路街道、河东街道、白塔岭街道、文化路街道10个街道92个社区。2015年8月，原抚宁县杜庄镇、石门寨镇、驻操营镇及所辖的164个村并入海港区，海港区辖8个镇、3个园区、262个行政村和10个街道、88个社区、15个居民区。2019年底，海港区辖东港镇、海港镇、西港镇、海阳镇、北港镇、驻操营镇、杜庄镇、石门寨镇8个镇，海港经济开发区、临港物流园区2个园区，文化路街道、海滨路街道、北环路街道、建设大街街道、河东街道、西港路街道、燕山大街街道、港城大街街道、东环路街道、白塔岭街道10个街道，以及263个村、99个社区、15个居民区。

表1　　2019年海港区行政区划组织情况一览表

单位名称	城市		农村	
	街道办事处	社区、居民区委员会	镇政府	村民委员会
合　计	10	114	8	263
海港镇	—	15	1	1
东港镇	—	—	1	12
西港镇	—	—	1	17
海阳镇	—	—	1	17
北港镇	—	—	1	32
杜庄镇	—	2	1	42
石门寨镇	—	—	1	70
驻操营镇	—	—	1	52
北部工业区	—	2	—	13
临港物流园区	—	—	—	7
文化路办事处	1	7	—	—
海滨路办事处	1	7	—	—
北环路办事处	1	10	—	—
建设大街办事处	1	7	—	—
河东办事处	1	7	—	—
西港路办事处	1	11	—	—
燕山大街办事处	1	7	—	—
白塔岭办事处	1	18	—	—
港城大街办事处	1	9	—	—
东环路办事处	1	12	—	—

人　口

1898年，秦皇岛辟为商埠后，人口逐渐增加。据载，秦皇岛1922年，总人口15554人；1924年，总人口14323人；1925年，总人口14920人；1948年，总人口52425人。新中国成立后，秦皇岛物阜民丰，百业复苏，人口急剧增加。1949年底，总人口为85232人；1959年底，总人口为144738人；1969年底，总人口为153961人；1979年底，总人口为207919人；1983年底，总人口为233892人。1984年后，秦皇岛市成为沿海开放城市，海港区成为开放窗口，经济快速发展、大量人才引进，再加之行政区划变动，人口增长直线上升，农业人口在全区总人口中的比重逐年下降，城市化水平提高。1984年，全区总人口252076人。1990年，总人口315211人，其中，男性164320人，女性150891人。人口密度每平方千米2728.45人。6年间，人口增加63135人。人口定基增长速度25.0%，环比增长速度2.7%。2000年，总人口475307人，比1990年增加160096人。人口定基增长速度88.6%，环比增长速度2.8%。到2005年，总人口为537688人，比2000年增加62381人。2010年底，全区总人口571161人，比2005年增加33473人。2015年底，全区总人口693114人，比2010年增加121953人。2019年，总人口747713人，比2015年增加54599人。

自然环境

全省唯一临海的主城区，境内海岸线长。气候宜人，风光秀丽，滨海地带绿树掩映，海天一色，北部山区植被茂密，鸟语花香，全区森林覆盖率53.1%，人均公共绿地面积达10.2平方米，空气中负氧离子含量是一般城市的10—20倍。境内地势北高南低，北部为起伏不平的剥蚀平原，多丘陵、山地，南部滨海地区为泻湖平原，地势低平。北部圆明山风景秀丽，有天然林场面积40公顷。董家口长城保持明长城的原汁原味，是明长城原始状态保存最为完好的一个段落。板厂峪化石洞，遗迹众多，有亚洲唯一的斑鬣狗化石，其数量之多成为亚洲第一。明长城及明长城砖窑，是全国唯一的明长城砖窑群遗址。南部有东山浴场和西浴场，沙细、滩缓、水清、潮平，是北方地区最优秀的天然浴场之一。东山有岬角，岩质奇特，极具观赏价值。

海域广阔，海底平坦，饵料充足，水温适度，水质良好，宜于鱼类生存繁衍。鱼类、虾类、蟹类、贝类、软体、腔肠类及藻类动植物品种多。尤其是对虾、螃蟹最为有名。

属暖温带半湿润大陆性季风气候。四季分明，雨热同季，季风明显，温度适中，光照充足。四季冬夏较长，春秋较短。夏季炎热日少，夜多海风，凉爽宜人，宜于避暑旅游。

流经区境和源于辖区的河流均属沿海小型水系，特点是源短流急，汛期暴涨暴落，非汛期则急流少或干涸，为典型的北方山溪性河流。境内河流有汤河、小汤河、新开河、马坊河、沙河、石河，均属冀东沿海河流水系。

全区地域自东北向西南到海岸，地形可分为三部分：北部是低缓的剥蚀丘陵，起伏不平；中部是剥蚀平原和堆积平原，地势平坦；南部临海地区是泻湖平原，地势低平，局部沼泽化，常年积水。

旅游资源种类齐全而分布密集，集大海、沙滩、青山、绿水为一体，还有新开发的寺耳山风景区，有“秦皇曾驻跸，渡海欲求仙”的秦始皇求仙入海处，有碧海金沙的东、西浴场；港口建设的发展使近代西洋建筑成为海港区一景，保存完好的有南山近代建筑群、开滦路和缸砖路近代建筑群及耀华老区部分建筑等，形成独特的口岸文化。

柳江盆地地质遗迹自然保护区。1999 年 5 月，河北省人民政府批准建立“秦皇岛柳江盆地地质遗迹省级自然保护区”。2001 年 12 月，国土资源部批准建立“河北秦皇岛柳江国家地质公园”，2002 年 9 月 8 日，举行开园揭碑仪式。公园以柳江盆地的地质遗迹和地质、地貌景观为核心内容，具有观光览胜、教学实习、科普教育、地学理论研究等功能，成为全国第二批、全省第一个国家地质公园。公园占地面积约 240 平方千米。它荟萃新太古代至新生代，中国华北地区在漫长的地球演化过程中的地壳运动、岩浆活动、沉积环境变化及生物进化等各种地质现象之精华，构成独具特色的华北地台的“窗口”。它集奇峰秀水、幽谷祥云、怪石异洞、名花茂林于一身。保护区内沉积岩、岩浆岩和变质岩三大岩类出露齐全，各年代沉积地层发育完好，地层单位界限清晰，化石丰富多样，尤以寒武纪的三叶虫、奥陶纪的头足动物以及石炭纪、二叠纪和侏罗纪的古植物最为著名。柳江盆地是中国最早开展地质调查研究工作的地区之一，其研究历史达百年，许多大专院校、科研院所和生产单位，通过在该地区的工作，取得丰硕成果。不计其数的地质人员由此迈入神圣的地球科学殿堂，成为知名的专家学者。柳江盆地素来享有地球科学研究“天然实验室”和地质学家成长“摇篮”的美誉，因此在国内驰名，在国际上也颇有影响，成为具有重要意义的地质遗迹区。

第二章　革命历程（1921—1949）

秦皇岛是全国较早建立中国共产党组织的地区之一。1921 年 10 月，中国共产党成立不久，就派中共党员、长辛店工人俱乐部委员、劳动组合书记部北方分部成员杨宝昆到山海关铁路工厂（现山海关铁路桥梁厂）工作。杨宝昆是党派往秦皇岛地区的第一名党员，为把秦皇岛地区的工人运动由过去的经济斗争，引向“打倒帝国主义”“打倒封建主义”的政治斗争奠定基础。

1922 年 9 月，自中国共产党创始人之一王尽美到秦皇岛港组织、领导码头工人成立“秦皇岛矿务局工友俱乐部”开始，到 1949 年中华人民共和国宣告成立，秦皇岛地方党组织在党中央及冀东区党委的领导下，带领秦皇岛港、耀华玻璃厂、柳江煤矿等厂矿企业职工及广大民众，为争取自由解放，同帝国主义、封建主义、官僚资本主义及日伪黑暗统治、国民党反动派进行了艰苦卓绝的斗争，写下可歌可泣的历史篇章。

党的创立和大革命时期，由中共北方区委和中国劳动组合书记部领导的轰轰烈烈的开滦五矿同盟大罢工，是中国共产党成立后，也是中国劳动组合书记部成立后领导的一次大规模工人运动，是 1922 年香港海员大罢工后震动较大的一次罢工，显示在中国共产党领导下秦皇岛工人阶级的团结和力量，在中国工人运动史上写下精彩一笔。

土地革命时期，由于蒋介石背叛革命，全国革命形势处于低潮。

1930年6月8日，党组织从上海派遣负责海员工运的程志光到秦皇岛，在樊宝吉旅馆成立秦皇岛第一个海员工会。在国民党新军阀统治刚刚确立、白色恐怖笼罩全国、工作条件极其困难的形势下，领导船员开展反抗资本家的斗争，工人争取到部分经济利益，劳动条件有所改善，表现共产党人不畏强敌的斗争精神。1932年下半年，贺仲莲、贾廷杰、陶立中等人秘密建立中共秦皇岛支部；10月10日—12月7日，成立不久的中共秦皇岛支部领导4000多名秦皇岛港工人，发动与开滦英人资本家“清算装卸费”的斗争，沉重打击开滦英人统治者，鼓舞了港口工人的革命斗志。

在抗日战争时期，1938年3月，中共秦皇岛党组织以“朋友会”为骨干，动员秦皇岛港码头工人参与唐山开滦矿工“五矿总同盟罢工”，开展增资斗争，经过长达9个月的艰苦斗争，迫使秦皇岛港当局屈服，有力地支援了冀东反日大暴动和开滦矿工在节振国等领导下的城市武装起义，成为冀东人民抗日运动的重要一翼。1943年2月，党组织建立以傅平为书记的中共柳江煤矿党支部，组织进步工人冒着生命危险，从井下或药库搞出雷管、炸药，转给八路军兵工厂，制造地雷、炸弹，打击日寇；党支部组织人员秘密搜集日伪情报，侦察日伪据点的火力配备，绘制日寇首脑机关和其他军事机构的地理位置图，上报党组织。只有几名党员的柳江煤矿党支部，秘密活动在敌人心脏，为秦皇岛抗日斗争作出贡献。

解放战争时期，国民党反动派在美帝国主义支持下，抢夺抗战胜利果实，进犯解放区，秦皇岛成为国民党反动派抢占东北、运兵登陆的重要通道。秦皇岛战略地位决定其革命斗争的残酷性和复杂性。在党中央和冀东区党委的领导下，秦皇岛地方党组织领导军民奋起反击，坚决回击国民党反动派对解放区的疯狂进犯，开辟和巩固根据地；坚决贯彻党中央“五四指示”精神，开展土地改革运动，取得巨大成绩。在冀东区党委的部署和领导下，开展“大破击”运动，支援“辽沈战役”，为“辽沈战役”及全国解放战争胜利作出应有贡献。

第一节 早期革命活动

在 1917 年俄国十月革命的巨大影响下，深受帝国主义、官僚资产阶级、封建势力三重压迫的秦皇岛港工人，逐渐汇入全国反帝、反封建的洪流之中。尤其 1919 年爆发的五四运动是秦皇岛以工人阶级为主力军的人民革命的起点。

秦皇岛港的码头工人多由河北省、山东省、河南省出外谋生的穷苦农民组成。多数人“闯关东”路经秦皇岛被招用，部分人应招南非劳工未能成行被招用，还有一些被遣返劳工留在港内，组成秦皇岛第一代码头工人队伍。1917 年，港内工人人数达 3000 人。资本家对工人残酷剥削，工人工资很低，平均只有高级职员的二十六分之一，生活十分贫苦，不能养家糊口，更难结婚成家，奠定他们奋起反抗的基础。码头工人早期的反抗斗争，主要是采取消极怠工、逃班、捣毁工具等方式进行。由于不能认清帝国主义、封建势力、官僚资产阶级的压迫、剥削是他们贫困的根源，更没有意识到工人阶级的历史使命，因此，虽有一些自发的反抗，但斗争是分散的，规模不大，影响较小。1919 年，爆发伟大的五四爱国运动，震撼了秦皇岛各个社会阶层，开滦秦皇岛港工人纷纷走出厂房、码头，组织游行队伍，向帝国主义和封建官僚示威，声援学生反对巴黎和约的爱国运动，使工人受到锻炼，思想觉悟大大提高。

1921 年 7 月，中国共产党的成立，秦皇岛的工人运动开始进入一个新阶段，成立秦皇岛矿务局工友俱乐部，同开滦五矿同盟开展罢工斗争，成立党的秘密小组，发展新党员。10月，党组织派中共党员、长辛店工人俱乐部委员、劳动组合书记部北方分部成员杨宝昆到山海关铁路工厂（现山海关铁路桥梁厂）工作。1922年，中国共产党第二次代表大会制定党的最低纲领和最高纲领，正式通过共产党建立后的第一个《中国共产党章程》。1922年8月初，王尽美到山海关，直接领导秦皇岛和山海关地区厂矿工人开展斗争，开展多次工人怠工、罢工运动，秦港工人与开滦五矿同盟等罢工斗争就是斗争高潮中北方工人举行的主要罢工之一。但是，1923年2月7日，京汉铁路反动军阀屠杀罢工工人的“二七”惨案发生后，秦皇岛的工人运动和全国各地工人运动一样遭到镇压，渐起的工人运动暂时转入低潮。

一、王尽美在秦皇岛播撒革命火种

1922年1月，以香港海员罢工斗争为起点的工人斗争，逐渐走向高潮。全国各地的罢工斗争达100多次，参加斗争的工人30多万人。

中国劳动组合书记部成立后，中国共产党创始人李大钊、邓中夏、王尽美等十分关心并亲自考察秦皇岛的工运工作，决定由王尽美担任中国劳动组合书记部北方分部副主任，负责秦皇岛、山海关地区的工运工作。王尽美（1898—1925），又名烬美，山东省诸城市人，是中国共产党创始人之一。

1922年8月初，王尽美到山海关，直接领导秦皇岛和山海关地区厂矿工人开展斗争。8月15日，山海关京奉铁路工友俱乐部正式成立。为开辟秦皇岛港的工人运动，他积极培养骨干，组织秦皇岛港码头工人积极分子参加山海关铁路俱乐部的活动。9月初，他组织领导秦皇岛港码头工人成立秦皇岛矿务局工友俱乐部，委员长廖洪翔，副委员长孟学诚，委员刘朝栋、孙德仲等，会址设在鲜果市老盐店旧址（现西前街）。俱乐部发表“号召书”，号召工人紧密结成一个工人总团体。工友俱乐部发展很快，仅一个月就发展会员1200多人。

秦皇岛矿务局工友俱乐部是党领导的在秦皇岛地区最早的工会组织。俱乐部的建立，为地位低下、生活单调枯燥的穷苦工人提供学习和娱乐的场所，使之结成一个维护自己阶级利益的坚强团体。王尽美多次到秦皇岛主持矿务局工友俱乐部的重要会议，与俱乐部委员共同做详细分析和周密准备，派廖洪翔去唐山参加矿区活动，与开滦各矿的工运斗争建立紧密联系；请长辛店工人代表到秦皇岛港交流工运斗争经验，培养教育工运骨干。

1922年10月4日，山海关京奉铁路工人举行1100多人参加的第一次罢工，在王尽美的领导和组织下，铁路工人团结斗争，得到各地工人的支持。开滦五矿3万名工人捐一日工资，支援罢工工人；秦皇岛港工友俱乐部代表在山海关铁路工人举行的工人大会，表示愿同山海关工人“义同生死，决取一致行动”。铁路工人群情振奋，斗志坚定，坚持罢工，13日取得完全胜利。就在山海关铁路工人庆贺罢工斗争胜利时，唐山铁路车辆厂工人也宣布罢工，20日胜利结束。

二、秦港工人与开滦五矿同盟的罢工斗争

1922年10月初，在党组织的领导下，开滦成立“开滦五矿工人联合总会”（开滦五矿指当时开滦矿务局所属的五矿，包括秦皇岛港、唐山矿、林西矿、马家沟矿和赵各庄矿。因唐家庄矿当时正在建设中，所以不在五矿同盟之列。1934年后，五矿同盟包括唐家庄矿，为区别五矿同盟故改港矿同盟），号召大家“结合成一个工人总

团体”。

10 月 15 日，廖洪翔作为秦皇岛矿务局工友俱乐部代表，参加由中共党员邓培在唐山铁路南厂召集的开滦五矿工人代表会议，共同拟定《开滦五矿工人联合请求书》，提出增加工资、改善待遇等 6 项要求。10 月 16 日，开滦五矿工人选出的代表将《开滦五矿工人联合请求书》递交开滦矿务局总矿师杜克茹（比利时人）。是日晚，秦皇岛港工人在机器厂西门外广场举行第一次露天大会，王尽美、孟学诚和西矿（指秦皇岛港外的开滦 4 个矿）、山海关铁路的工人代表参加大会并讲话，表达全体工人对《开滦五矿工人联合请求书》的坚决支持。

10 月 23 日，宣布 5 万多名工人参加的五矿同盟大罢工。王尽美召集俱乐部委员研究罢工部署，起草给秦皇岛经理处经理齐尔顿的《最后通牒》。同日，秦皇岛港工人在东大庙举行全体工人集会，王尽美宣读《开滦五矿总罢工宣言》《致开滦矿务局总经理函》，提出每卸一吨煤炭增加工资一分钱的要求。会后，举行声势浩大的示威游行，包围经理处英人经理的办公楼，递交罢工宣言。秦皇岛港工人的罢工，除开滦矿务局秦皇岛经理处部分职员外，医务人员、押车工、更夫等都宣布罢工，全部加入罢工行列。港区内无人工作，停水停电，“洋员”们只能靠蜡烛与井水维持日常生活；港口甚多的存煤不能起运，18 艘运煤船不能起航，经济损失重大。

10 月 26 日，开滦矿务当局勾结杨以德，调集大批军警，对罢工游行讲演队进行镇压，打死打伤请愿工人 50 多人，发生开滦惨案。27 日，发表王尽美起草的《秦王（皇）岛矿务局全体工人痛告国人书》，表示：“我们绝不畏缩，决不畏恶势力所屈服！要为死者报仇，和他们决战！”秦皇岛港工人的罢工态度更加坚定。

开滦矿务局英资本家为复工，派警察抓人，威胁利诱；矿务当局采用收买、制造复工假象、离间分化等手段，制止工人罢工，煽动工人复工。秦皇岛经理处雇佣 200 多人，顶替罢工工人。发生轰动秦皇岛和唐山的“李克碑事件”。

11 月 10 日，经理处车务处处长李克碑（英国人）亲自出马，诱骗京奉路司机开车到港口仓库拉车，制造复工假象，被纠察队员薄玉柯、刘永春、景发等人发现。阴谋败落后，受骗的京奉路司机愤怒之下，痛打李克碑。英资本家借机唆使走狗四处造谣，诬陷工人纠察队打人，制造事端，嫁祸工友俱乐部，要求警察逮捕痛打李克碑的有关人员。为此，工友俱乐部发表由王尽美起草的《声讨工贼的公启书》，澄清李克碑所谓“被打”真相，揭穿英资本家破坏罢工的卑鄙伎俩。

11 月 15 日，开滦矿务局贴出布告，公布每月工资百元以下增资 10% 和罢工期间发给 7 日工资等退让条件，开滦唐山矿区工人在反动势力诱迫、分化、恐吓下，11 月 16 日起相继复工。

秦皇岛港工人继续坚持罢工，英资本家恐慌之中再次策划使用武力镇压。11 月 17 日，开滦矿务局总经理给总矿师杜克茹的电报说：“请敦促杨以德将军对秦皇岛采取更有力的行动。”当日，北洋政府临榆县县长和警察局长到秦皇岛威胁罢工工人复工，但在罢工工人的正义斗争面前，他们理屈词穷，狼狈逃回山海关。

11 月 18 日，唐山矿区接受有关方面调停，全面忍痛复工。秦皇岛工友俱乐部考虑继续坚持多有困难，因此，赴开滦矿务局谈判的工人代表在英人资本家答应部分要求的前提下返秦，通知罢工工人 11 月 21 日复工。

开滦五矿同盟大罢工是中国劳动组合书记部成立后领导的一次大规模工人运动，是 1922 年继香港海员大罢工后一次震动比较大的罢工，在政治上给英帝国主义以严重威胁，在经济上使其遭受巨大损失。秦皇岛港工人在罢工斗争中表现坚决、组织严密、纪律严明，罢工时间最长（29 天），显示在中国共产党的领导下秦皇岛工人阶级的团结和力量。共产国际对中国共产党领导的开滦五矿同盟大罢工给予高度评价，肯定罢工的重大政治意义，给予政治上的支持和经济援助。

三、营救王尽美等人的斗争

随着工人运动的发展，涌现一批工人先进分子，他们对党的认识逐步加深，产生入党要求。王尽美适时在山海关造桥厂进行建党活动。1922 年 11 月，接收刘武、佟惠亭参加党的组织，正式成立党的秘密小组，为京奉路早期建立的党组织之一。党小组成立后，陆续发展杜希林、李连生、任荣华等加入党的组织。1923 年 1 月，发展鲁懋堂、林矛新加入党的组织。接着，发展王桂林、寇文德、王国清、徐金明、刘朋加入党的组织。到 1923 年 2 月，党小组有党员 13 人。

1923 年 2 月 7 日，京汉路发生反动军阀屠杀罢工工人的“二七”惨案。全国各地工会组织除广东、湖南外都遭封闭，各地工人运动遭到镇压，工人情绪一时趋于消沉，工人运动暂时走向低潮。秦皇岛地区反动当局对工人进行残忍的报复，他们报复的矛头首先对准王尽美。一天中午，山海关警察局突然把王尽美、杨宝昆、赵春生等人抓走。工人们得知情况后，十分气愤。在秘密党小组领导下，立即集合工人 400 多人，由共产党员佟惠亭率领，包围警察局，要求立即释放王尽美等 3 人，工人们坚定地表示，如不立即释放，就要打进警察局。反动当局怕事态扩大，不得不答应当场将王尽美等 3 人释放。

营救王尽美等人的斗争虽然取得胜利，然而工人运动局势发生逆转。3月下旬，直系军阀通缉王尽美。王尽美已经暴露，继续留下对党的工作不利。3月下旬，党的秘密小组在铁路工人的掩护下，送王尽美回到北京。

王尽美在秦皇岛地区工作半年多时间，先后领导京奉铁路工人大罢工和开滦五矿同盟大罢工，培养一批工人骨干力量，建立秦皇岛地区第一个党的秘密组织，给秦皇岛地区的工运工作开创良好局面，为秦皇岛港工人运动的兴起播下火种。

王尽美转移后，秦皇岛地区的反动当局采取软硬兼施的反革命策略，一面大搞恐怖镇压，一面拉拢软化工人队伍。秦皇岛矿务局工友俱乐部的牌匾被迫摘下，秦皇岛港工人第一次罢工斗争所取得的成果大部被取消，俱乐部委员受到通缉，反动当局的坐探走狗监视工人行动。为保存革命力量，工友俱乐部的委员们暂时分散和隐蔽，廖洪翔暂去天津，孟学诚等暂避于东北，不少罢工骨干也不得不暂躲山海关。秦皇岛港的工人运动转入低潮。

第二节　大革命时期

1924—1927年，一场旨在推翻帝国主义和北洋军阀统治的革命运动似洪流席卷中国大地，史上称中国的“大革命”或“国民革命”。

1925年5月，第二次全国劳动大会在广州召开，成立以共产党员林伟民、刘少奇为正副委员长的中华全国总工会。中国工人阶级有了全国性的统一的组织。

5月30日，上海市民和学生为反对日本资本家殴打童工、枪杀共产党员，举行街头宣传和示威游行。英国巡捕在南京路上突然开枪，打死13人，打伤不计其数。“五卅”运动由此爆发。“五卅”

斗争震惊全国，揭开大革命高潮序幕。“五卅”反帝爱国运动，在秦皇岛地区影响甚深，人民反帝反封建的要求日趋迫切，党对秦皇岛地区的民运工作更加重视。

1926年5月，中共天津地委于方舟等负责同志在昌黎召开讨论北方区委关于当前国内外政治和军事形势及今后工作的会议，研究分析秦皇岛、山海关地区的工农运动情况，地理形势和军事战略价值等。会议认为，秦皇岛工运、学运的发展，可以带动附近厂矿、学校，可以与京、津、唐、锦等城市互相促进，有力配合；以九门口、石门寨、海阳为重点开展农运工作，可与西北部迁安县连成一片。会议提出，农运着重开展反对苛捐杂税与“旗地变民”运动；工运着重开展清偿欠薪、增薪，缩减工时运动；学运着重开展反对读经复古的法西斯教育制度，开放言论、集会、出版的自由运动。会后，中共天津地委决定留秦霁清在临榆县工作，以学运为中心，发展工运、农运和驻军下层士兵工作。秦霁清通过老乡的关系，结识了一些山海关田氏中学的学生，经常与他们谈心，介绍他们阅读进步书刊，启发他们的政治觉悟。

7月，中共天津地委决定组成秦霁清为主、徐桂森和王某（铁工厂支部负责人）为副的中共临榆临时县委。是时，党员不过十余人，积极分子约20多人。由秦霁清负责学运工作，王某负责工运工作，徐桂森负责农运工作。党的工作的开展，引起敌人的注意。敌人发觉党组织与学生有密切联系，便经常检查学生的往来信件。一次，由于地委一同志的疏忽，使地委转给秦霁清的信件落入敌人手中。根据学生的报告，秦霁清很快转移，8月底回到地委。从此，中共临榆临时县委停止工作。

在军阀混战时期，秦皇岛的工人运动也吸取1922年大罢工的经验教训，更加讲究斗争策略。1924年7月25日，开滦矿务局英人总经理那森爱德在致天津英国领事柯尔的信中提到唐山、秦皇岛、山海关地区的工会组织情况时，不无感叹地说："唐山、秦皇岛和山海关，都有这样组织的会员踪迹。哪里有工厂，哪里就有这样的工人，他们的行动很秘密，很难得到他们的消息。"较大厂矿陆续恢复工会组织活动，多次组织工人同资本家做斗争并取得一定的胜利。

1923—1927 年，秦皇岛处于军阀混战和帝国主义残酷压榨的历史时期。面对严峻的政治形势，艰难的生存环境，反动势力的猖狂凶残，秦皇岛的工人运动由低潮转入隐蔽斗争，特别是秦皇岛港工人阶级，在党的领导下，积蓄力量，做好迎接更加艰苦斗争的准备。

一、秦皇岛港工人声援"五卅"反帝爱国运动

"五卅"反帝爱国运动的迅速发展，引起开滦矿务局英资本家的极大恐慌。1925 年 6 月初开始，开滦矿务当局多次召开秘密会议研究防范措施，并密电秦皇岛经理处，严密监控工人活动，严密封锁"五卅"消息，对秦皇岛港常接触上海港船舶的工人进行重点监控。开滦矿务局英资本家压制、破坏秦皇岛港工人声援"五卅"反帝爱国运动，收买封建把头，勾结地方军政当局，加强对港口工人的控制。6 月 8 日，开滦矿务局船务局长同秦皇岛港包工头杨兆禄、纪祥田签订协议，决定从 6 月 1 日起，提高煤炭装卸费率 10%。6 月 9 日，京奉路"旅客"和铁路工人把揭露"五卅"惨案真相的传单带到秦皇岛散发。秦皇岛经理处立即派出"特别职员"清查入港外来人员；经理处经理马康尼亲赴临榆县（秦皇岛归其所辖，治所设在山海关）会见县长，达成"共同维护治安"协议。县警察局派出 2 名特科侦缉士，没收、销毁传单，妄图阻拦港口工人的声援行动。1925 年 6 月中旬，中共北方区委派京奉路刘宝才、孙豪俊到秦皇岛地区组织群众声援"五卅"反帝爱国运动。17 日，刘宝才、孙豪俊

抵达秦皇岛，立即向群众散发传单，宣传上海及全国“五卅”反帝爱国运动的形势，联络各界群众在教会小学举行群众大会，为死难者予以精神和经济上的援助。秦皇岛反动军警闻讯后，逮捕刘宝才、孙豪俊二人，没收他们携带的传单，强令取消集会安排，引起港口工人和各界群众的强烈不满。6 月 18 日，在上海到秦皇岛港的“东京”轮上，工人冲破经理处英人设置的层层封锁和阻拦，在港区散发有关“五卅”反帝爱国运动的传单。帝国主义的血腥暴行，激起秦皇岛港工人的无比愤怒，他们奔走相告，斗志昂扬，反帝爱国斗争一触即发。开滦矿务局英资本家和反动军警不得不释放刘宝才、孙豪俊，并允许秦皇岛民众在附近乡间集会。

1925 年 6 月 21 日，秦皇岛爱国志士大会在秦皇岛附近的乡间举行。刘宝才、孙豪俊在会上讲话，号召各界民众紧密团结，参加全国反帝爱国运动，用实际行动支援上海“五卅”患难兄弟。会后，参加集会的人士代表各界民众，积极为上海工人募捐。乡间会议后，“五卅”反帝爱国运动风暴迅速席卷整个秦皇岛。

二、组建“各界赤心援沪团”

1925 年 6 月 25 日，工人、学生、商会和其他各界民众代表，在秦皇岛车站北足球场集会，继续声讨帝国主义的残暴罪行，追悼“五卅”惨案死难爱国志士。大会成立“各界赤心援沪团”，有工人、学生、商民等代表参加，决定每星期日上午 10 时集会，会址设在扶轮学校（今秦皇岛市山海关区铁路小学）。

各界赤心援沪团成立后，立即组织市民游行大会，上午 10 时出发，手执白旗，高呼口号，扶轮学校学生唱追悼歌，秩序井然。游行毕，折回集合处讲演，激昂慷慨，听者无不兴奋，至下午 4：30 分散会。后端午节又举行一次讲演。

开展抵制日货运动，赤心援沪团组织学生到各商店进行宣传，在商品上加盖“抵制日货”的戳记，提醒民众。为接济因罢工而失业的上海同胞，赤心援沪团设立募捐处，有专人外出讲演劝募，商民募捐者十分踊跃。商人王宪臣须发已斑白，闻听“五卅”惨案后，悲愤不已，积极参加援沪活动，终日出外讲演劝募。一不留名氏的工人在赤心援沪团成立的募捐处捐入累月积蓄之工资20元。许多生活拮据的秦港工人，慷慨解囊，每人捐出一日工资，计得募捐款300多元，支援上海工人兄弟。7月7日，赤心援沪团将第一批募捐款由柳江煤矿公司免费寄往上海总商会。

秦皇岛各界特别是各界赤心援沪团的反帝爱国运动，使开滦矿务局英资本家大为震惊，总经理杨嘉立急忙跑到秦皇岛，指示马康尼加强与中国官员的密切联系，以求得必要的帮助，亲自与秦皇岛奉军驻军首脑联系，要求他们设法阻止工人运动，协助秦皇岛经理处维持好港区治安。秦皇岛经理处为控制工人，派人将港口工人住宅编号联保，严密监视工人活动。但是，秦皇岛港工人大义凛然，无所畏惧，坚持参加爱心援沪团的活动，团结秦皇岛经理处的中国员司，将反帝爱国运动扩大为抵制装卸日货和不买日货，有力地声援“五卅”运动。

三、重建工会组织

1924年后，随着中国革命运动的高涨，秦港工人运动重新活跃。中共党员于方舟以国民党一大代表的身份，在天津成立国民党河北省党部。不久，又在唐山成立国民党区党部，指派有工作能力的共产党员、共青团员在工人中带头开展工人运动和恢复工会组织机构。

1926年2月，开滦五矿总工会秦皇岛分会重新建立，会址在西盐务老盐店“工友俱乐部”原址，工会委员由原“工友俱乐部”委员廖云路等担任。开滦五矿总工会派林西矿工会委员、矿工耿明海到秦皇岛帮助工会开展工作，加强秦皇岛分会的领导力量。

开滦五矿总工会秦皇岛分会恢复后，立即召开职工群众大会，开滦五矿总工会的代表介绍开滦五矿重新成立总工会的情况及开滦工人反对军阀暴行的正义行动，宣读《开滦五矿总工会告工人同胞书》。在中共北方区委、唐山地委和开滦五矿总工会的领导下，秦皇岛分会做了大量工作，深得秦皇岛港工人的拥护和爱戴，工人们说："当年的红色工会（指 1922 年的工友俱乐部）又回来了。"开滦五矿总工会秦皇岛分会的重新成立，为秦皇岛港工人运动的再度兴起奠定基础。

四、秦港工人争取权益的斗争

反对年终裁员和"反停工"。1926 年 2 月初，开滦五矿总工会秦皇岛分会在中共唐山党组织和开滦五矿总工会的领导下，围绕着开展反对年终裁员和"反停工"运动，与英资本家和包工头进行不懈的斗争。

秦港工人中流传一个顺口溜："不养老，不养小，年到五十就裁掉。"秦港年终裁员在秦皇岛经理处成立初期开始，相沿成习。港口工人年终都面临被裁退的境遇，工人多次要求秦皇岛经理处废除此不合理制度，但开滦英资本家和包工头无视工人要求。1924 年，港口给工人恢复年终花红，包工头们为更多地侵吞工人的年终花红，变本加厉地裁退工人，大批港口工人年终失业，衣食无着、生活动荡。

开滦五矿总工会秦皇岛分会组织工人开展反对年终裁退工人的斗争。工会代表工人向秦皇岛经理处和开滦矿务局提出取消年终裁退工人、保护工人合法权益的要求，并爆发"反停工"运动。在中共北方区委负责人赵世炎的领导下，港、矿二地相互呼应、相互支援。港口工人通过工会向开滦矿务局提出“救济矿区失业工人”“反对矿区停工”等要求，声援矿区工人；矿区通过党组织派到开滦矿务局总工会秦皇岛分会帮助工作的耿明海，加强党对反年终裁员斗争的领导，共同把反裁员、反停工斗争推向高潮。经过不懈努力，迫使开滦秦皇岛经理处同意：“今后，工人的去留由港口工会和经理处共同决定，不经工会同意，经理处不得随意解雇工人。”开滦矿务局秦皇岛港工人的反裁员斗争及其声援的矿区“反停工”运动获得胜利。

筛煤工要求包工头发还加资。1908 年，开滦矿务局英资本家在秦皇岛经理处添置筛煤工种，由包工头高永承包，从事煤炭筛选和剔除煤矸石工作。到 20 年代中期，筛煤工人达 240 多人，捡煤矸石童工约 500 人。筛煤和捡煤矸石都是手工操作，劳动强度大，工资低，一个成年筛煤工的日工资仅 0.25 元（合 25 个铜板），捡煤矸石童工的工资更少。

1925 年，开滦矿务局英资本家为缓和劳资矛盾，与承包人签订协约，筛煤费在原费率的基础上提高 10%。并决定根据筛煤工完成的工作量发加资，每月 4.8 元。但是，高永将 240 多名筛煤工人的加资私扣不发，中饱私囊。

1926 年 6 月，耿明海以筛煤工身份与工人们一道要求高永发还加资，他率领 5 名工人代表与高永面对面进行说理斗争。高永否认扣发加资，暗中贿赂警察，污蔑工人制造纠纷，逮捕工人代表，严刑拷打，迫使工人俯首就范。

耿明海等工人代表被捕后，开滦矿务局总工会秦皇岛分会领导筛煤工立即宣布罢工，推选 12 名工人代表与警察局交涉。工人代表揭露高永欺压工人、克扣工资和扣发加资的恶行，要求立即释放耿明海等工人代表，郑重宣布，如果 12 名代表再遭逮捕，工人们将再推选出 24 名代表，直至全体工人都被关押为止。

警方和经理处害怕事态继续扩大，引起全港工人罢工，示意高永释放耿明海等人，谋求和平解决。高永不得不保释被逮捕的工人代表，赔礼道歉，但仍拒绝发还加资。筛煤工人继续罢工，得到港口装卸工的声援，迫使高永发还加资。筛煤工要求包工头发还加资的斗争取得胜利。

五、耀华工人与资本家的斗争

1922 年动工、1924 年 8 月建成投产的耀华玻璃厂聘用外籍职员垄断厂内工艺技术工作，洋人专横跋扈，欺压工人。1924 年 9 月 10 日，比利时籍工头斯梅仔无故殴打工人康士昌，激起工人的义愤，大家一齐围住斯梅仔施以拳脚，教训洋鬼子。洋人肇事引起停工，资本家无可奈何。工人们向厂总工程师赫尔曼提出两个条件：以后不准外籍职员欺压中国工人；立即将斯梅仔开除出厂，驱逐出境，否则即行罢工。资本家被迫答应工人要求，总工程师赫尔曼向中国工人们道歉，保证将斯梅仔遣送回国。1924 年 9 月 13 日，耀华总工程师致天津开滦矿务局总经理的信证实，斯梅仔和他的妻子及另一名瓦工被遣送回国。大长耀华工人的志气。

耀华玻璃厂的资本家只顾要产品、增加利润，对生产环境和工人的劳动保护漠不关心。夏季，熔窑温度极高，工人们高温作业，经常发生中暑事件，多次向资本家提出改善作业环境，但资本家无视。1925 年 7 月，由于熔窑太热，工人们派代表向厂方交涉，要求提高待遇，否则举行罢工。资本家怕延误生产，迫不得已，被迫答应工人们所提条件，斗争取得胜利。

第三节　土地革命时期

1927 年 8 月 1 日，南昌起义打响武装反抗国民党反动派的第一枪，向世人宣告共产党人不畏强暴、坚持革命的坚强决心。同日，中共顺直省委正式成立，彭述之任省委书记。12 月，发动广州起义，对国民党屠杀政策进行英勇反击。1928 年，全国各地发动武装起义近百次，部分起义很快失败，部分起义在数省边界或农村得以坚持，为红军和农村革命根据地的发展，奠定初步基础。但革命依然处于低潮。

1928 年 7—8 月，国民党军队陆续占领冀东全境。12 月底，张学良在“东北易帜”，挂上“青天白日”旗。国民党军队进驻冀东地区，对农民收缴“旗地变民”的价款，无力缴款者，即“绳索而去，以重犯待之”；对城乡滥发不兑现的纸币、库券，无限制地增加捐税，预征钱粮；收编土匪扩军队，豪绅地主与国民党相互勾结，成立民团、联庄会。在城市剥夺工人的言论、集会、结社等自由，监工虐待工人仍如往昔；拖欠工资的长城煤矿，数月不能开支；秦皇岛港工人取得的政治、经济上的各种利益被剥夺。

1929 年 2 月 6 日，中共顺直省委确定秦皇岛党组织隶属唐山市委领导。5 月 20 日，中共中央要求顺直省委要特别重视秦皇岛的工作。党加强对秦皇岛地区工作的领导，革命斗争迎来新高潮。多次发生党领导的工人斗争及农民、学生、商民等参加的群众运动，参加人数之多、范围之广、时间之长，史无前例。秦皇岛工人的增资斗争、商民反重关叠税的斗争、长城煤矿工人大罢工、抵制黄色工会等斗争，展现秦皇岛人民在革命低潮中不屈不挠的斗争精神。

1930 年 6 月 8 日，中共秦皇岛特支成立，党派上海负责海员工会的程自光到秦皇岛，在樊宝吉旅店成立海员工会，对外称同乐海员公司，具体领导秦皇岛的海员斗争。7 月 27 日，爆发海员同盟大罢工。8 月，海员开展增加工资的斗争。

1931 年 9 月 24 日，日本海军军舰入侵秦皇岛海湾，港口受到侵略威胁。10 月 10 日，日军强行在秦皇岛港登陆，安营扎寨，囤积兵马，由港口运输军用物资和士兵。1933 年 1 月 1 日，日军偷袭山海关南关，炮制“榆关事件”，秦皇岛一带沦陷。从此，秦皇岛沦陷于日寇的铁蹄之下，成为日本帝国主义的殖民地。日本帝国很快在港口和矿区占据特殊地位，加紧对煤炭等战略资源的掠夺。1933 年 6 月，日军勾结国民党亲日派，网罗汉奸，在唐山成立滦榆专员公署及战区保安队，汉奸陶尚铭任专员，赵雷任保安队长。唐、秦地区的政治、经济、军事等被日寇直接控制。7 月，日伪军总司令李际春在唐、秦两地张贴布告，封闭所有工会，取缔一切群众组织，禁止工人罢工、怠工、组织团体及集会活动。日本帝国主义的疯狂侵略和野蛮的统治、镇压，使秦皇岛的中共党员不得不暂时离开，转移到农村和外地，直接处于日本帝国主义虎口之下的秦皇岛，形势严峻。

秦皇岛各界和厂矿工人在民族危亡、国难深重的情况下，为挽救危亡、争取生存，在党的领导和影响下，进行各种形式的艰苦斗争，斗争次数增多，决心坚定，形式多样。开展的斗争主要有党领导的海员和耀华工人的增资斗争、长城煤矿工人索要欠资的斗争、商民反重关叠税的斗争、抵制黄色工会的斗争、秦皇岛港工人的“驱朱”斗争、秦皇岛港工人“清算装卸费”的斗争和组织“朋友会”开展抗日救亡斗争。

一、党领导秦皇岛工人的增资斗争

1929年4月，开滦各矿工人增资斗争的胜利，对秦皇岛的工人运动产生重大影响。1929年5月，长城煤矿、柳江煤矿和秦皇岛港的工人利用“黄色工会”向资方提出增资要求。5月22日，秦皇岛港6000名工人提出的增资要求未得到答复，经理处工务处处长、英人克瑞又无故裁减工人，全体工人举行罢工1天，迫使英资本家革除克瑞，答应增资10%、放假日照发工资等。柳江煤矿工人提出的增资要求，资方迟迟不答复，工人罢工3天，到山海关国民党县政府请愿。经过斗争，资方与工会签订增资合同，答应增资10%，婚丧有假，年终发给相当月薪4%的奖金，死伤工人发给抚恤金。

海员增资斗争。海员工会建立后，首先在开滦运煤船上的工人中开展宣传，把从上海带来的工人斗争宣言发给海员工人，鼓舞其斗志。随后，领导“真盛丸”和“三阳丸”两船工人的增资斗争，经过一个多月的斗争，致使有的船主自动为工人增加工资1.5～6元不等。

1930年7月20日，开滦矿务局12艘运煤船在秦皇岛港停泊，海员工会借机发动全部船员，组织船员代表会和罢航委员会，向开滦矿务当局提出三项要求：每名工人增加工资10元；每班增加司炉、水手各2人，由被裁减的船员充任，不足时由同乐海员公司推荐；烧优质煤。3天后，其余6艘船到港，加入斗争行列，并联合失业船员一起行动。码头工人也停装怠卸，支持船员的罢航斗争，成为秦皇岛港史上规模最大的一次港航同盟大罢工。8月3日，开滦矿务当局在经济上遭受很大损失后，被迫答复工人的要求，同意第二项、第三项要求，第一项应允增加工资30%（相当于6元），斗争基本取得胜利。

耀华工人的增资斗争。1931 年 2 月，耀华玻璃厂工人向国民党工会提出增加工资的要求。工厂总工程师赫尔曼接待工会代表，致函天津开滦矿务总局（耀华玻璃厂归其管辖），报告工人要求增资的理由和条件，请示如何办理。3 月 25 日，开滦矿务总局复函，耀华玻璃厂工人应接受与秦皇岛港口工人相同待遇，如若秦皇岛港口工人得到增加的利益，耀华玻璃厂工人决不能置外。工人不接受此复函，再次敦促工会代表 600 名工友致函耀华玻璃厂。赫尔曼第二次接见工会代表，答应恢复前些年实行的瓦斯火夫及填料工人热季给 1 小时的加点办法，从 5 月 1 日起执行，增资问题仍推待总局办理。开滦矿务总局一面拖延时间，另一面勾结国民党政府压制工人。但是，耀华玻璃厂的工人要求增资的斗争非常坚决，5 月 10 日再次致函，要求工厂迅速解决工人增加工资问题，新增改善生活条件 14 条，请工厂 5 日内给予答复。5 月 18 日，召集职工大会，决定：由工会致函开滦矿务总局，请于 7 日之内予圆满答复，或派全权代理人到秦谈判；倘资方 7 日之内仍置之不理，本月 26 日起怠工。5 月 24 日，成立秦皇岛耀华玻璃厂工人增薪运动怠工委员会，专门办理怠工事宜，当即函告厂方。耀华玻璃厂工人增资斗争进入高潮。耀华玻璃厂总工程师赫尔曼多次函告，多方告急，多理由搪塞，未果。5 月 26 日，与开滦秦皇岛经理处经理齐尔顿商量，由齐尔顿组织召开耀华玻璃厂工会委员和开滦秦皇岛港工会委员会议，耀华玻璃厂的工人代表拒绝参加，后由“消极抵抗运动发起人”到会。会议由晚 11 时 30 分召开，至次日凌晨 3 时 30 分结束。经过争论，确定由齐尔顿、赫尔曼给开滦总经理写信，请总局派代表到秦谈判，否则就在天津召开第一次“和解委员会”。工人代表同意在未得到回答之前停止怠工，但最迟不得晚于 5 月 27 日答复。5 月 27 日，国民党临榆县政府派 4 人协调解决耀华工人怠工问题，开滦矿务总局致电耀华玻璃厂总工程师让工会派代表到天津谈判。劳资双方经过两天的对话，工人代表寸步不让，使所提要求基本得到解决。6月3日，开滦矿务局将劳资双方协商内容形成文字，送交工会审核。6月22日，双方签订《劳资协定契约》，从1931年6月1日施行。至此，历时3个多月的增资斗争胜利结束。

长城煤矿工人索要欠资的斗争。1916年，长城煤矿开办不久，便由齐燮元等一些军阀收买。他们勾结军警挥霍浪费，致使煤矿日益衰落；因修筑到秦皇岛的轻便铁路，向秦皇岛煤炭包销商借款无力偿还，便以煤炭抵债，进行廉价包销。久而久之，矿方入不抵出，更加紧对工人的压榨。工人日薪一般只有6角，还长期不能开支，仅能每天赊米2斤，每月给砟（岩石和煤的碎片）10勾（24勾为1吨）。工人向资本家要薪水，轻者遭到训斥，重者遭到开除、枪杀。1926年夏，有2名工人因此被枪杀。1926—1929年，矿方拖欠1000多名工人的工资5万元。

1929年5月，国民党组织的工会筹备会成立后，工人便提出索要欠薪要求，但迟迟不予答复，全体工人6月5日举行罢工。中共顺直省委得到长城煤矿罢工的消息，立即由唐山派人指导，援助秦皇岛矿工运动。

长城煤矿工人向矿方提出发还欠薪、保证每月开支六成、增资10%等8项条件。6月9日，工人代表与矿方在工会举行谈判。慑于工人的威力，矿方不得不答应，允诺两星期后实现。工人复工。但到月底，工人所提8项条件无一落实。6月30日，工人代表王瑞林带领工人在南北矿间游行，工人派代表与矿方再次谈判，矿方又完全允诺，但仅发欠资一条，还要分三期归还。工人忍无可忍，7月15日发表宣言，再次举行罢工。2000名工人乘坐小火车到西付店，再步行到山海关，向临榆县政府请愿。工人们打着“劳动神圣”的大旗，高呼“打倒资本家”“打倒军阀走狗”等口号；国民党临榆县政府只得答应与公司交涉。第二天，800 名工人冒雨到秦皇岛游行示威。7 月 21 日，股东代表由天津到秦皇岛与工人代表谈判。工人代表吸取以前斗争的经验教训，提出“拿钱来说话”的口号，使其欺骗阴谋不能施展；后矿长逃跑，被工人纠察队从秦皇岛站追回。8 月 15 日，矿方答复每月发给工人 60% 的“三增盛”（秦皇岛的钱庄）支票，增薪 10%。至此，持续两个月之久的长城煤矿工人罢工斗争取得阶段性胜利。

矿方还是变着法继续拖欠工人工资，到 1932 年 11 月，拖欠工人工资 7.6 万多元，平均拖欠每名工人 5 个月以上工资。矿工又一次开展索要欠资的斗争，决定 7 月举行罢工，要求矿方资本家发还欠资。7 月 15 日，矿方答复：以后工资 5 日一清，如延至 6 日即可罢工，其责任由公司负责；所欠工人工资分 5 个月还清。但矿方只付十分之一的欠资，就停止发还。11 月，气愤万分的工人决定组成怠工委员会，20 日起举行怠工，在报纸上发表怠工宣言，派代表到国民党河北省政府控告矿方资本家的恶行。迫于怠工工人和社会舆论的压力，11 月 24 日矿方资本家答复工人要求，开始发还欠资，但欠资尚未发完，长城煤矿便宣布倒闭。

二、商民反重关叠税的斗争

1929 年 5 月，秦皇岛商民开展反对重关叠税的斗争。秦皇岛海关原属天津海关常关。4 月 18 日，山海关监督公署在秦皇岛设立“常关稽查局”。此种重关叠税使秦皇岛商民难以负担。于是，商民在 5 月 3 日集会，通过商会电吁各有关当局，推选代表到天津、营口海关及南京国民政府请愿。结果，反动当局互相推诿，激起商民的反抗。5 月 18 日起，秦皇岛 300 多家商号一致罢市 3 天。罢市中，由店员组成纠察队，维持社会秩序。6 月 25 日，迫使南京政府明令撤销常关稽查局。历时 2 个月的秦皇岛商民反重关叠税的斗争胜利结束。

三、抵制黄色工会的斗争

国民党与共产党争夺对中国工人阶级的领导权，目的是长期控制和破坏工人运动。1928 年 7 月 26 日，抛出所谓《特别工会组织条例》。1929 年 9 月 2 日，国民党立法院劳工法委员会颁布《工会法》，规定工会隶属国民党各级党部，宣布罢工非法等 38 条。国民党占领平津后，把各厂、矿企业的所有进步工会全部查封、解散，组织他们的御用工会。

1928 年 12 月至 1929 年 1 月，中共顺直省委号召共产党员要加入工会，争取群众、发动群众直接斗争，使群众脱离黄色工会的领导；要改组黄色工会，打倒黄色工会的领袖，成立工人自己的赤色工会，逐步形成独立的工会系统。

1929 年 4 月 8 日，国民党在秦皇岛港筹办开滦矿业产业工会。由于开滦秦皇岛经理处对 1922 年红色工会领导的五矿同盟大罢工心有余悸，一度抵制、阻挠国民党在港口成立工会。经理处为防止开滦矿区工人运动扩延到秦皇岛，5 月 13 日，就港口是否成立工会问题，派总监工朱捷三与国民党代表刘学诚、杨大蔚等会谈，双方各怀鬼胎。5 月 17 日，国民党林西矿工会代表赵学敏到秦皇岛、山海关地区组织工会。5 月 21 日，“港口工会”筹备会成立，开滦矿业产业联合办事处委派张春和等 9 人为港口工会筹备委员，在普乐戏院开会宣誓就职。5 月 22 日，港口工人因反对工务处英人克瑞随意裁减工人而举行罢工，“工会”伪装站在工人一边与经理处对立，向经理处施加压力，达到控制和欺骗工人的目的。7 月 18 日，开滦矿业产业总工会秦皇岛分会正式成立。8 月 1 日，开滦矿务当局奉国民党唐山区分部命令，通知秦皇岛经理处：为防止共产党活动、制造劳资纠纷，组织维持队，搜查逮捕共产党人。9 月 16 日，“工会”公然站在工人的对立面，支持经理处中秋节不放假的决定，受到工人的抵制。秦皇岛港机厂工人王齐山、木匠王居臣、码头工人马乐等，带领部分工人摘掉“工会”徽章，拒绝中秋节上班。秦皇岛港煤厂工人喊出广大工人的呼声：“我们既不要国民党政府，也不要‘工会’，将来国家的事由我们管理”，强烈要求改组“工会”。

四、秦皇岛港工人的“驱朱”斗争

1931 年 2 月，物价飞涨，开滦煤炭价格每吨加价 0. 4—4 元，开滦员司一律加薪，可工人工资照旧，导致工人生活更加困苦。

2 月 6 日，在工人骨干徐志恒的发动下，港口工人强烈要求：每人每月加薪 10%；或者每人每月预借 3 元，增薪后归还；或者在实际人数中平均分配已由矿务局批准增加工资的总额。工人代表廖大宝、刘福清等将全体工人的请愿书递交给国民党秦皇岛港工会。国民党工会慑于群众激愤，将请愿书转给秦皇岛经理处。晚上，总监工朱捷三连夜跑到山海关，向国民党四旅旅长何柱国控告工人和工会，谎称工人“勾结共产党，企图暴动”，请求出兵镇压。国民党军队随即荷枪实弹到秦皇岛，宣布戒严令，并出动军队伺机武装镇压。工人派出代表刘子彬等人到山海关面见何柱国，当面说明请愿增资的实际情况，何柱国明白真相后下令撤回军队。工人群情激愤，当晚齐集“工会”请愿，指控朱捷三的恶劣行径，强烈要求将朱捷三革职，表示“朱捷三一日不去，六千工友工潮一日不息”。增资的经济斗争和驱逐朱捷三的政治斗争结合在一起，形成轰轰烈烈的群众运动。

2 月 7 日，工人们的斗争矛头迅即转向驱逐罪大恶极、一贯欺压工人、破坏历次工人与资本家的斗争、一心一意为英国资本家卖命的朱捷三。上午，英国代经理与工人代表谈判。朱捷三谎报、诬陷工人的阴谋被披露后，未甘心失败。谈判前，他和代经理寇伯理密谋策划，设下让工人代表“抢银元”的圈套。他们在谈判地点周围布设军警，在办公桌上摆上银元，工人代表到达时将银元撒在地上，以莫须有罪名逮捕工人代表。此阴谋被公事房工人田师傅听到，迅速通知工人代表徐志恒等人，徐志恒连夜召集工人开会，公布英人和朱捷三的阴谋。2 月 7 日，徐志恒等工人代表步入公事房，即揭穿他们的阴谋，工人成群结队包围公事房，高呼“打倒英国资本家走狗朱捷三”等口号。军警们见势不妙，纷纷散去。随后，驱逐朱捷三的标语贴满大街小巷。

2 月 10 日—12 日，工人们 3 次致函有关当局，在报纸上发表文章，揭露朱捷三罪行。斗争浪潮震动社会各界和当局。10 日，国民党秦皇岛工会不得不向开滦矿务局发出公函，陈述朱捷三的罪行，要求斥责、革除朱捷三。国民党临榆县警察局也致开滦矿务局。国民党唐山工厂监察员郭绍裔亲自到秦皇岛调查。开滦矿务当局内部为“驱朱”之事函电往来频繁，企图保护朱捷三，但迫于声势浩大的工人运动压力，不得不让朱捷三暂时到唐山躲避。朱捷三到唐山后，拜求国民党田团长派兵镇压，田团长慑于工人运动和社会舆论的压力，未敢前来。26 日，朱捷三受上司指令逃到天津。

3 月 15 日，工人代表召开工人会议，成立开滦秦皇岛“驱朱”怠工委员会，致函开滦各矿通报此事。通报严正声明：倘若经理处在 16 日 8 时以前不答应“驱朱”，即行怠工。英国人对“驱朱”毫无诚意，港口工人准时宣布怠工。开始每日怠工 2 小时，发展到连续罢工 28 小时。迫使国民党有关当局再三指令开滦矿务总局“立即斥革惩处朱捷三，以止工潮”。国民党临榆县长致函秦皇岛经理处，从中调停，未果。3 月 23 日，开滦矿务局宣布朱捷三不再回秦皇岛，工人们才开始复工。此后，英资本家曾 2 次企图把朱捷三调回秦皇岛，都因工人持续而坚决的斗争未能得逞。

五、中共秦皇岛支部建立

1932 年 6 月 25 日，中共中央召开的北方各省工会代表联席会议，决定加紧在秦皇岛一带开展工作，武装当地群众，尤其是工人群众，建立抗日义勇军，恢复党的组织。

1932 年下半年，中共北方局和北平市委派北京大学党支部的贺仲莲到秦皇岛，组织工人、学生开展工运、学运。贺仲莲偕同北京大学进步学生白铁石以假期旅游为名，9 月初到秦皇岛。白铁石家住秦皇岛，父亲是开滦秦皇岛经理处职员。贺仲莲住进白家后，初步了解秦皇岛港的工人情况。经白铁石安排，贺仲莲在秦皇岛港进步工人徐师傅（系白的亲戚）帮助下，搬至港区附近一间民房居住，在工人中站稳脚跟。后北京大学党支部增派中共党员贾廷杰、陶立中到秦皇岛，住在一家豆腐坊后院。

贺仲莲、贾廷杰、陶立中等迅速秘密建立中共秦皇岛支部，贺仲莲任书记，贾廷杰、陶立中分别担任组织委员和宣传委员。经贺仲莲介绍，吸收白铁石为中共党员。党支部决定以“组织开滦工人打倒国民党工会，建立红色工会”为中心任务，开展工人运动。他们利用各种有利的场所和时机，向工人宣传全国工运形势，宣传革命道理和日本侵占东北的罪行，了解工人的苦难生活和现实要求。从此，常有工人到他们的住处秘密集会，控诉开滦英人资本家欺压工人的种种罪行。

经过一段工作实践，党支部及时修改原定计划，秘密扩大党的组织，做好群众工作，利用国民党工会同帝国主义的矛盾和英、日之间的冲突，借助敌方势力，发展自己。

经过教育和考验，党支部发展煤台工人张文永以及李文玉、白兰等加入中国共产党，成为秦皇岛港第一批党员。同时，还培养一批工人积极分子。

党支部领导秦皇岛港工人与开滦英人资本家“清算装卸费”的斗争取得胜利。但斗争引起驻秦日军的注意。为控制秦港工运，日军在“榆关事件”后，在港口建立特务组织，安插特务。中共秦皇岛支部成员的宿舍和活动地点受到日军密探监视，党支部活动地点虽几次迁移，仍多次发生“外人直接闯入”事件。北平党组织指示支部撤离秦皇岛。1933 年 4 月，秦皇岛、北戴河相继被日军占领，局势日趋紧张。党支部成员在工人们帮助下，先后撤离秦皇岛，返回北平。中共秦皇岛支部暂时停止活动。

六、秦皇岛港工人“清算装卸费”的斗争

1932 年 10 月 10 日，成立不久的中共秦皇岛支部领导 4000 多名秦皇岛港工人，发动与开滦英人资本家的“清算装卸费”的斗争。

1929 年，开滦秦皇岛经理处工务处成立后，在装卸费计量及支付费用上仍沿用以往制度，按车皮标示的吨数为标准计量。经理处声明，此种计量方法“其出入均在 5% 以下，有余及不足概不细查”，还规定每装卸 10 筐煤为 1 吨，实际重 1. 1 吨。如果以装 30 吨车计算，每车将多装 3 吨煤，每天平均约 200—300 吨装卸费以“出入均在 5% 以下”为由被无偿吞没，装卸工人无辜蒙受损失。装卸工人多次向经理处提出修改计量方法，一直未果。

1931 年，开滦总经理杨嘉立到秦皇岛经理处视察，秦皇岛港工人通过国民党秦皇岛工会正式上书交涉，杨嘉立以“部分费用全部

用以赔偿矿务局有关绳、筐、铁锹及管理费”搪塞工人，拒绝改正装卸计量办法，引起工人的强烈不满。

10 月 10 日，秦皇岛港装卸工人为“柏兰得”号船装完柳江煤 5700 吨，工务处计量员故意将作业吨数少记 1000 吨，被工人发现，长期蓄积在工人心中的愤怒爆发。在中共秦皇岛支部的引导下，工人们与开滦资本家开展彻底的清算斗争。

中共秦皇岛支部组织包括把头在内的大多数人参加清算斗争，巧妙地利用国民党工会出面，组织工人代表、工会代表和把头组成秦皇岛开滦矿务局工人协商清算装卸账目代表团，同经理处进行交涉。

10 月 27 日—29 日，代表团同经理处华人副经理罗景崇、毕祖培等进行谈判，提出“核算工人过去装卸超过的吨数，必须以磅房所记录的确实吨数作为实际完成数量；在劳资双方磋商期间，局方不得提出任何其他与此无关的问题”等 6 项要求。经理处借口 10 月 10 日出现 1000 吨误差是偶然事件，坚持维护原来制度，谈判被迫停止。在工人们的强烈要求下，国民党工会向直隶省实业厅驻唐山监察处呈文，递交有关清算装卸费账目等 6 项要求。代表团继续向唐山、天津、北平等地有关机关投诉，以督促经理处迅速解决装卸费计量问题。

11 月 5 日，代表团 5 名代表同开滦副经理、英人裴利耶，华人王鹏云等在唐山开滦矿区董事室谈判。9 日，总局召开会议讨论，局方以各种借口回避矛盾。工会再次致函省监察处，派代表到直隶省实业厅交涉。16 日，直隶省实业厅致函开滦矿物总局，开滦矿务局总经理纳森爱德及裴利耶分别急电开滦秦皇岛经理处经理齐尔顿，令其从速解决。此时，代表团已至北平，向国民党河北省党部陈述工人要求，请求维护工人利益。随后，代表仍回天津与开滦矿务总局交涉。

秦皇岛港工人清算装卸费的斗争引起天津有关政府机关及各界同胞关注。天津《益世报》《华北新闻》均如实报道，揭露开滦矿务当局剥削工人的劣行。

在秦皇岛港工人的坚决斗争与强大社会舆论的压力下，开滦矿务当局不得不在总局及经理处同代表团进行协商，同意按照实际吨数付给工人装卸费，取代按车辆载重量计量制度；工头必须对装卸设备提供35%的费用；偿还工人1000吨量的费用，承认工人有监督经理处及局方统计之权利，但此前损失不予偿还。

12月7日，劳资双方共同签订协议书，宣布自12月1日开始实施各项细则。秦皇岛港工人清算装卸费的斗争取得胜利。

七、组织“朋友会”开展抗日救亡斗争

1936年，华北地区的工人运动冲破白色恐怖统治，进行各种反日斗争，建立多种形式的抗日组织。3月，在中共党组织的领导下，秦皇岛港工人代表徐志恒秘密组织“朋友会”，在群众中宣传党的抗日救国政策，扩大政治影响，传播爱国思想，揭露日伪反动本质，使群众树立争取民族解放斗争胜利的信心。5月底，“朋友会”发展到30多人，以工人为主，也有秦皇岛港低级员司参加。成员之间不发生横向联系，对群众也是单线联络，串门聊天或借工作之便，找可靠群众有目的地开展工作。在重大节日，秘密张贴标语，散发传单，揭露日本侵略者的阴谋和野蛮罪行，揭发国民党卖国投降的丑恶行径，激发和鼓舞广大群众抗日热情，增强抗日的必胜信心。

徐志恒与《山海关日报》的抗日爱国人士联系，从侧面揭露沦陷区人民的苦难生活，宣传党领导的人民抗日运动和滦东地区军民的抗日成果；组织工人印刷大批党的文稿，把党的抗日救国政策贯

彻到秦皇岛各阶层及爱国人士；将日本兵营、机场、仓库、车站、电厂、桥梁等重要情报，送给中共冀东党委和有关部门，配合根据地军民对敌斗争。

第四节 全面抗战时期

1937 年 7 月 7 日，日军在北平卢沟桥龙王庙一带举行所谓的“军事演习”，蓄意挑起事端，炮击宛平城，当即遭到驻守国民党第二十九军爱国官兵的奋起抵抗，震惊世界的卢沟桥事变爆发。中国军民的全面抗日战争从此开始。

秦皇岛地处华北通往东北地区走廊，日本侵略者早已看清其战略地位的重要，蓄意夺取，使之成为侵占冀东、进而吞食华北的桥梁地带。

七七事变后，日本直接插手秦皇岛港的运输生产，派遣运输司令部海运队少校司令官、铁路运输上校司令官和海军少校司令官进驻秦皇岛港，成立“联络室”，负责办理有关处置运输舰、救护舰发送部队及军需列车的工作，控制港口运输调度。1937 年 10 月，16 艘日舰靠港，11 月平均每日有 2 艘日本运输舰在港。日本大量军队、弹药在秦皇岛港登陆、装运，从秦皇岛港运送伤员回国。秦皇岛港成为日本侵略者军用港口。1939 年 7 月 3 日，日本海军在秦皇岛港设立特务机关——海军武官秦皇岛分室，监督军运和监督搜查中国海员活动。8 月—9 月，指使汉奸拼凑“秦皇岛船行组合”，经营秦皇岛港出口业务。日本侵略者通过驻港联络室、武官室，严密监视和控制秦皇岛港，扩大对华军事侵略和经济掠夺。

1941 年 12 月 7 日，日本偷袭珍珠港，给美国佬很大打击。8 日，美国、英国对日宣战，太平洋战争全面爆发。当日下午，侵华日军驻天津特务机关长下哲夫在天津日本陆军司令部，向开滦矿务局总经理纳森·爱德（前总经理纳森之侄）递交日本驻华北派遣军司令部“军管理开滦”的通告，提出：日军有接收管理开滦矿及其一切附属设施的权力，开滦矿物总局必须将全部资产调查书移交给日本当局；日本军队及接收人员进驻总局各矿和秦皇岛码头，开滦必须给予支持，预防发生不测事变；日军保证开滦从业人员之生命财产，现有机构要保证煤炭正常生产和营运；限两小时内答复，并向日军呈递备忘录。

纳森·爱德接受日军接管开滦的全部条件。日本监督官荒木派日军武装占领秦皇岛港码头、煤场、车站和电台等要害部门，控制所有在港船舶。日本驻秦皇岛宪兵队长召见开滦秦皇岛经理处经理，宣布日本与英国已处于战争状态，日军决定接管秦皇岛港，命令经理向经理处人员传达日军决定。至此，港口权益由英人易手日本军人。

秦皇岛的铁路工人、港口工人、耀华工人、学生等强烈反抗日本侵略者，开展各种形式的斗争，打击敌人。1942 年底至 1943 年秋是秦皇岛抗日工作全面活跃的时期。在农村，党组织建起抗日游击根据地，包围着少数敌伪占领的城镇；在城内，党的地下组织和工作人员争取和团结一批上层爱国人士，形成城乡抗日活动的相互呼应，成为日后八路军挺进东北的基地。1942 年 3 月底至 9 月中旬，日伪在冀东地区连续进行第四次、第五次“治安强化运动”。其间，日伪调集第二十七师团和伪治安军 17 个团及伪满军一部，共 4 万多人，对滦西地区进行疯狂的扫荡。在大扫荡和重兵压境的情况下，日伪强制群众在冀东境内挖东西 4 道、南北 2 道、宽深各 5 米的封锁壕，沿壕沟修建碉堡、驻军，企图分割八路军根据地。在政治上，日伪强化新民会、反共自卫团等汉奸组织，强化保甲制，残酷实施清乡政策；对抗日军政干部及其家属则限期“自首”，妄图肃清抗日武装，摧毁抗日组织，恢复日寇法西斯统治。

党在城市的对敌斗争任务，主要是争取各阶层上层分子参加抗日，建立抗日民族统一战线；广泛搜集敌伪活动情报，争取瓦解敌伪组织；在基层群众中进行抗日宣传，发展组织，积蓄力量，适时开展群众运动。

1942 年底至 1943 年 5 月，党组织争取一些乡长、警察署长、镇长、商务会长、自卫团长等基层敌伪头面人物，团结一些开滦秦皇岛经理处的高级员司、中学校长等开明人士、社会上层分子，促使他们参加或同情抗日工作。海阳镇、秦皇岛等处敌伪据点附近的伪乡镇长，基本为我所用。海阳镇的商务会长王兴吾是党组织的关系人，侯庄大乡长侯廷勃给党组织提供敌伪活动情报。在城市基层群众中，党组织通过隐蔽工作的形式，开展抗日救国宣传活动，在积极分子中发展党员，建立党的组织。

党对学生工作也给予极大关注。1943 年初，东北情报联络站负责人刘杰，通过关系在秦皇岛四中落脚开展工作。他经常把党的报纸带到学校，通过具有爱国思想的教师，借讲课时机向学生宣传党的抗日政策。学生们利用各种方式与敌伪进行斗争。不参加或破坏敌伪经常组织学生游行、撕毁日本国旗、不上日语课、举行罢课反对军训等。党组织通过进步师生，秘密组织学生投奔解放区。1943 年暑假期间，田春农（陆光）、李晋溥（杨大志）、张砚田等 4 名学生，由秦皇岛奔向解放区，进入冀东军政学校学习，成为党的工作人员。

秦皇岛和山海关学生们的对敌斗争，引起敌伪的注意。他们在学生中增设暗探。日本特务拿着照片，到投奔解放区的学生家里恐吓威胁。但是，学生们的爱国热情越来越高。1944 年春，党组织派人在山海关学校借亲戚关系，接触进步学生。经过细致的思想工作，暑假，山海关女中的王淑敏（方明）、赵芳、杨云（沈玉贤）等同学奔向抗日根据地，参加抗日工作。

1944 年，日本侵略者对解放区的“大扫荡”彻底失败，港口运输生产形势每况愈下，港口装卸效率不断下降，日本军管理开滦矿务局抛出“悬赏征集改善增产对策”新方案；把头、军警用刺刀和皮鞭威逼工人进行装卸作业。

1945 年初，中国人民抗日战争节节胜利，日本侵略者垂死挣扎。1 月 25 日，日本战时最高领导会议抛出所谓《决战非常措施纲要》，妄图从中国再掠夺煤炭资源 5500 万吨。2 月 19 日，开滦矿务局任意延长港口工人的装卸时间，强迫装卸工人“连轴转”。但是，港口工人采取“磨洋工”等斗争方式，反抗日本侵略者对中国煤炭资源的掠夺。抗战胜利前夕，日本从秦皇岛港掠夺运输煤炭减少 99%。

秦皇岛人民在党的领导下，顽强反抗日本侵略者，煤矿工人、港口码头工人及各行各业的工人，采取多种形式反抗日寇的统治压迫和经济掠夺。

一、耀华工人的增资斗争

1938 年春，正当党组织通过“朋友会”领导秦皇岛港工人进行的增资斗争进入谈判之际，秦皇岛耀华玻璃厂工人敦促厂工会（原国民党工会）负责人丁超功去天津开滦矿务总局，向总务部王崇植当面提出耀华工人的增资要求。丁超功到天津找到王崇植，当即代表工人提出：耀华玻璃厂工人的增资问题是否与秦皇岛港工人的增资同期解决？如果单独协商，是在天津开滦矿务总局还是在秦皇岛进行？王崇植回答说，矿务总局准许矿区工人的利益亦将同样给耀华玻璃厂工人，没有单独协商和订立协约的必要，应在秦皇岛与齐尔顿先生接洽。但他也承认，耀华玻璃厂有特殊情况。丁超功接着又提出几项具体要求：增加付给工会的津贴；玻璃厂有装卸工人90人，他们希望按“加资”的形式增加工资。

当时，王崇植的主要精力放在唐山矿区的工潮及秦皇岛港工人的增资问题上，为此强调耀华经营效果不好，希望工会发挥作用，不要提津贴问题。但丁超功仍坚持工会确实需要财政支持。经与齐尔顿多次谈判，5月29日与秦皇岛港同时达成“劳资协定”。

耀华玻璃厂此次增资斗争的胜利，并解决一些工人的福利问题，主要是处于开滦各矿的增资罢工斗争取得胜利、秦皇岛港工人的增资斗争经过在天津总局谈判得到解决的大势下，如若耀华玻璃厂的问题不解决，恐引意外事件发生，所以资本家才答应耀华工人的要求。

二、建立柳江煤矿党支部

1942年底，正是中国人民抗日战争即将由战略相持阶段转为战略反攻阶段的重要时刻。

柳江煤矿地处秦皇岛北20千米，东距山海关约30千米，北连石门寨，是秦皇岛通往义院口的必经之路。日寇侵占秦皇岛期间，为掠夺煤炭资源，在柳江及石门寨、上庄坨、义院口等处都有驻军。

中共临抚昌联合县二总区委在柳江煤矿一带和矿区内开展抗日工作，发动工人积极行动，反抗日本侵略者在秦皇岛的黑暗统治和屠杀中国人民的罪恶行径，用实际行动迎接抗日战争的战略反攻，为八路军兵工厂筹集急需物资。二总区委书记华仲民培养和发展柳江煤矿的傅平、赵连弟加入党组织；1943年2月，建立以傅平为书记的中共柳江煤矿党支部，直属于二总区委领导。后又发展党员7人。

柳江煤矿党支部建立后，积极宣传抗日战争的大好形势和抗日战争的意义，提高工人群众的政治觉悟和民族自尊心，秘密发动工人反抗日本侵略者的统治。在党组织的领导下，工人们利用各种方式进行怠工、罢工，采取少产煤多报数字、看着监工干活儿（监工来就干走则停）、煤车底下装矸子上面装煤等办法，糊弄日本鬼子；大批进步工人冒着生命危险，以黄泥卷顶换、多领少用等多种形式，从井下或药库搞出雷管、炸药，转给八路军兵工厂，制造地雷、炸弹打击日寇，并为八路军修理枪械，秘密拆除车床、机械设备等，运往抗日根据地。

柳江煤矿党支部还组织人员秘密搜集日伪情报，侦察日伪据点的火力配备，绘制日寇首脑机关和其他军事机构的地理位置图，上报党组织。组织工人配合八路军攻打日寇据点，协助地方政府锄奸打特，经常向工人宣传抗日前线捷报、英模事迹，动员抗日积极分子和富有民族气节的青壮年参加抗日。据统计，有 200 多名矿工离开柳江煤矿，奔赴抗日前线或就地参加革命。柳江煤矿党支部只有几名党员，他们秘密活动在敌人心脏直到抗战胜利，为秦皇岛抗日斗争作出贡献。

三、党领导人民反抗日伪统治的斗争

1941 年年底，日本侵略者为支撑其侵略战争，经济上推行“以战养战”的政策，提出中国及西南太平洋地区为日本“资源圈”，制订 15 年掠夺资源计划。日本侵略者每年从开滦掠夺煤 250 万吨经秦皇岛港运往日本；大量日军军需弹药物资，经秦皇岛港运往华北、东北各个战场。1942 年 10 月 12 日，日本内阁会议通过“战时港口装卸劳动力紧急增强对策”。日本内阁会议要求秦皇岛港的装卸能力提高 20%，煤炭运输由每天 2600 吨提高到 3000 吨，矿石由 1000 吨提高到2000吨，固定工人也要从6100人增加到6500人。1943年1月，日军当局、大使馆、船舶营运会、“北支开发”共同组成“鼓励班”，到秦皇岛港进行实地“视察”，要求秦皇岛港快装快卸，缩短船舶停港时间。11月，秦皇岛港的实际职工人数达到7427人，其中新增人数主要是装卸工人，即“苦力”。日本人想用人海战术提高装船速度。1938—1943年，日本侵略者经秦皇岛港掠夺煤炭近2000万吨，平均每年330多万吨。

秦皇岛港工人为破坏日本人的军火、兵员运输计划，有组织地进行旷工、逃班，为抗战胜利作出贡献。1943—1944年，装卸工人每月旷工比例为3%左右，有时达5%。工人想方设法制造事故，装卸工人清理道眼时，故意清两头剩中间，使拉顶车时造成火车脱轨；破坏、卸掉机车零件，人走机损，让机车无法行驶，造成港口生产瘫痪。1942—1944年，日本侵略者经秦皇岛港输入的枪支弹药等军需物资由1.62万吨下降到6600吨，减少近60%。秦皇岛港工人在装卸运输战线上多种形式的抗日救国斗争，有力地破坏敌人的军事运输计划和掠夺重要战略物资的图谋，成为中国人民特别是冀东人民抗日救国斗争的重要组成部分。日本侵略者驱使日伪军、警特宪和汉奸用栽赃陷害、借端寻衅等手段，对港口工人特别是装卸工人进行肆无忌惮的迫害，制造骇人听闻的“洋灰案”“苹果案”，强迫工人向卡口日本兵行礼等，激起港口工人的强烈反抗。

“洋灰案”。1943年7月，日本侵略者从唐山启新水泥厂运到秦港大批水泥，准备运往日本。日本特务王虎勾结日本洋行买办吴继三等从码头盗走几十袋水泥中饱私囊，转而诬陷码头工人偷盗水泥，借端大肆抓捕、毒打工人。工人杨发顺被打得死去活来，但毫不屈服，严词驳斥敌人污蔑诽谤。工人王宗柱当场揭露敌人掩盖罪行的伎俩，使敌人原形毕露，狼狈不堪。装卸工人积极配合受难工友的斗争，揭露敌人的阴谋，声援受难工友，迫使日本侵略者释放被捕工人。

“苹果案”。1944 年底，日本侵略者用船运秦港大批苹果，准备“慰劳”侵华日军。12 月 26 日，挂钩工人王成志、李金声等人爬上三道编组待运的苹果车，用老虎钳把车门打开；接着，七八名打更工人从车上往下搬苹果；在附近上班的工人闻讯悄悄赶来，不大一会儿，从车上扔下半车皮苹果。煤垛旁、水沟里、防空洞到处都是被扔的苹果、苹果箱子和稻糠。第二天早晨，敌人发现军用苹果出事儿，气急败坏，立即出动大批宪兵、警察现场调查。把扳道工王振有、周文汉，打更工肖文斌、耿学深、史恒顺等抓到日本宪兵队，调度领班王连佑、站长孙庚长也遭宪兵队关押。28 日，日寇继续抓捕工人，扳道老工人赵玉珍，挂钩青年工人朱廷举，打更工人杨发顺、刘廷润、张洪年等相继被捕，严刑逼供。工人周文汉被连续 3 次施用电刑；王振有在遭受电刑后又被打得遍体鳞伤，最后被解往日本“一四八二”部队转解唐山集中营；赵玉珍等任凭日寇滥施刑罚，始终不为敌人淫威所屈；王成志、李金声等在工人们的劝说下离秦。29 日，日本宪兵再次提审赵玉珍、周文斌等被捕工人。在审讯时，老工人赵玉珍突然抓起刑讯室火炉上的炉盖，用力向日本宪兵队长头上砸去，并说：“我说实话！我说实话！我的实话就是要给你脑袋开瓢儿！”把日本宪兵队长打得从椅子上摔倒，审讯中断。老工人赵玉珍当夜被日寇活埋，壮烈牺牲。“苹果案”发生后，秦皇岛港工人切齿痛恨日寇肆意逮捕工人、滥施刑罚的恶行，不约而同地进行怠工，抗议日本侵略者暴行。赵玉珍的惨死，更让港口工人们义愤填膺，誓与敌人斗争到底。不少中、低级华人职员掩护工人，使敌人对怠工、旷工等行为一筹莫展，港口瘫痪，迫使任港务局长的日本人柴田一美出面，与日本宪兵队队长交涉，释放在押工人。

12 月 31 日，全部被关押在日本宪兵队的工人，由车务处日本人副处长用汽车接回港口。

反“行礼”事件。日本侵略者占领秦皇岛港后，以征服者自居，强迫工人和华人员司在出入码头卡口时，向日本哨兵脱帽鞠躬，羞辱中国人。秦皇岛港工人对日寇的霸道行径，痛心疾首，伺机反抗。1943 年冬的一个三九天，工人冯传泰下班行至卡口，见日本哨兵躲在屋里烤火，就没有脱帽鞠躬。可刚过卡口，两名日本哨兵就从屋里窜出来，抓住冯传泰就打，扒掉身上棉袄，用刺刀逼着冯传泰在石头上整整跪了半个小时。冯传泰事件传开后，码头工人坚定了废除侮辱中国人人格规定的决心。第二天早饭后，韩清林带领与冯传泰在一个锅伙的工人结队上工，行至卡口前，韩清林故意咳嗽两声，昂首挺胸，领着大伙儿大步走向卡口，当值日本哨兵见来势不对，未敢作声。当晚，收工回锅伙时，卡口日本哨兵仍然是以前的两人，见韩清林等人不向他们脱帽鞠躬，伸手想拦住他们，韩清林左手一挡，抡起右手把日本哨兵打倒在地。日本哨兵爬起后，见工人们人多势众、怒目圆睁，吓得径直往南山逃去。从此，工人们过卡口再也不用向日本哨兵行脱帽礼，尊严得到维护。

“辅平”轮回到秦皇岛港。1945 年 8 月 14 日，日本政府照会中、美、英、俄四国政府，宣告接受《波茨坦公告》。8 月 15 日，日本裕仁天皇宣布无条件投降。双手沾满中国人民鲜血的日军铃木中将等一批战犯拒不向八路军投降；为逃避中国人民的正义审判，仓皇逃到秦皇岛，策划从海上逃回日本。8 月 16 日夜，日本“一四八二”部队特务队长甘井率武装人员，登上秦皇岛港“辅平”号引水拖轮，谎称去北戴河。战犯铃木等 20 多人上船起航后，迫使船长孙宝源等改变方向，劫船向日本方向开去。8 月 19 日，船抵旅顺外港，孙宝源等船员趁日本人监视松懈空隙，鸣笛与苏联军舰联络，但因海上有雾和距离苏联舰船较远，日本人又拼命阻挠，联络未能成功。

8 月 22 日，“辅平”轮到达韩国琼山阜港补充燃料、淡水，船员们想趁机将船开回祖国，但又被日本人发现。8 月 27 日，“辅平”轮抵达日本唐津港，战犯铃木等人弃船上岸。“辅平”轮及其 11 名船员在日本唐津港滞留期间，日本“大东”船行资本家探知船长孙宝源等船员缺乏远航经验后，企图将该轮据为己有，于是对船长孙宝源等给出优厚条件并免费送他们回国。但“辅平”轮船员们没有因日本资本家的诱惑而动心，决心人在船在，将船开回秦皇岛港。

9 月初，“辅平”船员在日本唐津港遇到流落在日本的中国船员毕树芝等人。毕树芝在抗战期间被日寇所逼背井离乡，在“大东”船行“大连丸”上任船长多年，有丰富的航海经验，渴望回到祖国。他们在相互了解之后，分头准备返航事宜。9 月 23 日，毕树芝等“辅平”轮 11 名船员与原“大连丸”船员等 23 人会合。9 月 25 日，“辅平”轮由船长毕树芝驾驶，从日本唐津港启航。9 月 28 日，途中遇十二级台风，34 名船员同舟共济，与风浪进行殊死较量，终于化险为夷。9 月 30 日，“辅平”轮安全抵达长山岛，“大连丸”船员除船长毕树芝继续随船航行外，都离船上岸，返乡与家人团聚。10 月 2 日，“辅平”轮胜利回到秦皇岛港。

“浚平”轮驶抵解放区。八路军冀热辽军区第十三军分区为防止再次发生战犯逃跑事件，加强海面封锁，决定将可能被敌人劫持的秦皇岛港挖泥船“浚平”号开到解放区。乐亭县盐民报国队队长张东辉挑选有战斗经验、熟悉秦皇岛港情况且会使船的班长郑玉昆任组长，组成 5 人战斗小组。1945 年 8 月 26 日夜 11 时，战斗小组乘小船悄悄驶进秦皇岛港；先派两人在“浚平”轮附近上岸，解决敌人武装岗哨，登上“浚平”轮。“浚平”轮船员一见是八路军，疑虑顿消。准备开船时，轮机长不在，船员柳仕俊自告奋勇启动机器，在船员的配合下，“浚平”轮很快驶离码头。次日晚上，“浚平”轮驶抵解放区大清河口，十三专署专员张振宇到场欢迎。赞扬秦皇岛港船员在防止日本战犯劫船从海上逃跑作出了贡献。

端掉日寇洼子窑据点。1942年底，正当日本侵略者实施“四次强化治安”的时候，驻柳江煤矿、石门寨、上庄坨、义院口等处的日寇、特务、警备队、伪警察等，经常到矿区及附近农村进行清乡、查户口，盘查过往行人，大肆进行烧、杀、抢、掠等，所到之处，民不聊生。活动在临抚昌一带的七区队为保护广大群众利益，决定拔掉日寇据点，震慑日伪，为民除害。1942年12月的一天晚上，七区队战士们以迅雷不及掩耳之势，突然包围日寇洼子窑据点，还未等日伪军弄清情况，一举攻入矿内，烧毁面房；打开仓库，用毛驴运走大批弹药和物资。战斗中，打死打伤部分日伪军，活捉名叫木茨的日本兵。

柳江煤矿工人“偷运炸药”。抗日战争时期，柳江煤矿的矿工在党支部领导下，接受为八路军偷运炸药的任务。从日寇眼皮子底下“偷”炸药非常危险，即使把炸药“偷”到手，运出矿区也十分困难，如若被日寇发现必死无疑。而且，霸占柳江煤矿的日寇对炸药管理得非常严格，负责放炮的工人领取炸药，必须在每个炸药卷上盖戳，放炮时有日本人监视。但是，矿工们为打击日寇，千方百计想办法，为八路军“偷”出炸药。放炮工马岐受区长梁天柱委托，在工友协助下，偷梁换柱，几次“偷”出炸药60多卷，转送八路军。一次，马岐、宋殿荣等人“偷”运炸药被一日寇走狗发现。走狗即匿名告到日本领事馆，日寇马上电告日本人监工和煤矿把头翟永堂，责令马岐、宋殿荣升井。马岐闻讯，知道事情被发现，毅然和宋殿荣升井，准备和日寇决斗。马岐、宋殿荣出井就被特务姚德春等戴上手铐，押到领事馆。日本领事拍着桌子向马岐、宋殿荣吼叫，老工人马岐见状心中暗暗打算，如无真凭实据就和日寇辩一场，反正落在他们手里也没个好，豁出去吧。马岐镇静地问："说我偷炸药，有啥凭据？"日寇随即扔过那张匿名信，马岐一看信上没有署名，就更镇定。他接着反问："一张纸能说明啥，谁告状敢出来作证吗？我还说他偷炸药呢。"日寇无话可答，便命令汉奸搬出一包炸药想诬陷马岐。马岐见炸药是黑色，镇定地问日本领事："太君，你说咱公司用的炸药是啥颜色？"日本领事不说话。马岐接着又说："咱公司用的是黄色炸药，你可以拿几卷来比比。"日本领事让人拿来几卷一比，确实是黄色，当即拿起那张匿名信，骂一声"八嘎"就撕得粉碎。因没有真凭实据，日寇只得将马岐、宋殿荣释放。此后，马岐在工人们的掩护下，又为八路军"偷"运出炸药200多卷，在打击日寇的战斗中发挥了重要作用。

四、抗日武装斗争的全面胜利

1942年7月初，副营长马骥带领十二团一营东渡滦河，插入临榆县秦皇岛以北地区，配合地方工作人员进行抗日根据地的建政、建军、统战、经济和群众工作，为秦皇岛地区最早的抗日武装力量。在环境残酷、恶劣的游击区内，广泛发动群众，不断打击日伪，鼓舞群众的抗日热情，打击日伪的嚣张气焰。1943年7月，十二团取消营的建制，一营改为第七区队，辖3个连，成为秦皇岛地区开展抗日武装斗争的主力。之后，临抚昌联合县大队和各区的游击小队也先后建立。

1943年，七区队在敌我边缘地区展开游击战，打击日伪军。当时，盘踞在柳江煤矿的日伪据点，是当地较大的日伪巢穴，兵力较强。日伪军除仗势掠夺煤炭资源外，经常到附近村庄抓人、抢粮、抢物，骚扰百姓，利用地痞流氓和汉奸搜集党和军队的活动情报，以武力控制南至秦皇岛、北到义院口的南北交通要道；而且柳江煤矿存有大量炸药，是八路军制造手榴弹、地雷亟须的物资。临抚昌联合县为保护当地工农群众的生命财产安全，获取亟须物资，打击日伪的嚣张气焰，决定打掉柳江煤矿的日伪据点。

七区队队长马骥和二总区区长何景文亲自察看地形，了解据点附近石门寨、邱杨赵村的日伪兵力部署，掌握日伪机关、煤矿药库及粮库等分布情况，做好战前准备。柳江煤矿地下党支部绘制矿区内地形、日伪机关和重要建筑位置图；抗日政府动员、组织大批驴驮民运队伍，配合七区队攻打柳江煤矿据点。8 月 10 日，一场暴雨过后，抗日政府组织农村民兵破坏秦皇岛到柳江煤矿的铁路，以阻止秦皇岛方面的援兵；中午 12 时，由秦皇岛开出的火车被颠覆，铁路停运。黄昏后，七区队和地方武装人员从三面包围柳江矿区，11 日零时 30 分，随着三声炮响，炸开西北角职员住宅外墙后，先切断电话线，之后袭击发电所，破坏动力电和照明电源。借着月光，七区队战士从炸开的豁口一举突入日伪据点；顿时，枪声、手榴弹爆炸声、喊杀声响成一片，战士们奋勇向日本领事馆、伪军警机关、火药库、粮库、大槽沟事务所、病院事务所及日寇住宅展开全面进攻。此时，日本矿长住宅和俱乐部、伪军警机关一片大乱；日本兵和家属除被打死的外，全部逃到煤矿井下躲藏；伪军警和特务除少数逃跑外，大部被缴械。至 3 时 30 分，日本矿长、职员住宅和俱乐部均燃起大火。到凌晨 5 时 30 分，战斗进行 5 个小时胜利结束。消灭日寇 40 多人、伪矿警 100 多人、武装日军技术人员 20 多人；缴获轻机枪 2 挺、掷弹筒 2 个、步枪 200 多支、黄色炸药 2000 箱（500 驴驮）。七区队伤 9 人，牺牲 3 人，其中一连连长李德修和二总区区长何景文在战斗中牺牲。战斗中，柳江煤矿工人积极配合，充当向导、杀敌参战、运送弹药、抢敌粮仓等。战斗之后，柳江煤矿党支部领导工人，采取怠工、破坏生产工具等形式，与日伪及日本矿长、监工等进行不懈斗争。10 月，工人们卸下 55 千瓦绞车滚筒，拆除部分矿车钢轨，交给地方部队，搞得日伪惊恐不安。

1944 年起，八路军根据地在敌后战场开始局部反击。但敌人为策应正面战场，“巩固”其后方基地，将大批伪满军队调到冀热辽地区。日本关东军、伪满军与日本华北派遣军对冀东地区形成夹击之势。八路军冀东地区政治部适时召开政治工作会议，分析新形势下部队的思想状况，号召干部、战士坚持冀东抗战，直至取得抗战最后胜利；要求秦皇岛地区的武装力量，主动攻击日伪据点，截击大股窜犯抗日根据地的日伪军。

1 月 29 日，临抚昌县大队一举拔除秦皇岛外围最大的日伪驻海阳据点，缴获长短枪 73 支，子弹 6000 多发及其他军需品；接着，乘胜追击，打下付家店。

2 月 14 日，七区队在北戴河通往榆关的路上，在大米河头截击、歼灭从北戴河出扰的日本兵 36 人。

7 月，七区队攻下深河据点。秦皇岛与抚宁县城之间的深河据点，驻有 1 个伪警察大队共 200 多人，队长张相臣要在管辖区内抢收庄稼，群众很是忧心。为保护群众的利益，七区队的一、二连和临抚昌县大队联合作战，一举攻下深河据点，全歼守敌，击毙伪大队长张相臣等 40 人，俘获 100 多人，缴获步枪 200 多支。

7 月，第三次攻打柳江煤矿日伪据点。八路军七区队战士彻底炸毁井口电厂，破坏其他重要设施。经过几次战斗和破坏之后，柳江煤矿已是千疮百孔，但日寇仍未停止掠夺煤炭资源。他们从秦皇岛拉来 1000 多米新电缆，企图从矿外接通电源恢复生产。工人们为防止日寇掠走矿内的重要机械设备，在柳江煤矿党支部的组织、领导下，拆除小铁路，卸掉镟床、铣床、钻床等机具 6 台，连同钢轨等，装满 11 马车，秘密运送解放区。在抗日军民的坚决打击下，柳江煤矿彻底停产，盘踞 8 年之久的日伪据点彻底垮台。石门寨、上庄坨等据点的日伪军从此都龟缩在炮楼和院墙内，再不敢大模大样地“清乡”、抓人。经过战斗的洗礼，抗日武装力量日益壮大，威信日益提高，工农群众的抗日热情高涨，给开辟和建设抗日根据地工作提供了有利条件。

10 月，为阻击日伪通过北宁铁路运送军用物资，八路军十六军分区指示七区队攻击日寇的火车，以配合冀热辽军区反扫荡。七区队接到指示后，经周密侦察，决定派出一、二连在秦皇岛西的南大寺车站西面设伏，攻击一列日寇军用列车，打死打伤部分日寇。

1945 年 8 月 12 日，冀热辽区党委、军区成立“东进委员会”和指挥部，李运昌任书记；由靠近东北、热河的第十四、十五、十六军分区部队，8 月中旬分西、中、东 3 路，北出长城各关口，急速挺进东北、热河。

8 月 14 日，日本政府照会中、美、苏、英 4 国政府，宣告接受《波茨坦公告》。

8 月 15 日，日本天皇以广播《停战诏书》的形式，宣布无条件投降。

第五节　解放战争时期

1945 年 8 月 25 日，中共中央发表《对目前时局的宣言》，提出坚持和平、民主团结的方针，要求立即实现和平，避免内战，以便在和平、民主的基础上实现全国的统一，建立独立自由与富强的新中国。8 月 28 日，毛泽东在周恩来、王若飞等同志陪同下，乘飞机从延安前往重庆与国民党政府谈判，并签订《国共双方代表会谈纪要》，即《双十协定》。蒋介石表面承认中国共产党提出的和平、民主、团结的方针和人民的某些权利，承认避免内战、两党和平合作建设新中国，但在解放区政权和军队等根本问题上，拒绝中国共产党提出的“应该承认解放区各级民主政府的合法地位和公平合理的整编全国军队的原则。”《双十协定》签订第二天，蒋介石发布内战密令，以 3 个军的兵力进犯晋冀鲁豫解放区。

美帝国主义支持蒋介石抢占抗战胜利果实、打内战，直接帮助国民党军队从海上、空中陆续大规模入侵冀东，占领全部敌伪代其看守的城镇、据点，不断向已被人民收复的解放区城乡发动袭扰。美国军舰从 1945 年 9 月 17 日起，就海运国民党第十三军和五十二军在秦皇岛登陆。9 月 30 日，美军在“受国民党政府邀请，前来协助中国军队受降”幌子下，先后从塘沽、秦皇岛登陆，继而侵入唐山市。他们不顾信义，公然与当地日伪勾结，为国民党反动派守护城镇、铁路、桥梁，帮助国民党抢运作战物资。10 月 2 日，美海军陆战队第三师 1.8 万人打着“协助中国受降”的幌子在秦皇岛港登陆，秦皇岛港变成国民党发动内战的跳板。

在中共十六地委的领导下，秦皇岛地区军民及时转入反攻受降，挺进东北。同时，积极发展生产，配合人民解放军坚决进行自卫战争，粉碎国民党军队的猖狂进攻，积极配合、全力支援辽沈、平津战役。

冀热辽军区遵照朱德总司令的命令，武装接收秦皇岛港码头。1945 年 9 月 1 日，派人与日伪联络受降事宜。但是，国民党反动派为抢夺抗战胜利果实，卖身投靠美帝国主义，拉拢日伪军阻挠八路军接收港口。美远东军总司令麦克阿瑟命令日本侵华派遣军冈村宁次：“在中国的日本军队只能向蒋介石的国民党军队投降。”蒋介石通过在日本统治时期任开滦总经理的王崇植，要求驻秦皇岛的日军保护港口，直到接受投降为止；命令伪军“负责维持地方治安”，制止他们接受八路军编遣。国民党在秦皇岛港设立秦葫（秦皇岛、葫芦岛）港口司令部和军警纠察处等机构，强化军事运输；利用国民党工会、反动会道门和封建把头势力，控制秦皇岛港工人。

1945 年 11 月 20 日，即从日本人手里收回开滦煤矿和秦皇岛港权益的第二天，转手又发还给英国资本家；允许港口成为美国海军陆战队的供应基地，使秦皇岛港的形势趋于复杂。秦皇岛港的工人面临着美帝国主义、开滦英国资本家和国民党的联合欺诈和进攻，面临着内战和饥饿的严重威胁。

1946 年 10 月，9000 名码头工人举行大罢工，抗议国民党打内战，反对征兵。12 月起，随着人民解放战争节节胜利，国民党统治区的学生反饥饿、反内战、反迫害的民主爱国运动不断高涨，形成反对蒋介石反动统治的第二条战线。秦皇岛港工人历遭外国侵略者的欺凌和掠夺，备受国民党军、警、宪、特和封建把头的迫害，饱尝内战、货币贬值与物价飞涨之苦，陷于贫困交加之中。因此，他们支持和踊跃参加各种反抗斗争。从 1946 年起，秦皇岛港怠工、罢工此起彼伏，每年都在 10 次以上。生产工班效率低，一般只有 6 吨左右。工人的怠工、罢工，打乱国民党反动派的军事运输计划，破坏他们的内战部署，弄得国民党国防部、北平行辕和燃料管理委员会等高层军事、经济指挥机关惶惶不可终日。

1947 年，码头工人抗议国民党征兵，一举捣毁开滦路镇公所。9 月，小学教职员到镇公所请愿，要求借薪。在工人、学生开展各种斗争的同时，城郊农民积极配合八路军打击美军和国民党军。根据党中央“动员一切力量，站在自卫的立场上，粉碎国民党的进攻，保卫解放区，争取和平局面的出现”的指示精神，秦皇岛军民同全国人民一道，开始发起反内战、反独裁，争取和平、民主的斗争。

经过三年多的解放战争，经过辽沈、平津、淮海三大战役和渡江作战，消灭蒋介石 800 万军队，推翻国民党反动政府，建立伟大的中华人民共和国。从此，中国人民站起来了。

一、接收秦皇岛的斗争

1945 年 8 月 30 日，八路军收复山海关，但秦皇岛内日伪尚未放下武器。据此，党在秦皇岛地区的任务是领导解放区人民恢复正常秩序，准备收复秦皇岛。

其实，在日本政府宣布投降后，晋察冀中央分局即任命朱其文为秦皇岛市市长，开始接收工作，但日伪拒不投降。为此，冀东区党委曾先后派地方工作人员配合县支队及公安队 3 次进入秦皇岛进行接收工作，均遭拒绝。9 月初，临抚昌联合县县委在秦皇岛近郊后马坊村研究确定由县公安科科长程平与三区区委书记王巨峰等 3 人与日伪交涉接收事宜，此为第一次。第二次是由时任县支队队长的李成华和政委张新民等带队进入秦皇岛，谈判接收事宜；县委组织部副部长王哲民等县区干部在县支队的配合下，进入秦皇岛进行接收事宜交涉，又遭日伪驻军拒绝。10 月 24 日，冀东区党委派出以陈东（十二地委社会部长，陈东当时以记者身份出现）、安石（临榆县政府负责人）为首的 6 人代表团，与日伪就接收秦皇岛事宜进行第三次交涉。代表团上午在秦皇岛南山开滦高级员司俱乐部（美军司令部）与美军直接谈判受降日伪军警事宜。代表团代表严正声明，秦皇岛地区是敌后战场，八路军是抗战的主力军，胜利属于人民，中国人民和八路军有理由接受日本驻军的投降；秦皇岛地区一直是八路军游击根据地，当然应为共产党政府接收。但是，美军态度蛮横，强词夺理地进行狡辩，干涉接收日伪军警的正当权益，致使谈判无果。下午，美军派一辆吉普车到代表团驻地接代表继续谈判，但对实质性问题的态度未变，还想借口扣留代表团成员。在代表严词责备下，美方理屈词穷，代表团返回驻地。

由于美帝国主义和国民党反动派的阻挠，冀东区党委未能接管秦皇岛，但在政治上却扩大党的影响。事后，十二地委负责人在《冀东日报》上发表谈话，对敌人的阴谋予以揭露。十二地委决定在秦皇岛成立“八路军办事处”，委派王巨峰为主任，办事处人员办公地点设在范家店村。

二、反击敌人的进犯

接收秦皇岛谈判破裂。美帝国主义通过海、空运送国民党军队侵入解放区，秦皇岛港成为转运国民党军队登陆、进犯东北广大地区的重要口岸。

1945 年 9 月 17 日，国民党第十三军和五十二军在秦皇岛登陆。10 月 2 日，美海军陆战队第三师在秦皇岛港登陆。10 月 11 日，美国军舰 31 艘运载国民党九十二、九十四两个军在秦皇岛港登陆，相继进入北宁路沿线各城镇据点，并不断入侵解放区。10 月 13 日，秦皇岛美军一部，协同国民党军进入黄土坎一带，偷袭山海关，被八路军守军击退。10 月 18 日，驻秦皇岛美军一部，乘 4 辆汽车闯入海阳镇、深河镇及其附近村庄，张贴反动布告，摄制地形图。10 月 26 日，十八集团军参谋长叶剑英向驻华美军总司令魏特迈提出抗议：“秦皇岛一带美军，向冀热辽我解放区阵地进犯，虽经我军劝其停止，然该美军置之不理”，要求魏特迈“立即采取有效措施，制止秦皇岛一带美军此类行为”。但是，美军入侵解放区仍然不断。10 月 27 日，美军进犯海阳镇，将海阳区小队 30 多名战士缴械，枪杀区小队教导员兴武。接着，美国海军又运载国民党九十四军的第四十三师在秦皇岛登陆。10 月 29 日，驻秦皇岛美军一部配合国民党九十四军一部进犯山海关。10 月 30 日，美军又配合国民党第十三军再向山海关进犯。10 月 31 日，美军与国民党军进犯北戴河车站。11 月 1 日，美军侵占留守营车站。

11 月 4 日，冀热辽军区司令员李运昌、冀东军区司令员詹才芳，照会唐秦地区美军指挥官洛基少将，抗议美军入侵冀东的系列行为，严词斥责干涉中国内政、配合国民党军队进攻解放区的挑衅行为，要求美方立即停止一切无礼之举。但美蒋置若罔闻，11 月 4 日晚，国民党要求八路军退出山海关，撤至距铁路两侧 25 千米以外。次日拂晓，国民党军队八十四师向驻山海关八路军发起猛攻，逼近城郊四五百米处，八路军英勇自卫、勇猛反击，毙伤其 300 多人，迫使国民党军队全面溃退。

10 月 30 日，国民党东北保安司令长官杜聿明抵达秦皇岛；11 月 11 日，美军动用军舰 20 艘运送国民党军队 4 个师在秦皇岛登陆。至此，到达秦皇岛的国民党军队达 6 个师 6 万多人。杜聿明秉承蒋介石“迅速进入东北地区接收防务”旨意，悍然撕毁《双十协定》，发起大规模进犯山海关的不义之战。

年底，蒋介石又打起“和谈”幌子，表示同意召开政治协商会议，其用意是争取时间，准备全国性的反革命内战。在美国特使马歇尔的指使下，蒋介石虚伪地同意与中国共产党谈判。以周恩来为团长的中共代表团提出：“必须在政治协商会前实行无条件停战。”以蒋介石为首的国民党集团慑于全国人民的压力，迫于军事、政治的不利形势，于 1946 年 1 月 10 日与中共达成《停战协定》，双方发布停战命令，定于 1 月 13 日生效。双方决定，在北平设立由国民党、共产党和美国政府三方面代表组成的“军事调处执行部”，具体负责监督停战令执行。

但是，国民党签署《双十协定》《停战协定》的目的，是为准备内战争取时间、调兵遣将。在《停战协定》达成前夕，1946 年 1 月 7 日，蒋介石暗中下达秘密作战命令，命令其军队“星夜前进”“迅速占领有利地形，严密封锁共区”。为欺骗国内外视听，制造内战舆论，蒋介石国民党集团与美军勾结，制造事端，为大举进攻解放区寻找借口。美军在秦皇岛地区制造的“西河南事件”，就是国民党反动派全面进攻解放区的信号之一。

1946 年 7 月起，以蒋介石为首的国民党反动集团公开破坏《停战协定》，挑起事端，进犯解放区，向华东、中原、华北和东北各解放区发动全面进攻。7 月 20 日，毛泽东发表《以自卫战争粉碎蒋介石的进攻》一文，全面分析敌我双方的基本条件、战争的本质和前途，提出集中优势兵力、各个歼灭敌人的战略战术。8 月 25 日，冀东区党委发出“为坚决进行自卫战争，彻底粉碎蒋介石进攻的紧急指示”，号召党政军和全体人民，“紧急动员起来，为保卫冀东解放区，保卫胜利果实，坚决投入反顽自卫斗争”。自此，全面反顽自卫斗争在秦皇岛普遍开展。

三、秦皇岛港码头工人反内战、反压迫的斗争

抗日战争胜利后，秦皇岛港的广大工人渴望过和平、安定的生活，渴望自己的国家成为一个独立、自由、民主、统一、富强的国家。但是，国民党倒行逆施，悍然挑起内战，将秦皇岛港变成他们的军运基地，给港口工人带来了极大的痛苦和灾难，工资被拖欠，市上无粮，借贷无门，走投无路。工人们忍无可忍，举行了一系列反抗斗争。

砸仓库、分面粉。1945 年 10 月 18 日，爆发砸仓库、分面粉的斗争。是日，部分码头工人率先砸开包工头的仓库，分掉仓库里的面粉。10 月 19 日，全体码头工人罢工，继续砸仓库分面粉。10 月

21 日，码头工人向港口当局提出工人直接领面（当时工资以面粉计算），不许包工头干涉、克扣等要求。经理齐尔顿鉴于工人罢工，大批军火不能卸运的情况，被迫于 10 月 25 日答应："今后每人每月 3 袋面粉全由装卸工人自己处理，大、小包工头一概不准干涉。"码头装卸工人反对包工头、争取自主权利的斗争，取得第一回合的胜利。

1945 年 12 月，国际救济总署运来一批面粉，开滦英资本家和大、小包工头置 10 月 25 日的承诺于不顾，又把充当工人实物工资的面粉拉走。12 月 12 日，码头工人罢工 4 小时，要求包工头发还面粉和发放开滦总局规定的奖金。开滦秦皇岛经理处怕事态扩大，被迫答应解决。1946 年 1 月 3 日，码头工人为直接从经理处领取面粉实物工资问题开会，由原"朋友会"成员赵立成派杜贵昌、方玉言与其他各组联络，组织工人起草声明书，选出 5 名代表与经理处经理谈判，要求："取消大、小包工头制；装卸工人每月工资、3 袋面粉全部发给本人；工人自理伙食。"同日，开滦秦皇岛经理处同意举行工务处、包工头、工人代表三方会谈。王怀仁等勾结国民党军警包围谈判会场，企图逮捕工人代表，镇压工人斗争。工人们闻讯后赶到会场，把军警团团围住，救出工人谈判代表，然后分头砸包工头仓库分面粉，举行罢工。大、小包工头在王怀仁住处连夜开会，密谋对策。数百名装卸工人闻讯后包围会场，怒砸王怀仁的"阎王殿"，与会 200 多名大、小把头抱头鼠窜。工人继续罢工，港口瘫痪，严重打乱国民党的军运计划和内战部署。1 月 5 日，国民党临榆县党部书记长李超尘出面调停，工人们历数包工头的种种恶行。1 月 7 日，开滦秦皇岛经理处令工务处召开工人大会，宣布取消大包工头制。1946 年 1 月 1 日起，装卸工人每月工资、3 袋面粉凭工人自行处理；工人自理伙食。秦皇岛港码头工人反对封建把头和争取自主权利的斗争取得胜利。

反抗美国海军陆战队士兵向码头工人无理挑衅。1946 年 3 月 30 日，美国海军陆战队士兵向码头工人无理挑衅，殴打数十名码头工人，还开枪示威。对此，码头工人一致罢工抗议。煤场工人闻讯，3 月 31 日举行声援罢工，提出美军赔礼道歉和赔偿工具等要求。秦皇岛港陷于瘫痪。为取媚美国主子，国民党唐榆工区工运指导专员常介甫急电开滦秦皇岛工会的孙士河等，强令工人从速复工，听候处理。工人们坚持斗争，直至美军军官在工务处人员陪同下向工人道歉，并“已嘱示部队不准有类似行为”后，才开始复工。

反抗美舰“马瑞来因”号船长殴打工人。1946 年 4 月 5 日，美舰“马瑞来因”号在秦皇岛港加装燃料，船长汤普逊粗暴干涉工人操作，遭拒绝后，殴打工人康明久等；工人王宝德、刁金铭、张信祥与其讲理，汤普逊竟鸣枪威胁，引起工人们的震怒和罢工抗议。4 月 6 日，煤场工人也一致罢工，声援码头工人的斗争。4 月 7 日，开滦秦皇岛工会孙士河召集二头子开会，要求工人复工。工人们一致要求：“汤普逊必须向工人赔礼道歉；负责被打伤工人的医药费和养伤期间的生活费；罢工期间工资照发。”条件答复才能复工。最后迫使美方和港口当局答应全部条件，罢工胜利结束。

反抗美国军舰士兵酗酒殴打码头夜班工人。1946 年冬，美国军舰士兵酗酒肇事，殴打码头夜班工人索理和等人，工人张玉秀等同美舰军官交涉，该军官不仅不赔礼道歉，反而持枪行凶。码头工人被迫群起还击，向美军宪兵队提出抗议，要求严惩凶手。在工人强大压力下，该舰不得不派出军官向码头工人赔礼道歉，答应惩办肇事美军，风波平息。

反抗国民党征兵。1946 年 6 月 26 日，蒋介石悍然破坏停战协定，大举围攻中原解放区，发动全面内战，但仅 3 个月，就被解放军歼灭 25 个旅。国民党为缓解军事战线过长与兵力不足的矛盾，开始大量征兵。秦皇岛港装卸工人为反对内战，进行征兵与反征兵的斗争。11月，秦皇岛国民党当局要用抽签的方法在港口装卸工人中征集新兵200人，举港哗然，部分工人罢工。12月25日，国民党地方当局宣布在煤厂征集新兵170人，装卸工人立即举行罢工抗议，火车、轮船无人装卸。国民党临榆县县长闻讯赶到港口威胁工人如不复工，将派军队解决。12月28日，国民党秦葫港口司令何世礼从葫芦岛调400名“军事工人”上船。但是，港口工人毫不妥协，依然坚持斗争。同日，秦皇岛国民党当局被迫贴出布告：“一律延期征役壮丁。”1947年1月25日，上海国民党燃料管理委员会转发国民党国防部“关于秦皇岛港煤厂的职工准免征兵役”的命令。2月11日，《东北日报》报道：“秦皇岛港务局、耀华玻璃厂工人，为反对蒋伪在工人中强征炮灰，举行历时20多天的罢工，终于获胜。秦市国民党当局被迫答应，不在工人中征兵，并已释放被捕工人。”

1947年秋，秦皇岛国民党当局再次图谋在秦皇岛煤厂征兵，或由煤厂工人出钱雇人当兵。共产党员门志成串联工人揭露国民党的阴谋，举行第二次反征兵罢工；组织煤厂100多名工人砸镇公所，向镇长提出：煤厂工人不出兵，也不摊壮丁款；不准训练工人当棒子队；煤厂不要镇公所等要求。10月11日，李宗仁训令国民党驻秦皇岛专员公署：在秦皇岛港缓征兵役。1948年1月5日，国民党秦皇岛工会孙士河诱骗工人开会，抽签当兵，当场引起工人的反对和抗议。1月7日，秦皇岛港口装卸工人罢工，孙士河勾结二头子、监工进行破坏。港口工人团结一致进行斗争，迫使秦皇岛国民党当局又一次答应缓役和不收壮丁费。

拒卸军火。1947年5月29日，5号码头靠泊着一艘待卸的军火船，装卸工人以装卸手榴弹容易发生爆炸为理由，拒绝卸船。在被迫卸船时，故意将大枪栓卸下往海里扔，使其成为不能用的废铁，有力地支援了中国人民的解放战争。

反饥饿、反内战、反迫害。1947年11月，秦皇岛港工人在地下党组织的领导下，联合开滦五矿掀起反饥饿、反内战、反迫害的斗争，数以千计的秦皇岛港工人和中、低级员司开展签名运动，向国民党地方当局递交请愿书，提出“反对物价高涨”“反对奸商囤粮”“我们不能再饿肚皮”和“反迫害、反虐政”等要求，迫使国民党地方当局不得不采取某些限制商人垄断市场、囤积居奇和黑市贸易的政策。在政治上、经济上给国民党反动派以沉重的打击，迫使开滦英资本家调整工人和中、低级员司的工资因数，承诺按期按规定给职工发放燃煤。

四、耀华工人反对裁员和封建把头武维屏的斗争

1945年9月29日，召开第87次董、监事联席会议，议决耀华玻璃厂停工。

10月20日，耀华玻璃公司所（天津总事务所）、厂（秦皇岛工厂）组织及待遇调整方案出台，规定“秦皇岛工厂的事务部、工作部、制板部、制品部、业务部改为科，建设部废止，工人留厂558人，停资待雇428人。停资待雇工人本月度净支以八月度之工津配给全额后，听候将来甄别录用”。此决定与9月29日董、监事联席会议决之第二项中之二：“选余工人自停工之日起支八月度工津（奖励金除外），全额三分之一（食粮亦三分之一）作为生活维持费”；之四：“减薪留资职员自10月度起均以七月度为准之薪津全额三分之一（食粮三分之一）作为维持费……”完全不符，实际上就是将待雇人员开除出工厂。

调整方案出台后，原日伪时期就骑在工人头上作威作福的封建把头武维屏（其人早在日寇侵华时期，就在南楼当工头，任日伪宣

抚班长，某镇副镇长等职）加紧活动，上下左右串通，破坏工人内部团结、排除异己，为达到他们少数人控制全厂并为所欲为的目的，把年轻能干，懂技术、生产、经营和有多年工作经验的正义员工开除。武维屏的行为，激起广大职工的不满。他们选出代表去天津玻璃公司总事务所，向副总经理刘翁云和董事长袁心武说明工厂裁减员工不符合华北特派员王翼臣布告中指出的“所有员工都应坚守岗位”的规定，要求撤销武维屏、周景福等人之职，被裁减人员全部复工。刘翁云和袁心武以“交通堵塞，营业不好，财力不足”为借口进行推托搪塞，把代表们“劝回”秦皇岛。代表们回秦后重新计议，聘请律师书写呈状，去唐山、天津（河北省）法院和北京国民党有关部门控诉，直至状告到国民党代总统李宗仁。时逢国民党中央政府经济部战时生产局派龚祖同等人到秦接收耀华玻璃厂，代表们抓住时机，天天到工厂找龚祖同告状，要求撤销武维屏、周景福等人的职务，被裁减人员全部复工。

龚祖同接任厂长后，仍依靠周景福等人。一天，工人代表们要求被裁减员工复工时，他依然推托。工人代表忍无可忍，要求龚祖同一同去北京（国民党中央机关）辩理，龚祖同才无奈同意工人复工（其实上边早已有复工的批文）。1946 年 2 月 20 日，工人全部复工上班。斗争取得胜利。

1946 年 5 月 13 日，耀华玻璃厂 500 多名员工联名，向耀华玻璃厂董事会控告武维屏等人欺压工人的罪行。耀华公司和工厂害怕事态扩大，影响生产，无奈将武维屏等人调往天津耀华玻璃公司，才暂时平息众怒。

五、铁路工人反疏散、求生存的斗争

1946 年秋，华北地区军民在中国共产党的领导下，同心协力反对国民党的统治和压迫，经常扒铁路、炸桥梁，破坏国民党统治区的交通运输线，铁路运行天天受到阻截，党秘密工作小组还不断散发“欢迎失业工人到解放区工作”的传单，搞得国民党地方当局很头疼，尤其是给北宁铁路局政治和经济上造成很大压力。于是，北宁铁路局制造了一个大阴谋。从北宁铁路的山海关、秦皇岛、唐山、芦台、天津等站段调 11054 名员工到津浦路。铁路局命令自 8 月 23 日起至 31 日止，被调员工如在期限内不到津浦路报到者予以开除。被调员工自接到调令后即筹集费用、打点行装，有的为此毁家弃产，懵懵懂懂如期到天津津浦铁路局报到。到达天津之后，津浦铁路局的管事人员徐子厚对报到的员工们说：“将你们派到沧县、德州各站。因为这段路被共军占领，暂在天津待命，等国军接收后你们再赴任；待命期间，吃饭、住宿等问题，先请你们自己想办法解决。”时值秋天，日渐寒冷，员工们吃住难以维持，多次找津浦铁路局催问，得到的答复是“路局无能为力”。员工们不得不到平津区天津铁路办事处交涉，回答则是“你们已经调到津浦路，一切问题由津浦路局解决，平津区不管”。两路局互相推诿，在百思不解之际，山海关电务段被调工人王珍听到平津区天津铁路办事处一位科长透露，从北宁路调津浦路实际上是变相解雇，被调员工此时才恍然大悟，方知上当受骗。

万余名铁路员工知道自己被铁路局以调转为名解雇的真相后，自动联合，研究反抗对策。山海关、秦皇岛的员工开始商量，随之唐山、天津等地的员工一同商量。9 月 5 日，被调全体员工在北宁公园集会，一致要求到平津区天津铁路办事处请愿。据天津《益世报》1946 年 9 月 6 日报道：“万余名被调员工将平津区天津铁路办事处包围，把大门堵住，各办公室门前均不放人出入，由全体员工公推代表，首次推出马洪俊、徐炳泽（扬）、杨连衡 3 人为代表，要求见副局长徐亚韩，提出三项要求，请即答复，以不得要领未成功；二次推出刘平庵、刘育之与马、徐、杨等 5 人为代表晋见；第三次又增选王珍、傅绍先共 7 人为代表晋见徐局长，始得圆满答复。”同日，天津《博陵日报》第四版报道消息说：“徐局长答复后，后方工人不知，徐乘车出局被工人包围，旋由工人代表送出，移动时路警所长刘润芳鸣枪一响震吓，弹由上坠下，代表刘育之负伤，工人将刘之勃朗宁（手枪）夺过，并殴伤之。路警李树云护送刘就医被围，亦鸣枪二响，手枪又被夺，二枪均交警所，工人张汉涛受伤，轻伤 4 人。护路副司令谢敬兴、参谋长袁复之、稽查处长陈仙丹、宪兵队长韩兰秀、警局督察长孙飞、曾三分局长及秘书主任郭兴露（霖）、白处长均到场并弹压……至五时许始解散。”

路警所长刘润芳鸣枪之后，工人们怒不可遏，用砖石瓦块把办公楼的电表和一、二楼门窗的玻璃全部砸碎，员司跑到三楼躲藏。

铁路局被迫给每名被调人员发 3 个月工资，每名工人半袋立郎面粉，员司一大袋面粉；一切福利待遇全部补发，每个人发给一套制服。斗争结束，员工失业。

六、秦皇岛港和耀华玻璃厂工人罢工游行声援北平

1947 年 1 月 19 日《人民日报》报道：“一九四六年十二月，北平发生美国兵侮辱中国女大学生沈崇事件，为响应平津学生爱国运动，矿务局码头及耀华玻璃厂一万五千工人，亦于上月二十九日实行罢工，并举行游行示威。国民党军警开枪镇压，两名工人（王小海、李存义）遭其击毙，迄本月三日罢工仍在持续中。”愤怒的工人与军警进行殊死搏斗。他们冲破封锁线，抬着死难工人的尸体持续游行，在国民党专员公署门前高呼口号，吓得国民党官员不敢露面。秦皇岛港工人与耀华玻璃厂工人联名向国民党专员公署和秦葫港口

司令部提出抗议，宣布同盟大罢工；要求美国佬滚出中国，迅速停止内战；要求惩办凶手，抚恤死难者家属。工人的罢工持续到1月5日，最终迫使美、蒋当局拿出40万元法币抚恤死难者家属。同时，各学校师生还举行“美军退出中国周”活动。

七、贯彻落实党的土地政策

1945年11月7日，中共中央对党内的指示中明确指出：“目前我党的方针，仍然是减租，而不是没收土地。”“务使整个解放区，特别是广大的新解放区，在最近几个月（冬春），发动一次大的减租运动，借以调动大多数农民群众的革命热情。”1946年5月4日，中共中央发出《关于清算减租及土地问题的指示》，即《五四指示》，决定把减租减息政策变为没收地主土地分配给农民的政策，实行“耕者有其田”，规定不可侵犯中农土地，对大地主、中小地主、豪绅恶霸和富农的态度要有所区别，对开明士绅应予照顾等政策。秦皇岛处于敌我必争的战略地带。为实现深入发动和组织广大农民群众、发展和巩固革命根据地、有力地打击敌人的目的，认真贯彻实施党的土地政策，开展“清算复仇”“土地平分”运动，实现“耕者有其田”。但是，铁路沿线和少数县城附近及秦皇岛郊区的村庄，大多是在新中国成立后按新区土改政策进行的。

雇工增资与减租减息。秦皇岛的雇工增资斗争，从1944年8—9月间开始。秦皇岛按抗日政府执行“减租”办法：凡出租的土地，不论实物地租与货币地租，地主应一律减收原租额的25%，简称“二五减租”，佃户按“三七五”交租。“减息”办法：年利在一分以上的，一律按年利一分计算；已付利息超过原本一倍的，停利还本；超过原本二倍的，废除借贷关系，本利停付。“减租减息”和雇工增资的斗争，初步树立广大农民群众的优势，削弱封建势力。由

于农民群众减轻负担，生活有所改善，从而提高他们的生产积极性和抗日热情。

合理负担农业税赋。民主根据地实行“合理负担”的税收政策，体现“有钱出钱，钱多多出，钱少少出，无钱不出”的原则。具体实施过程中，实行统一折股计算的办法，即地主年收入的地租，以每人每年收入60斤为一股，自耕农和佃户以100斤折为一标准亩为一股，佃农则依照缴纳地租的轻重，分别按二标准至四亩折成一股。总的要求是，地主负担的最高额不超过其总收入的24%，富农不超过16%，贫农不超过8%，特别贫困的群众和孤儿寡妇还可免征。到1944年年底，秦皇岛合理负担农业税赋工作基本完成。即减轻贫苦农民的负担，增加民主政府的收入，保障供给，有力地支援抗日战争。

土地改革运动。抗日战争胜利后，冀东区党委坚决贯彻中央放手发动群众的方针，领导全区农民群众开展以土地改革为中心内容的群众运动。1946年5月4日，党中央下达《五四指示》，支持农民在“减租减息”运动中直接从地主手中取得土地，实现“耕者有其田”的正义要求。根据五四指示精神，秦皇岛在党和农会的领导下，除敌占区和边沿区外，大部分农村都开展土地改革运动。6—9月，土地改革运动取得巨大成绩，但由于国民党反动派对民主根据地发动全面进攻，土地改革运动被迫暂停；已经进行土改的村庄，有的被地主反动武装夺回。12月19日，冀热辽分局发出“关于检查与深入土地改革的指示”。1947年1月25日，冀东区党委召开生产会议，便把“土地复查”作为春耕前的三项任务之一进行部署。但在滦东地区，正值敌军疯狂“扫荡”之时，直到6月，十二、十三地委才根据冀东区党委的指示，分别召开区级以上干部会议，决定在全区开展土地复查运动，很快在各县老区掀起土地复查的高潮。

贯彻《土地法大纲》，平分土地。1947 年 7—9 月，中共中央在河北省平山县西柏坡村召开全国土地会议，制定《中国土地法大纲》(简称《大纲》)，10 月 10 日公布贯彻执行。《大纲》明确提出："废除封建性及半封建性剥削的土地制度，实行耕者有其田的制度""废除一切地主的土地所有权""废除一切祠堂、庙宇、寺院、学校机关及团体的土地所有权""接收地主的牲畜、农具、房屋和粮食及其他财产，并征收富农的上述财产的多余部分"。明确宣布废除一切封建性和半封建性的土地制度，符合民主革命的要求。《大纲》还规定："乡村农民大会选出的委员会，乡村无地少地的农民所组织的贫农大会及其选出的委员会，区、县、省等级农民代表大会及其选出的委员会为改革土地制度的合法执行机关"，"乡村中一切地主的土地及公地，由乡村农会接收，连同乡村中其他一些土地，按乡村全部人口，不论男女老幼，统一平均分配。在土地数量上抽多补少，质量上抽肥补瘦，使全村人民均能获得同等的土地，并归个人所有"。1947 年 11 月 10 日—12 月 12 日，冀东区党委在遵化召开土地会议，根据《大纲》部署在冀东开展平分土地和整党运动等工作。12 月，冀东区党委、行署、军分区司令部发布"联合命令"，强调"一切机关和个人，特别是地主富农，不得有任何违反土地法、抵抗农民运动的行为"，要求"一切共产党员与干部，应积极参加土地改革，不得包庇地主富农……"，要求"一切武装部队应负责保卫土地改革，不得包庇地主富农，阻挠破坏农民斗争"。12 月 16 日，发表《告农民书》，号召"农民赶快起来，自己动手平分土地"。通过系列会议和宣传，声势浩大的土地平分运动很快在秦皇岛地区展开。1948 年春耕前，土地平分运动基本完成。

八、反对国民党反动统治的武装斗争

1946 年下半年到 1947 年上半年，解放区军民经过一年的内线作战，歼灭国民党军队大量有生力量，敌我力量对比发生显著变化。党中央根据战争形势的发展，确定人民解放军第二年作战的基本任务是：由战略防御转入全国性的战略进攻，以主力打到外线去，将战争引向国民党统治区，在外线大量歼灭敌人。同时，在内线的部队也先后展开全面反攻。

军民配合进行破交战。为粉碎国民党反动派的进攻，巩固和发展解放区，一方面继续发动群众，加强武装力量；另一方面，地方工作人员在武装力量的配合下，加紧恢复地区的工作，逐步逼近据点附近村庄。对据点附近村庄的工作，采取派出工作队夜间活动的办法。1947 年 4 月间，地方工作人员已经活动到秦皇岛附近的廉庄、铁庄一带。在普遍发动群众的基础上，军民广泛开展“破交战”。1947 年 9 月 29 日，冀热辽部队先后挺进北宁路沿线，在 1 万多名民兵、群众的配合下，再度向山海关、绥中段进行大破交战，到 9 月 30 日拂晓，攻克敌重要据点 10 多处。12 月 10 日起，冀东区党委动员全区军民对北宁路开展大破交，分东西两线：东起山海关至滦县，西起唐山至芦台，切断华北敌军增援东北之通道，有力地配合解放军东北战场的冬季攻势。在秦皇岛至上庄坨的铁路线上，军民数次截击敌人运送物资的火车，缴获大量军用物资。南大寺至北戴河间的铁路，也多次被军民拆除。在山海关、龙家营段，军民埋设地雷，使敌人的交通经常中断，有力地配合东北战场和冀东进行的自卫战争。

情报工作的新发展。为配合全国战略反攻，最后消灭国民党军队，进一步掌握和收集秦榆一带的敌军情报，经冀东区党委决定，

1947年9月，成立“秦皇岛情报站”（又称“角山队伍”），站长吴哲明，副站长王巨峰、薛振东、王均。秦皇岛情报站下设有3个情报小组和一个武装小队，队长范颖华。3个小组分别活动在东起山海关，西到昌黎一带。主要任务是以军事情报为主，收集和掌握敌军驻防的兵种、兵力分布、军事装备等，特别是国民党军队在山海关、秦皇岛的铁路和海上军运等重要情报。1948年，锦州解放前夕，国民党军队在海上的军事调动十分频繁，情报站工作人员通过敌“秦葫港口司令部”的关系人，获得国民党军队命令“在东北全部兵力撤入关内，待巩固关内后，再图争取东北”的重要情报，受到上级领导的表扬。秦皇岛情报站另一任务是配合城市工作，瓦解敌人士气，组织工人运动。1947年5月起，十二地委城工部派门志诚同志进入秦皇岛，打入开滦煤厂，同情报人员一起收集军事情报。提供的《秦皇岛地区主要桥梁报告》和秦皇岛外围据点王庄、白塔岭等村镇的地形以及敌军工事等材料，对解放秦皇岛外围据点起到一定作用。情报站工作人员巧妙深入敌人内部进行宣传，散发“优待通行证”等，使国民党军队士兵不断逃往解放区，对瓦解敌人士气起到很大作用。

第六节　主要战事

从直奉战争开始，秦皇岛的战事不断。尤其抗日战争和解放战争时期，秦皇岛地区发生过多次抗击日本帝国主义和国民党反动派的斗争。尤其1947年夏季开始，解放军在秦皇岛外围由防御转入进攻，逐步扩大活动区域，缩小敌人的活动范围，对配合东北战场的反攻，进行系列战斗，夜袭马坊的战斗、海阳北及北戴河车站战斗等，都是秦皇岛军民反对国民党反动统治武装斗争的具体展示。

第一次直奉战争。1922年4月29日，第一次直奉战争开始。奉军首占秦皇岛，直军复占秦皇岛。6月8日，两军开始磋商议和，奉军代表张学良和直军司令彭寿莘到秦皇岛会面。经美国驻沈阳传教士的调停，6月18日，双方代表在停留于秦皇岛港的英国军舰“克尔留”号上签订“停战条约”，划定山海关为两军界限，19日起，奉军撤出山海关。第一次直奉战争宣告结束。

第二次直奉战争。1924年9月15日，第二次直奉战争开始。双方在山海关一带和热河的朝阳寺一带展开2次激烈战斗。彼此伤亡惨重，到10月6日，双方陷于对峙状态。7日，九门口直军第十三旅战败，旅长冯玉荣自杀。12日，直军首领吴佩孚由北戴河乘专车到秦皇岛直军大本营督战指挥，后乘“海圻号”军舰沿辽东湾一带观察地形，拟以3—4个师的兵力，从营口葫芦岛登陆，抄奉军后路。奉军首领张作霖获悉后，急令总预备队增援石门寨一线奉军，张学良派郭松龄由山海关调8个步兵团和2个炮兵旅，从九门口向石门寨附近的陕军第二师猛攻，陕军大溃。奉军乘胜直取秦皇岛。10月21日，直军将领冯玉祥发动“北京政变”，软禁大总统曹锟，解除吴佩孚的一切职务，并通电全国。吴佩孚闻讯后，急从山海关前线撤下7000—8000人的兵力回就北京。28日，奉军将领张宗昌攻克冷口后，占领滦县，将直军主力部队分割在秦皇岛与山海关之间，直军各线动摇溃退，一部分慌忙夺船而逃，未能逃走的纷纷缴械投降，被俘士兵5万多人。31日，奉军占领山海关和秦皇岛，吴佩孚由塘沽登船南逃。第二次直奉战争，以直军失败结束。战争期间双方拉夫抓丁，抢夺民财，百姓苦不堪言。

三次奔袭战。1942年7月，马骥带领部队在大新寨的董各庄一带击溃前来阻击的抚宁伪警备大队300多人；8月中旬，在大深港西南击溃海阳据点前来阻击的日伪军60—70人；8月下旬，在界岭口以西钻鱼洞击退青龙张金祥讨伐队300多人。

摸袭伪皇协军旅部。1943年2月，马骥率十一团一营一连智取驻操营敌据点，生俘皇协军独立旅（新建）旅长以下70多人，缴获长短枪70多支。

夜袭柳江。1943年7月23日，马骥带领七区队（队长马骥，下设3个连，为秦皇岛周围的主要武装力量）袭击柳江煤矿，从凌晨1点到拂晓，激战4个小时，共歼日军40多人，矿警100多人，缴获轻机枪2挺、掷弹筒2个、步枪200多支，黄色炸药2000多箱。破坏发电厂，炸毁火药库。七区队受伤9人，牺牲3人。翌年2月20日，八路军第二次攻克柳江煤矿。

花厂峪设伏。1943年8月下旬，七区队在花厂峪设伏，击溃伪满“国兵”1个营和30多名日军，打死日军10多人，缴获步枪10多支。

痛歼夜袭队。1943年12月，驻秦皇岛港口司令部的伪军何世礼部1个营深夜袭击徐家沟一带的八路军，马骥闻讯后，带领部队将伪军阻击在芽子山北，打得何世礼夜袭队丢盔弃甲，狼狈逃回驻地。

拔海阳据点。1944年1月29日，临抚昌大队一举拔除海阳据点，缴获长短枪73支，子弹6000多发。

西付店战斗。1944年1月29日，临抚昌联合县大队攻打西付店龙王庙伪军据点，伪警备队长携械带眷投诚，全歼伪军。

小部落伏击战。1944年8月，刘家河据点警备队40多人，携轻武器到小部落村，搜查破坏交通的民兵及埋在地下的铁轨，杨青云支队在当地民兵配合下，埋伏在小部落村内，敌人进村突然开火，经过短时激战，将敌全部俘获缴械。

侯范庄战斗。1944年8月23日，七区队得知海阳镇的日伪军经侯范庄去石门寨，在侯范庄设伏击战，全歼日军1个中队70多人，其中，有临榆县日本顾问高石，特务中队长宾田，还生俘伪军20多人，缴获轻机枪4挺、掷弹筒3个、长短枪80多支，自行车6辆。

南大寺伏击战。1944年10月，为阻击日军通过北宁路运输军用物资，配合冀热辽军区的“反扫荡”斗争，七区队一、二连在南大寺车站西面，伏击日军军用列车，打死打伤日军700多人。

肖家岗伏击战。1944年12月，海阳镇内30多名日本兵、60多名日伪军去碑庄村讨伐。二区小队与当地民兵在肖家岗设伏，埋下地雷，激战1个小时，打伤日军4人，其余逃窜。

车庄歼敌战。1944年底，日本特务队80多人到徐山口、车庄一带抢掠，八路军闻讯后，集中杨青云部、宋春山部和青龙县武工队在徐山口、车庄一带布下一个口袋阵，当敌人从廖庄奔向徐山口时，青龙县武工队，首先迎头痛击，敌人退至车庄时，正好进入伏击圈，经激战，只有十几名鬼子逃走，60多名敌特被消灭。

黄土坎战斗。1945年10月13日，美军一部携同国民党军侵入到黄土坎村一带活动，被八路军击退。

安子寺战斗。1947年1月30日，临榆县地方武装攻打国民党安子寺乡民团，将其彻底歼灭。乡长李东岩被俘，6月9日被放。

夜袭马坊的战斗。1947年2月起，十六军分区开始扫除秦皇岛外围敌人据点。马坊据点距秦皇岛镇只有1.5千米，是秦皇岛周围最大的据点，驻有国民党军二纵队400多人，是秦皇岛国民党军的北大门。驻马坊据点的敌军强占民房、掠夺财物、抓夫要钱、挖沟修路，活动猖獗，周边群众遭受极大痛苦。十六军分区决定拔除此据点，军分区司令员李道之主持召开有临榆县委负责人参加的干部会议，进行战前动员。2月5日夜，在冀东十六军分区司令员李道之指挥下，战斗正式打响。经过1个多小时的战斗，全歼据点之敌。俘虏敌军400多人，打死打伤9人，缴获小炮1门、机枪3挺、长短枪310支，军用物资10多大车。

上庄坨战斗。1947年4月24日，解放军攻入敌上庄坨据点，敌人死伤甚重。战斗中，一营营长戴士奇光荣牺牲。戴士奇烈士，丰润县人，牺牲时年仅25岁。

海阳北战斗。1947年5月3日，解放军发起攻打海阳北的战斗，歼灭国民党军副团长、营以下官兵120多人。

范家店村战斗。1947年7月27日，临榆县地方武装建国飞行组乘范家店村国民党移防时，攻入据点，焚烧炮楼、地堡等工事。

拔除秦皇岛外围据点。1947年8月中旬，石门寨、深河、榆关等处敌外围据点全部被解放军拔除。

崔庄战斗。1947年11月14日夜，临榆县地方武装建国飞行组奇袭崔庄国民党据点，全歼守敌，缴长枪4支，子弹100多发。

北戴河—南大寺铁路沿线第一次激战。1947年12月18日—22日，地方部队连续进攻北戴河车站。

18日20：30分，解放军首先向北戴河车站国民党交警队发起进攻，经过一夜之战，交警队战败，解放军占领车站，全歼敌人。在蔡各庄，解放军与国民党军激战3个小时，敌工事被摧，队伍溃散。北戴河至南大寺铁路沿线据点陆续被解放军及地方武装袭击，铁路被炸断，秦皇岛开往北戴河的敌警备列车被迫停在南大寺车站附近118号桥上。《大公报》载："北戴河西北四五里地区，18日下午8时，有共军一部，附炮数门，向交警队攻击。交警队为避免共军炮火，退至北戴河车站，车站被共军轰毁三分之一。19日晨4时，交警队以众寡不敌，退出北戴河。铁路员工5人、铁警7人被俘。"

12月21日，解放军继续对北戴河、蔡各庄等铁路沿线进行破击战。据《人民日报》载："东北地方民兵团一度攻入北戴河车站及蔡各庄据点。歼蒋军交警队及伪临榆县自卫队共八十余人。另我地方武装一部，越北宁路袭入避暑胜地海滨车站，全歼守敌 56 人，缴获军用物资一部及布匹药品 20 多车。”

22 日，解放军对南大寺至北戴河铁路沿线国民党据点进行多次袭击。

解放军及地方武装参加战斗的有：野战十三旅、十二军分区警卫团、抚宁县支队、冀东军区，总兵力 4000 人；重武器有二八迫击炮 4 门、山炮 4 门、六〇迫击炮 2 门、轻重机枪 40 挺。指挥官为野战十三旅旅长段文德。

国民党方面参加战斗的有：交警十二总队第三大队、第二大队三中队、暂编六十师第三团、秦葫港口司令部监护第一营的第二连和第四连、抚宁自卫总队、铁甲车大队和海军太平号军舰，总兵力 3343 人。武器：步枪 1809 支、轻机枪 91 挺、重机枪 32 挺、手枪 113 支、卡宾枪 91 支、冲锋枪 175 支、掷弹筒 78 支、迫击炮 28 门、火箭炮 7 门、野战炮 4 门、高射炮 12 门、30 重炮 7 门、铁甲车 2 列。指挥官为秦葫港口司令部司令何世礼。

北戴河—南大寺铁路沿线第二次激战。1948 年 1 月 2 日—4 日，解放军与国民党军队在北戴河至南大寺铁路沿线一带进行第二次激战。

2 日 22 时，解放军数百人与国民党警备铁甲车交战，解放军一面战斗，一面破坏铁路多处，敌铁甲车不能行走，经过 3 个小时的激战，解放军退至大苏庄一带。3 日 7 时，双方又战。4 日凌晨 1 点，解放军 500—600 人在蔡各庄附近破坏铁路，另一部约 1000 多人在幕义寨一带破坏铁路，与国民党守军激战 3 小时，解放军伤亡 300 多人，损步枪 6 只，子弹 4 箱。拂晓，解放军约 200 多人袭击 118 号铁路桥。

解放军及地方武装参加战斗的有：独立第四师、十二军分区警卫二团、第六十一团和抚宁支队。总兵力约6000—7000人。重武器有：迫击炮2门、重机枪80多挺。总指挥为独立第四师师长李仁华。

国民党方面参加战斗的有：交警第十二纵队第一大队、暂编六十师第三团及二营九连、交警第二纵队第二大队、抚宁县自卫总队，总兵力1991人。重武器有：轻重机枪90多挺、迫击炮9门、火箭炮7门、铁甲车2列，另有军舰支援。总指挥秦葫港口司令部司令何世礼。

归提寨南五村战斗。1948年5月，解放军为阻止国民党军增援昌黎守城部队，在归提寨村、新店子村、下庄村、南大寺村、慕义寨村阻击国民党第五十三军六十师和第八军的一部。经过激战，国民党军弃尸多具而逃。

第七节　秦皇岛解放

秦皇岛解放前夕，已是满目疮痍、百业凋敝，民不聊生。1947年8月22日《大公报》载："旅客绝迹，车站冷寂，客栈、饭馆、营业员、脚行、车夫、小贩数千人的生计均受影响。"当时，每袋面粉就达50万元（法币）。

1947年秋，国民党军队在秦皇岛到处拉夫抓丁，强迫群众挖"防空沟"，修筑环城铁路。

1948年初，秦皇岛港英国资本家开始缩减生产，停购器材，向国外转移资金。

4月，为制止国民党军队溃逃前的破坏阴谋，中共冀东区党委建立秦榆市工作委员会，保护城市，迎接解放。

6月，由于中国人民解放军的全面进攻，使驻扎在秦皇岛的国民党军队惊恐万状，国民党河北省第一区专员公署召开构筑秦皇岛海岸防御工事会议。驻秦皇岛的国民党军队利用搜刮的巨款6亿元，修建“子母碉”，主要分布在秦皇岛的交通路口或外围地带；国民党军队还从上海运进“活动碉堡”，分别安置在从滦县到山海关的铁路沿线各车站、桥梁和交通路口，企图凭此负隅顽抗。

9月，秦皇岛港地下党员门志成等人，遵照上级关于“一定不能让敌人的阴谋得逞，一定要保证码头、仓库、厂房等设备的完好和物资的安全”的指示，组织工人散发传单，揭露国民党军队企图破坏的阴谋；张贴《警告国民党人员书》，要他们认清形势，及早回头，争取宽大处理；秘密组织工人群众护港，与敌人进行一场破坏和反破坏的斗争。

10月3日，冀东主力部队攻克上庄坨煤矿，全歼守敌，占领石门寨、刘家河等据点。至此，秦皇岛、山海关已完全处于解放军包围之中。

11月初，“辽沈战役”结束后，人民解放军大举进关。准备逃离秦皇岛的国民党军队，受其最高当局命令，着手彻底破坏秦皇岛港，企图将大、小码头及港区所有建筑物全部摧毁，带走所有高级员司及重要人员，胁迫、诱骗部分技术人员出走，妄图使港口变成死港。

11月22日，东北野战军兵分两路挺进冀东，驻秦皇岛周围的国民党军纷纷向港口溃退。25日，国民党八十六军派遣一爆破队乘军舰到秦港，令开滦秦皇岛经理处备炸药72箱（每箱净重50磅），计划在溃逃时彻底炸毁码头。工人护港组闻讯，立即组织工人50步一岗，守护码头、仓库、厂房、电厂等设施和物资财产，使敌人的破坏阴谋未能得逞。

11月26日，开滦秦皇岛港经理处高级员司随溃退的国民党军队逃往天津。最后一批国民党军队登船离港后，国民党“长治”号驱逐舰向码头、南山电厂等处发射炮弹30多发，但均未命中主要目标。工人谢天福砸开国民党军法稽查处设在劳工俱乐部的临时监狱，救出受难者50多人。

国民党军队逃跑后，地下党组织港口工人，团结中、低级员司，成立工人护港纠察队，昼夜巡逻，防止和打击国民党潜伏特务和社会上地痞流氓的破坏活动；组织工人骨干深入工人群众，揭穿敌人散布的“农民分田，工人分厂”等反动舆论，宣传港口回到人民手中变成为人民自己财产的道理，挫败敌人煽动工人分厂的阴谋。

一、秦榆工委成立

1948年4月，秦榆市工作委员会建立，书记王德明；成员程力群、鲁延等。工作委员会下设临榆工作组、秦皇岛工作组，主要任务是保护城市，了解动态，迎接解放。11月初，冀东区党委先后从各地、县抽调几百名干部集中学习，随即组成唐山市、秦皇岛市、塘沽市的军管会和市委、市政府办事处等机构，作为接收城市的班底，按照分工进行专门培训：学习党的新区工作、城市工作的方针政策；学习中国人民解放军的《约法三章》，制定入城守则；研究各城市的有关资料，做好入城后开展各方面的准备工作。12月1日，秦榆市党、政领导机构宣告成立，市委书记田星云、市长王植范、组织部长靳盈之、宣传部长谢天荣、市委秘书长程力群。12月，根据中共冀东区委的指示，秦榆市委、秦榆市政府在秦皇岛城区内正式建立隶属其管辖的第一、二、三区委和第一、二、三区公所。其中，第一区区委书记杨益民、张一民，第一区区公所区长王永清，管辖范围铁路南开滦路镇，办公驻地为开滦路71号；第二区区委书记白忠州，第二区区公所区长杨继孔，管辖范围长城路镇，办公驻地设在长城路29号（现67号）；第三区区委书记王富贵、鲁克，第三区区公所区长袁子山，管辖范围海阳路镇，办公驻地设在高平街2号（1949年2月，迁至西前街45号）。1949年3月，中共秦榆市委、秦榆市政府改称中共秦皇岛市委、秦皇岛市政府；中共第一、二、三区委和第一、二、三区公所隶属秦皇岛市委、秦皇岛市政府。开始仍处于秘密状态，到7月，在纪念中国共产党成立二十八周年大会上公布党的组织。从此，秦皇岛市公开建党。

二、秦皇岛实行军事管理

历经日本帝国主义的压榨和国民党反动派的黑暗统治，秦皇岛解放前夕，已经经济破产、民不聊生；小工厂（包括半机械手工操作）和商业店铺纷纷倒闭；大工厂和较大商店也是朝不保夕。物价飞涨，公教人员的生活入不敷出，大批失业工人、店员、知识分子挣扎在饥饿线上；游民、乞丐、小偷、妓女及投机倒把者充斥城区，社会秩序异常混乱。秦皇岛解放后，如何迅速恢复生产、安定社会秩序、解决群众饥饿问题，成为党组织最为急迫的任务。

1948年12月2日，经冀东区党委决定，成立中国人民解放军军事管制委员会（以下简称军管会），田星云任主任，王世煜、李瑞雪、王植范任副主任，苏锋、李满盈、王明德为委员。军管会下设卫戍区司令部、政治部、市政办事处；军管会为军事管制时期最高权力机关，为党政军民统一领导机关，全权处理一切工作。根据党中央和东北局确定的“迅速建立革命秩序，依靠工人阶级和广大市民，克服困难、坚持生产、恢复经济，充分发挥城市作用，支援解放战争”接管城市的工作方针，党政军机关等工作人员进城后，立即实行军事管制，颁布中国人民解放军的“约法八章”和“入城守则”，宣传党的城市政策和工商业政策。对守法的文化宗教团体和外侨采取保护政策；对政教人员和官僚资本企业中的人员，采取“包”下来的政策，以稳定人心和社会秩序。12 月 6 日，秦榆市政府发布登记反动党团成员的布告。到 1949 年 5 月底，全市登记国民党党员 3284 人。通过对反动党团的登记，为开展镇反工作打下基础。同时，市委、市政府进行组织生产和恢复经济的工作，派出大批干部分别到厂矿进行接管和担任各方面的领导。派出鲁岩等为军代表，对开滦秦皇岛经理处实行军事管制。解放初期，工商业处于器材、原料奇缺，产品积压，资金匮乏的严峻形势，党、政、军机关采取减征税收的办法，由冀东人民银行发放工商业贷款，扶持工商业恢复生产，发放工资，帮助维持职工生活。

在市委、市政府的正确领导和全市广大工人、市民群众的积极支持下，秦皇岛的社会秩序很快安定，工商业逐渐恢复。

三、组织生产和恢复经济

秦皇岛解放后，人民政府即向英国资本家经营的秦皇岛港派驻军代表，谢天荣为驻港军代表，鲁岩为副军事代表，由郝洁轩、丁春声等组成秦皇岛市开滦工作委员会，配合军代表开展工作。1949 年 7 月 13 日，华北人民政府与华北军区任命徐达本为开滦煤矿总军事代表兼开滦党委书记，秦市原派驻港口的军事代表改称开滦煤矿总军事代表办事处驻秦皇岛经理处军事代表；总军事代表和军事代表有权代表人民政府与开滦矿务局及港口建立必要的联系，监督煤矿和港口生产、运销工作，监督人民政府援助开滦的物资在职工间的合理分配，协助港、矿改进生产方法，降低成本，改革不合理的管理制度，达到发展生产的目的。

1949 年 6 月，华北人民政府召开首次开滦劳资协商会议。按照人民政府提出的援助开滦“六点方案”（一、华北贸易总公司每月以相当于15万袋面粉的物资向开滦换煤；二、开滦旧欠工人工资实物部分面粉30万袋，每月以相当于5万袋面粉的实物收购开滦煤，以使开滦在6个月内还清工人旧欠；三、开滦旧欠工资现款9亿元，由人民银行再贷款4.5亿元；四、对开滦外销煤给予各种便利；五、滦煤南运上海、青岛不缴出口税；六、派遣总军事代表，统一开滦各军事代表的领导，以监督援助开滦得以实现）精神，市委发出“发展生产，繁荣经济”的号召，在职工会的组织下，装卸工人开展劳动竞赛，生产效率不断提高，创造昼夜24小时出口各种货物1.53万吨的新纪录。港口技术工人也坚持出全勤、干满点，不到一周时间，修好被国民党军队破坏的30节车皮和轨道、电灯等，使港口生产迅速恢复，全年港口完成吞吐量22万吨。港口工人在秦皇岛市“支前委员会”的号召下，组成港口支前小组，主动帮助解放军解决各种困难。1948年12月22—31日，煤厂工人就为支前出工1.67万个。

南北通航。1949年初，国民党封锁南北水陆交通，禁止南北通航、通邮、通商、通汇等。当时国共两党正在谈判，为恢复秦、申（上海）之间的南北通航易货提供一个难得良机，国民党统治区的上海航运界，率先向南京国民党政府提出恢复南北通航易货的要求。得到中共中央的支持，毛泽东、周恩来联名致电上海航、商界，提出“恢复华北上海间航运，以利生产之发展，极为重要”。而国民党当局在上海各界的敦促下，不得不批准关于南北通航易货的合理要求。经过上海航商界、华北人民政府的共同努力，实现“以煤易面”的南北通航。为接卸上海来船和装载煤炭出口，秦皇岛港广大码头工人在军代表、开滦工委和职工会领导下，迅速行动。首先对码头进行维修，对港池、航道进行疏浚，短时期内完成6号、7号深水泊位的维修任务。“浚平”“顺平”两条挖泥船疏浚港池和航道，保持和增加深度，使码头靠泊能力有所提高。2月18日，载着上海航业界5名代表及1.4万多袋面粉的“大上海”轮抵达港口。码头工人全力以赴，仅用不到36小时，完成“大上海”轮面粉卸船、4800吨煤炭装船工作。截至4月23日南京解放前夕，秦皇岛港广大职工先后接受上海船舶11艘，进出港90多艘，接卸面粉30万袋，装船煤炭11万多吨；为南北两地人民传递邮袋数以万计。

耀华玻璃厂工人积极参加复产准备。他们将铁工场中被国民党烧毁的机器扒出，擦拭修理，重新安装，对2号熔窑进行全面检修。成为国家和企业主人的耀华工人，振奋精神，劳动热情空前高涨，仅用11个工时就完成过去需要50个工时才能修好的2号熔窑修窑炉加火烟道。工人们把个人保管的工具、器件自动捐献，支持恢复生产。通过全厂职工的努力，3个月零7天就将2号熔窑和所有设备修好。1949年3月3日，正式点火生产，市政府机关单位和企业都派代表参加点火仪式。耀华玻璃厂生产正常，3月28日，就生产出第一批合格的玻璃产品。

1948年10月3日，长城煤矿获得解放，矿井回到人民手中。经过一个多月的维修即恢复生产。复产后，工人们提出“安心工作，多生产，支援前线”的口号，生产秩序稳定。到1949年下半年，井下水很大，煤炭销路受制约，继续开采比较困难。8月，市政府决定停止开采，全矿整体迁往山西省大同矿区。

全市各厂矿企业响应党和人民政府号召，增加生产、支援前线，纷纷开展增产节约竞赛，生产上出现从未有过的新形势。耀华玻璃厂生产效率比竞赛之前提高20%，比新中国成立前提高100%。

四、秦皇岛市第一届各界人民代表大会第一次会议

1948 年 10 月 25—29 日，秦皇岛市召开第一届各界人民代表大会第一次会议。会议听取并讨论通过市长王植范作的《关于解放以来的工作报告》；审议通过《劳资关系暂行处理办法（草案）》；决定成立市政建设、财政建设、房租研究、教育推进委员会 4 个组织；批准成立中苏友好协会。

第三章　探索发展（1949—1978）

中华人民共和国的成立开启了中国历史的新篇章。秦皇岛人民和全国人民一道从新民主主义革命步入社会主义建设初期，在党的领导下，进行各项新民主主义改革和民主政权建设，进行土地改革，完成对农业、手工业、资本主义工商业的社会主义改造，发展工农业生产，国民经济全面恢复发展。秦皇岛在探索中逐步发展，从一个破败不堪的小镇发展成一个新型沿海开放城市。

1949—1953 年，进行土地改革，发展工农业生产，恢复国民经济；在城乡开展肃清旧社会的残余势力和镇压反革命运动，巩固新生的人民民主政权；在党政机关和企事业单位开展反对贪污、反对浪费和反对官僚主义的“三反”运动，在私营工商业中开展“反对行贿、反对偷税漏税、反对盗窃国家财产、反对偷工减料和反对盗窃国家经济情报”的“五反”斗争，为经济的恢复和发展奠定基础。

1954—1956 年，中共海港区委认真贯彻党在过渡时期的总路线，实行对农业手工业和资本主义工商业的社会主义改造，到 1956 年，海港区基本完成“三大”改造，开始全面建设社会主义时期。

从 1957 年开始，到 1966 年“文化大革命”前的 10 年间，区委贯彻执行中央的方针政策，为发展全区工农业做了大量工作，但由于指导思想上急于求成，出现高指标、浮夸风和共产风的“左”倾错误，加之严重的自然灾害，导致经济上的暂时困难。1961 年，区委认真贯彻中央“调整、巩固、充实、提高”的方针，很快扭转局面。1964 年以后，在国民经济得到恢复的基础上，区委带领全区人民，开展“工业学大庆”“农业学大寨”运动。

1966 年 5 月至 1976 年 10 月，历时了 10 年之久的“文化大革命”。5 月 4—26 日召开的中央政治局扩大会议，是“文化大革命”正式发动的标志。会议以反党集团的罪名对彭真、陆定一、罗瑞卿、杨尚昆进行“揭发批判”并正式解除他们的领导职务。会议通过的《中国共产党中共中央委员会通知》（简称“五一六通知”）发表后，秦皇岛发动“文化大革命”运动。中共八届十一中全会后，红卫兵组织迅速发展，红卫兵运动最初是破“四旧”（指所谓“资产阶级”旧思想、旧文化、旧风俗、旧习惯），随后发展为“炮打党政领导机关”，打人、砸物、抄家，机关瘫痪。9 月，红卫兵开始“大串联”，不仅使工农业生产受到直接影响，更使“怀疑一切”“炮打一切”的极左思潮急剧扩散。

1967 年 1 月，全国掀起全面夺权风暴，秦皇岛造反派也开展“造反夺权”，领导干部“靠边站”，有的被揪斗迫害，党的领导机关和组织瘫痪，派性斗争激化，大部分区级领导干部和科局级干部遭批斗、打倒，以至于武斗事件发生。随之解放军介入地方“文化大革命”，经过“大联合”（两派群众组织联合）、“三结合”（革命领导干部、革命群众和解放军代表相结合），1968 年 1 月 17 日，成立海港区革命委员会。5—10 月，全区城乡分别开展“清理阶级队伍”。举办区直机关、中小学教师和环境卫生学习班，参加市公检法学习班；农村大搞批斗地主、富农、反革命、坏分子和右派分子五类分子。中共九大以后，全国开展斗、批、改运动。

1970 年 2 月，全区开展“一打三反”（即打击现行反革命和反贪污盗窃、反投机倒把、反铺张浪费）运动。

1971年5月，全区开展“批陈（伯达）整风”运动。9月13日，林彪外逃叛国，机毁人亡。10月，开展批林（林彪）整风运动，批判林彪反革命集团的罪行。

1976年10月23日，秦皇岛10万军民集会，庆祝粉碎王洪文、张春桥、江青、姚文元“四人帮”的伟大胜利。至此，持续10年之久的“文化大革命”宣告结束。

1978年，海港区认真贯彻党的十一届三中全会精神，全面地纠正“文化大革命”的错误，解放思想，拨乱反正，全党工作重点转移到经济建设。

第一节　巩固新生政权

秦皇岛解放后，城区3个区均建立区委。一区区委设在开滦路71号，二区区委设在长城路29号，三区区委设在高平街2号。1950年9月，一区与二区合并，改称第一区，区委机关设在长城路29号；三区改成二区，区委机关设在永兴街71号。1953年8月，一、二区合并，称中共秦皇岛市第一区委员会，区委机关设在新华大街71号。

一、巩固人民政权

秦皇岛解放后，秦榆市工委接管秦皇岛，一面宣传党的政策，一面建立革命新秩序。组织学生到校上课，商店恢复营业，工矿正常生产。社会秩序井然，市民欢欣鼓舞。

1948年12月1日，秦榆市党政领导机关成立，市辖一、二、三区党委正式成立，立即投入工作。

1949年，秦榆市改称秦皇岛市，仍辖3个区。1953年8月，区委内设秘书室、组织部、宣传部，机构逐渐完善，工作有序开展。

取缔反动道会门。1949年4月下旬，遵照华北人民政府“关于取缔反动道会门的指示”，辖区内开展取缔反动道会门工作。通过广泛宣传，张贴广告，亮明党的政策，号召道首、道徒坦白登记。1951年1月19日—30日，遵照中华人民共和国和秦皇岛市政府关于取缔反动会道门的布告精神，到全区各公安派出所登记声明脱道1560人，其中，一贯道1337人，大佛教徒149人，佛教居士林57人，其他道徒17人。登记人员中有道首49人，其中，一贯道点传师5人，坛主19人，大佛教盘主14人，理监事11人。此项工作至1953年底结束。其间，万国道德会、世界红卍字会、忠义普济学社和一贯道等反动道会门被解散或被取缔。一贯道1940年传入秦皇岛，创办人王仲田，点传师杨灌楚、孙克忱，道徒数千人。一贯道除宣传迷信，欺骗群众外，还大肆污蔑中国共产党，进行反革命宣传，1949年被人民政府依法取缔，犯有重大罪行者受到法律惩处。佛教居士林，1938年本地商人孙荫桐联合马景春、乔如坤主持成立，地址在扶轮街慈善公所，负责人石辅生。日伪时期，与新民佛教会合并。1947年后教徒发展到95人，新中国成立后被取缔。忠义普学社，1947年4月成立，社长曹禹山，理事长毕祖培，地址在缸砖路33号，初时信徒90人。该社属礼道会性质，曾用名“礼善劝戒烟酒总会”。讲所谓“五字真经”，定“纪念日”。1949年被取缔。1949年，万国道德会和世界红卍字会先后被解散。

取缔妓院。解放时，秦皇岛有妓院40家，妓女110人。由于大力宣传，部分妓院自动关闭，妓女从良改业。到1951年，剩下妓院18家，妓女34人。6月26日，秦皇岛市二届二次政治协商委员会作出《封闭妓院的决议》，决定封闭妓院，成立“妓女教育改造所”，对18家妓院全部封闭，拘审妓院老板、鸨子、领家16人。其中，病死狱中2人，逮捕判刑9人（罪大恶极的妓院老板绰号母老虎的沈田氏被处决），教育释放5人。从此娼妓绝迹。

禁烟肃毒。1949年9月至1952年10月，开展3次不同规模的"禁烟肃毒"运动。根据中共中央肃清毒品流行的指示精神，1949年9月至1950年3月，两次成立戒烟所，收容烟贩、吸毒者44人。其中大部分吸毒者得到戒除。同时，根据群众揭发和调查掌握的毒贩材料，破获烟毒案113起，受到刑事处分98人，收缴烟土276两。

二、开展土地革命、抗美援朝、镇压反革命等运动

土地革命。1949年，郊区31个自然村开始进行土地改革，由各村农会领导。其余33个自然村由临榆县划入，其土地改革在临榆县进行。土地改革的完成，结束历史上不合理的土地制度。本地土改属解放区土改，没有发动群众进行激烈斗争，故称"和平土改"。"和平土改"只没收地主、富农多余的土地、房屋和部分生产资料，分给无地或少地的农民，生活资料未动。土改时，全区共有土地面积7208.13公顷，人口28094人，总户数6358户。地主、富农占总户数的7.8%，地主240户，富农259户；富裕中农、中农、下中农占总户数的32.6%，富裕中农222户，中农12979户，下中农551户；贫雇农占总户数的58.8%，贫农3500户，雇农238户；其他占总户数的0.8%，51户。人均土地3.8亩。1950年春，完成土地改革，实现土地还家，耕者有其田。

抗美援朝。1950年，美国发动对朝战争，并越过三八线，直逼中朝边境。根据中共中央决定，中国人民志愿军赴朝作战。10月26日，中共中央成立抗美援朝委员会。秦皇岛市采取多种形式，宣传抗美援朝的伟大意义，把抗美援朝运动推向高潮。完善民兵组织，使他们成为"招之即来，来之能战"的人民武装，成为维护社会治安的坚强

保障。鼓励适龄青年随时准备入伍，参加抗美援朝战争，保家卫国。全区掀起“抗美援朝、反对美国武装日本、控诉美日蒋罪行”为主要内容的爱国主义运动和慰劳朝鲜人民军捐款、捐物的群众活动。全区各行各业、各家各户都制定《爱国公约》和捐献计划，到年底全区人民捐献战斗机 3 架和大炮 1 门，捐款 67 亿元。1952 年，美军在朝鲜战场上使用细菌武器，波及秦皇岛沿海及港口，全区人民掀起消灭细菌的战斗。

镇压反革命。中华人民共和国成立之初，各地潜伏和暗藏的国民党特务、反革命分子不断进行反革命破坏活动，反动道会门大肆诋毁党的政策、扰乱社会秩序。朝鲜战争爆发后，反革命分子加紧破坏活动，企图颠覆人民政权。为了保卫人民的胜利果实，党中央作出镇压反革命的决定。1950 年 3 月，中共中央发出《严厉镇压反革命分子的指示》；1951 年 2 月 21 日，公布《中华人民共和国惩治反革命条例》，全区开展镇压反革命运动。1952 年 2 月至 1953 年 5 月，辖区开展轰轰烈烈的镇压反革命运动和迫敌自首，对土匪、汉奸、恶霸地主、反动道会门道首等进行集中打击，伸张了正气，打击了反革命气焰。1950 年 3 月至 1952 年 10 月，秦皇岛市区发生流窜土匪活动 4 起、9 人。在剿匪活动中，被击毙 2 人，判死刑 2 人，判徒刑 1 人，解回原地处理 4 人。

反贪污、反浪费和反官僚主义。抗美援朝期间，国内工农业战线广泛开展爱国增产节约运动，此间暴露出各级党政机关内部存有贪污浪费和官僚主义问题。中共中央就刘青山、张子善的问题向全党发出警告，作出《关于实行精兵简政、增产节约、反对贪污、反对浪费和反对官僚主义的决定》。1952 年初，党中央又发出在党政机关开展“三反”的同时，在工商界开展一场反对行贿、偷税漏税、盗骗国家财产、偷工减料、盗窃国家情报的“五反”运动。1952 年

1月9日，按照市委部署，各系统开展“三反”（反贪污、反浪费、反官僚主义）整风运动。“三反”整风运动是一场群众性社会改革运动，多数干部受到教育，犯错误的同志得到挽救，党政人员廉洁朴素、为人民服务的工作作风牢固树立。4月，全区开展“五反”（反行贿、受贿，反偷税、漏税，反盗窃国家资产，反偷工减料，反盗窃国家经济情报）运动，1952年末运动结束。运动有力打击了不法分子的违法行为，使不法经营活动受到广泛监督。

三、稳定物价

1950年4月，全区从年初开始出现市场物价大波动，大米、小米、红粮、面粉等由原价每斤100元左右上涨到220—260元，市政府大量抛售食粮，降低牌价，稳定市场，至4月中旬，市场粮价逐渐下降。

四、宣传贯彻《婚姻法》

1950年5月1日，《中华人民共和国婚姻法》开始实施，妇女得到法律上的保障。秦皇岛大张旗鼓地开展贯彻《婚姻法》运动，展开声势浩大的宣传活动，妇联组织以各种方式教育妇女维护自己的婚姻自由，大部分妇女敢于挣脱封建伦理道德的束缚，尤其早期参加工作的女同志或妇女积极分子都能自由恋爱，结成美满家庭。到1953年，基本废除包办、强迫、买卖、换亲等旧婚俗，新的婚姻制度逐步建立。

第二节　社会主义制度基本建立

1953年，实现新民主主义向社会主义过渡。秦皇岛坚决贯彻党在过渡时期的总路线、总任务，完成生产资料私有制的社会主义改造，初步建立社会主义制度。

中共秦皇岛市委领导的对农业、手工业和资本主义工商业的社会主义改造的完成，基本上实现由生产资料私有制转变为生产资料公有制；在劳动分配制度上，基本实现按劳分配原则；在阶级关系上，消灭剥削阶级。从新民主主义社会跨入社会主义社会的初级阶段。

一、对农业的社会主义改造

1949 年，中共七届二中全会就明确提出，在一切彻底实现土地改革的地区，必须谨慎地、逐步地而又积极地引导个体农业向着社会化、集体化的方向发展，引导农民按照自愿互利的原则，组织各种形式的劳动互助和生产合作社。1952 年，中共中央提出过渡时期总路线，即“要在一个相当长的时期内，逐步实现国家的社会主义工业化并逐步实现国家对农业、对手工业和对资本主义工商业的社会主义改造”，简称“一化三改”。根据过渡时期总路线的要求，1952 年起，全区遵循“自愿互利、典型示范和国家帮助”的原则，试办互助组。互助组分为常年互助组和临时互助组两种。全区组建临时互助组 14 个，常年互助组 158 个。1953 年 2 月，中共中央发出《关于农业生产互助合作的决议》，提出全国各地要有领导地大量发展劳动互助组，在条件成熟的地区，有领导、有组织地发展初级农业生产合作社。秦皇岛引导农民走合作化的道路，年初，开始对个体农业进行社会主义改造，试办互助组和初级农业生产合作社。全区培养树立两个办社典型，即马坊乡小李庄村以李仲元为首的初级农业生产合作社、铁庄乡张庄村以张景太为首的初级农业生产合作社。李仲元农业生产合作社入社农户 11 户，张景太农业生产合作社入户农户 13 户。年底，宣传他们的入社好处，推广他们的经验，以点带面，推动农业合作运动发展。到 1954 年底，全区建成初级农业生产合作社 38 个。1955 年，按照党中央《关于农业合作化问题》的文件要求，全区掀起农业合作化运动高潮，在互助租、初级农业生产合作社的基础上向高级农业生产合作社迈进，全区成立高级农业生产合作社 11 个，99.2% 的农户加入高级农业生产合作社。高级农业生产合作社土地归集体所有，实行统一核算、统一分配，从而农村实现生产资料私有制的社会主义改造，农民走上社会主义道路。

二、对个体手工业和私营工业的社会主义改造

1948 年，由于战乱，许多作坊纷纷倒闭，全区工业生产受到严重破坏。新中国成立初期，全区仅有自然行业 20 种、489 户，从业人员 682 人。为医治战争创伤，国家采取扶植政策，发放贷款 10 多万元，恢复生产。相继开业的手工业作坊有：砖瓦业、油坊、针织业、金属业、木材加工业、制革业、米面加工业、刻字、小烘炉、钟表、电料、罗圈、麻绳业等 266 户。合资联营的有：东方铁工厂、利民铁工厂及东华、天信、裕大等 4 家火柴梗片厂。到 1952 年，全区手工业发展到 892 户，从业人员 1364 人，为手工业发展兴盛时期。

1952 年，引导手工业者和个体商贩走合作化道路，并依据中共中央对私营工商业者“利用、限制、改造”和“全面规划，统筹安排，积极改造”的方针，对木器、机铁、制革、砖窑、锯木等行业进行调查，通过订货、让任务、调整工缴费等措施，保障私营工业生产。随之，遵照省委、市委指示精神，开始对手工业进行改造试点工作，以缝纫学校毕业生为成员，在自愿互利的基础上，成立秦皇岛缝纫社，由于缺乏经验、管理不善、严重亏损停办。1953 年，

接受初次建社教训，提出“三有”（有计划，有步骤，有重点）、“三就”（就地取材，就地制造，就地推销）、“五有”（行业有前途，产品有销路，原料有来源，有技术，有领导骨干）的原则，首先办起建国木业和建新编筐小组2个示范社（组）。到年底，组建手工业社（组）4个，社员99人，社员股金2699元，年总产值10.1万元。1954年，合作社发展到20个，是1953年的5倍；社员增加到526人，是1953年的5.3倍；社员股金增加到13951元，年产值达92.48万元。

1954年，开始对个体手工业进行社会主义改造，组织生产合作社。1956年，对私营工商业实行和平赎买政策，全区私营工业和手工业走上公私合营的道路，全区手工业生产社（组）发展到48个，成员增加到2246人，占手工业总数的96.2%，全区基本完成对手工业社会主义改造。部分家具、自行车、衡器等修理行业，经过同行业合并，集资组成合作经济组织，成为全区最早的城市集体工业。

三、对私营商业的社会主义改造

民国时，秦皇岛已形成钱庄、粮栈、杂货、日用百货、糕点、转运、饭庄、鞋帽、染房、干鲜果、药铺等多个行业的商埠。

1953年，贯彻党在过渡时期的总路线，实行“一化三改”，开始对私营商业实行利用、限制、改造的政策。1953年3月，有私营商业经营户707家。从1954年起，通过扩大对私营工商业的加工、订货，统购包销和国家对棉花、粮食、油料实行统购统销，逐步取消私营批发商，对私营零售商实行经销、代销、批购的形式。5月，首先在绸布业的最大商店“北大绸布庄”和百货业的“华昌东”等5户实行此政策。到1955年11月，全区307户私营商业的65.37%实行此办法。

1956年，全区有私营商业681户，伴随着农业合作化高潮，全区工商业也掀起改造高潮。1月28日，全区工商业全部实行公私合营，小商小贩也相继组成合作商店和合作小组。至此，全区生产资料私有制的社会主义改造基本完成，进入社会主义初级阶段。

第三节 在探索中前进

1956年召开的中国共产党第八次全国代表大会是中华人民共和国成立后中国共产党召开的第一次全国代表大会，也是中国共产党作为执政党，领导人民自主探索中国社会主义建设道路的开始，主要任务是集中力量发展生产力。在中共八大路线的指引下，海港区开始社会主义建设道路的艰辛探索。海港区同全国一样，探索道路虽然艰难曲折，但到1957年底，第一个五年计划的指标超额完成，还是取得很大成就。这些探索是初步的，但却是整个探索过程的良好开端。全区工业生产发展速度加快。1958年，建国木器厂、火柴梗片厂、人民针织厂、日用陶瓷厂、皮革制品厂、盐场等10家国营企业产品质量提高，品种产量增加，产品畅销全国。1959年，全区国营企业达21家，国营企业总产值达903.2万元。农业种植品种增加。1958年开始种植水稻，且播种面积逐年增大，产量逐年增长，1965年亩产达到360多斤；蔬菜是近郊农业的主要支柱，20世纪60年代发展到万亩，亩产达到6437斤；果树主要品种有桃、苹果、梨，南大寺的桃以品优质好驰名全国。但是，正确和错误在探索过程中，呈现不同的发展态势，但也不是截然分开的，许多时候互相交织和渗透。和全国同步开展“大跃进”、人民公社化运动、社会主义教育运动和“四清”运动，由于在指导思想上发生“左”的错误，致使建设社会主义事业也受到挫折。

一、整风反右斗争

1957 年，中共中央决定：为了发扬“坚持艰苦奋斗，密切联系群众”的传统，在全党开展整风运动，发动群众向中国共产党提出批评意见。

1957 年，在全区党政机关，工商、手工业系统及文教、卫生、科技等系统相继开展整风反右斗争，区委成立 9 人领导小组，制订《关于深入开展反右派斗争和整风运动的计划》，全区分两批进行。第一批，从 5 月中旬至 10 月，在党政机关、共青团、妇联、手工业办事处、环卫队、保健站及各公安派出所等单位进行；第二批，11 月至 1958 年 2 月，在学校、农业社、街道等基层组织进行。整风运动过程中，普遍以大鸣、大放、大字报、大辩论等方式，向中共党组织提出意见和建议。运动经历大鸣大放、反右派斗争、大整大改和个人总结 4 个阶段。运动后期，对揭发和暴露出的 143 个主要问题进行整改。在党内整风和反右派斗争运动中，一批知识分子和爱国人士、党内干部被错划为右派分子，受到批判、处分的党员干部群众 601 人。反右斗争的扩大化，使党的“百花齐放，百家争鸣”“长期共存，互相监督”方针的贯彻执行受到很大损害，民主和法制建设遭到破坏。

1958 年 11 月至 1959 年 2 月，全区再次开展肃反运动，有 60 个单位、3110 人参加，涉及有各种问题的 228 人。

1962 年起，根据中共中央指示精神，本着“实事求是，有错必纠”的原则，区委组织专门人员经过逐人复查，对错划的右派分子分别给予恢复党籍、安排工作、调整工资，对年老多病者办理离退休手续，受株连的家属及其子女也给予落实政策。到 1978 年，对错划的右派全部予以改正。

二、人民公社化运动

1958年5月，党中央提出“鼓足干劲，力争上游，多快好省地建设社会主义”的总路线，接着全区掀起“大跃进”高潮，农业生产合作社全部转入人民公社。从此，总路线、“大跃进”、人民公社被确立为“三面红旗”。

海港区农村以大搞农田基本建设、城市以大炼钢铁为中心，形成广泛的群众运动。8月，区委发出“关于大搞土法炼铁和炼焦”的指示，全区呈现大跃进形势。

1960年初，海港区改为城市人民公社，中共海港区委随之改称中共海港区人民公社委员会。1962年1月，恢复中共海港区委员会。

公社化最初几年实行“组织军事化，行动战斗化，生活集体化”，组织社员进行农田基本建设，千军万马深翻土地，全民大炼钢铁，村村搞公共食堂。其间工作中发生严重的五股不正之风，即瞎指挥、高指标、高征购、浮夸、共产，使农业生产遭到破坏，加上连年严重的自然灾害和国际环境的影响，1959—1961年，连续3年农村出现口粮低标准、瓜菜代的困难局面。

1960年8月，中共中央提出“全党动手，大办农业，大办粮食”的方针，11月发出《关于农村人民公社当前政策问题的紧急指示信》（即“十二条”），提出人民公社实行三级所有，队为基础，彻底纠正“一平二调”的错误，允许社员经营少量的自留地和家庭副业。1961年3月22日，中央工作会议通过《农村人民公社工作条例（草案）》，文件共10章60条，故简称《农业六十条》。根据《农业六十条》规定，1962年，海港区对人民公社进行调整，划小公社、生产大队和生产队。全区划分成黄土坎人民公社、马坊人民公社、铁庄人民公社、孟营人民公社、归提寨人民公社5个人民公社，以自然村为基础分成64个生产大队，264个生产队。以生产队为核算单位，贯彻按劳分配、等价交换原则，兼顾国家、集体、个人三者利益。实行粮食征购“大包干”。各生产队纷纷添车买马，购置农具，全区农村出现一片恢复景象。

1961年，贯彻《农村人民公社工作条例（草案）》。全区农村开展整风整社运动，揭发高指标、瞎指挥、“共产风”“浮夸风”等左的错误，实行退赔兑现。落实“三级所有，队为基础”（即公社、大队、生产队三级所有，以生产队为基础）的政策。

1978年，人民公社管理体制解体。人民公社的管理体制，统得过多，管得过死，不适当地强调“以粮为纲”，忽视多种经营和商品经济。由于极左思想的影响，生产上的“大呼隆”，分配上的平均主义“大锅饭”，压抑农民的生产积极性，农村经济发展缓慢，长期处于徘徊不前的状态。

三、社会主义教育运动

1963年2月，中央北京工作会议决定，在全国城乡开展一次普遍的社会主义教育运动，开展大规模的阶级斗争。在农村开展以“四清”为主要内容的社会主义教育运动，在城市开展反对贪污盗窃、投机倒把、铺张浪费、分散主义、官僚主义的“五反”运动。5月，毛泽东在杭州召开会议，会议根据毛泽东的意见，讨论和制定《关于目前农村工作中若干问题的决定（草案）》。决定草案共10条，与1963年9月中央工作会议制定的《关于农村社会主义教育运动中的一些具体政策的规定（草案）》（内容亦有10条），后来被分别称为“前十条”和“后十条”。“前十条”认为“我国已经出现严重的尖锐的阶级斗争的情况”；“后十条”在充分肯定“前十条”关于阶级斗争形势和社教运动性质的论断的基础上，进一步提出运动要“以阶级斗争为纲”的方针。此后，社教运动经过试点，在全国较大范围内开展。

1963 年下半年，海港区传达贯彻中共中央《关于目前农村工作若干问题的决议》精神，在农村开展以阶级和阶级斗争为中心的社会主义教育运动；在城市贯彻中央《关于在城市职工群众中开展以阶级和阶级斗争为中心的社会主义教育运动》的精神，结合“五反”运动进行。全区城乡大规模开展社会主义教育运动。

10 月，省委第一书记林铁在抚宁卢王庄公社蒲兰大队的农村社会主义教育试点结束。此后，在中共秦皇岛市委领导下，开始“四清”运动。1964 年初，中共海港区委根据市委三级干部会议精神，抽调相当数量的干部到农村搞“四清”运动，即清账目、清仓库、清财务、清工分，或称粗线“四清”。1965 年，贯彻中央《农村社会主义教育运动中目前提出的一些问题》（即“二十三条”）文件，在全区农村和城市部分单位进行以“清思想、清政治、清经济、清组织”为内容的细线“四清”运动。规定“整个运动由工作队领导”，把基层组织和基层干部撇在一边，并实行“有枣没枣打三杆子”的做法，基层干部全部受到冲击。社教运动“左”倾错误迅速和严重发展，使城乡社会主义教育运动严重混淆两类不同性质的矛盾，打击许多干部和群众。

四、“文化大革命”运动

1966 年 5 月，中共中央政治局扩大会议通过《中国共产党中央委员会通知》（简称“五一六通知”）。6 月初，全市各中学掀起贴大字报、游斗教师的高潮。8 月，中共八届十一中全会通过《关于无产阶级文化大革命的决定》，海港区“文化大革命”全面开始。

1966 年 8 月下旬，3 所技工学校学生千余人去北京串连，其他中学学生也相继冲向外地。红卫兵上街破“四旧”，游斗所谓走资本主义道路的当权派、反革命修正主义分子、资产阶级反动学术权威。年末，全区各机关、厂企、街道、农村、学校等纷纷成立组织，“造反夺权”，领导干部“靠边站”，机关瘫痪。很多职工、干部、群众离开工作岗位，走向社会。

1967年1月，为保证“夺权”活动顺利进行，秦皇岛解放军介入支持“左派”的“夺权”斗争。在“夺权”的旗帜下，形成相互对立的派别组织。派别在“权”的问题上争夺激烈，甚至酿成武斗。7月21日，在人民广场发生大规模武斗，参加近千人，持续两天，造成很大损失。年底，经过近两年的动乱后，区直机关和区属其他单位的两大派群众组织通过谈判，达成联合协议，又经过两派酝酿，经中国人民解放军唐秦警备区批准成立海港区革命委员会。

1968年1月17日，海港区革命委员会宣告成立，在文化宫召开海港区革命委员会成立大会。军代表康德祥任主任，李玉娥、洑飞任副主任。革委会实行有军队代表、革命干部和群众参加的“三结合”，集区委和政府一切大权，实行党政合一、高度集中的领导体制，时称“一元化”领导。革委会的成立，在一定程度上结束了“文化大革命”前期的动乱局面，填补了国家和地方权力的真空半真空工作状态，使各项工作逐渐恢复和发展。

1968年4月1—24日，中国共产党第九次代表大会召开。九大以后，“斗、批、改”运动在全国展开，包括开展“革命大批判”“清理阶级队伍”“建立‘三结合’的革命委员会”“整党建党”“改革不合理的规章制度”“清理阶级队伍”“精简机构，下放科室人员”等，把“左”的错误在各个领域具体化，党内矛盾和社会矛盾继续紧张，伤害了大批干部和群众。4—10月，全区开展“一批三查”斗争和清理阶级队伍。4月，市公检法举办东山学习班，海港公安分局全体干警参加，受冲击者10人。历时8个月，学习班结束。5月7日，机关学习班开始，参加学习班的全区干部170多人。在区革委会领导下，按区委、人委、街道、卫生、农村等分5个排，29人以走资派、修正主义分子、叛徒、特务等罪名遭到不公正待遇，学习班11月底结束。7月16日—11月底，举办中小学教师学习班，全区800多名教师集中在耀华小学，搞所谓“清理阶级队伍，深挖阶级敌人”，85人被揪。1968—1970年8月，区环境卫生队所举办长达两年的学习班，“清理阶级队伍”，大搞逼供信和打砸抢，为全区典型。

1971年I月，恢复中共秦皇岛市海港区委员会。5月，区委领导全区开展“批陈（陈伯达）整风”运动。9月13日，林彪等外逃叛国，机毁人亡，葬身异域。林彪事件发生后，随着林彪集团的罪行材料陆续发出并逐步传达到基层，全国开展“批林整风”运动。在毛泽东的支持下，周恩来把批判林彪反革命集团的罪行和批判极左思潮结合，加快落实干部政策和知识分子政策的进程，使一大批被打倒的党政军领导干部重新走上领导岗位。还纠正工业、农业方面一些“左”的经济政策，对恢复和发展生产起到了推动作用。海港区同全国一样，经济形势明显好转。

1973年8月24—28日，中国共产党第十次代表大会在北京召开。邓小平等一批在“文化大革命”中受到打击和排斥的老干部被选进中央委员会。1975年1月13—17日，四届全国人大一次会议在北京举行，选举周恩来、邓小平为核心的国务院领导人选，为邓小平主持工作奠定基础。四届人大会议后，邓小平在毛泽东、周恩来的支持下，开始主持中央工作。他主持全面整顿后，武斗逐渐减少，大部分地区社会秩序趋于稳定，国民经济由停滞、下降迅速转向回升。海港区紧跟着党中央的步伐，恢复发展全区经济。1975年，全区实现工业总产值 1837. 8 万元，比 1972 年增长 33%。农业方面调整布局，改进耕作制度，改良土壤，生产得到发展。

1976 年 10 月 6 日晚，中共中央政治局果断采取措施，一举粉碎“四人帮”（王洪文、张春桥、江青、姚文元）。从危难中挽救中国社会主义事业。10 月 23 日，海港区居民大集会，热烈庆祝粉碎“四人帮”的伟大胜利。全区人民连日上街游行，以示庆贺。至此，持续 10 年之久的“文化大革命”彻底结束。

1978 年 5 月，《光明日报》发表题为《实践是检验真理的唯一标准》的文章，区委组织广大党员干部开展真理标准大讨论，全面落实党的政策，平反纠正“文化大革命”冤假错案，处理历史遗留问题。海港区进入新的历史发展时期。

五、农业学大寨运动

1964 年，毛泽东主席发出“农业学大寨”的号召，动员全国农村学习山西省昔阳县大寨大队的先进事迹。周恩来总理指出学大寨主要三条：坚定不移的社会主义原则；自力更生，艰苦奋斗的精神；爱国家，爱集体的共产主义风格。

1965 年 12 月，贯彻中共秦皇岛市委召开的“四级”干部会议精神，会议号召“高举毛泽东思想红旗，发扬大寨精神，鼓足干劲，立即掀起一个以积肥、兴修水利为中心的‘四田’（园田、台田、条田、坑田）建设高潮”，全区农村开始掀起农业学大寨热潮。

1970 年 10 月，为进一步在全市农村开展“农业学大寨”运动，秦皇岛市革委会召开农村“四级”干部会议，传达贯彻全国北方地区农业会议精神，参观市郊区学大寨先进大队——丁庄大队，采取整风的方式，通过“四大”的形式，解决领导班子思想革命化，重点解决对学大寨的认识问题。会议提出“两年内把秦皇岛市建成大寨式郊区”的口号。此次会议后，海港区先后组织农村干部到山西省昔阳县大寨大队参观学习，全区呈现以改土、治水为中心的农田水利建设高潮。1972 年年初，抽调民工修建石河水库。全区组织民工 700—1000 人，开赴石河工地，负责 200 米长的大坝西段砌筑任务。大家昼夜奋战，吃住在工地，劳动强度极大，生活十分艰苦，但大家的积极性空前高涨，干劲十足。当时工地广泛流传一个顺口溜：“吃的是窝窝头，住的是秸秆楼，拉的是千斤车，干的是十二个钟头。”1973 年春，全区抽调民工 200—300 人，开始修建石河水库西干渠。东起黄土坎西付店沙河子，西至归提寨乡慕义寨村。全长 3.35 万米。建造沙河倒虹吸 1 处、渡槽 3 座、600 多米长隧洞 1 条，竖井 2 眼。1975 年，石河水库竣工。沿渠社队农田受益，农业生产结构出现明显变化，农民纷纷将下洼地、盐碱地改造成稻田。

学大寨运动中，海港区修建水库、塘坝、机井、渠道、防潮闸、排洪排涝等农田水利工程，灌溉面积增加，为农业生产发展起到保障作用。

第四节　党政领导机构建设

1956 年 1 月 3 日，中共秦皇岛市第一区委员会改成中共秦皇岛市海港区委员会，区委机关地址未变。1958 年 5 月，汤河区并入海港区，中共汤河区委同时并入中共海港区委。

一、党的代表大会（1955—1978 年，中国共产党第一区及海港区召开代表大会 3 次）

中国共产党第一区第一次代表大会。1955 年 2 月 9—11 日，中国共产党第一区第一次代表大会在私营企业俱乐部召开。出席会议代表43人，列席代表11人。大会讨论和通过《关于1954年几项工作总结和1955年上半年几项工作任务》的报告。大会选举第一区委员会组成人员；选举区委委员7人；选举张建民为区委书记，车淑颖（女）、董敬民为区委副书记。

中国共产党海港区第二次代表大会，档案资料称中共秦皇岛市海港人民公社第一次代表大会。1961年7月11—13日，中国共产党海港区第二次代表大会在海员俱乐部召开。出席大会代表93人。大会中心议题是总结公社化以来的工作，讨论今后的工农业生产和其他各项工作任务。大会选举区委委员19人；选举高凯为区委书记，孟仲云（女）、董敬民、高久贵、李树栋、赵文选、王际奎为区委副书记。选举出席市第三次党代会代表33人。

中国共产党海港区第三次代表大会，档案资料称中共秦皇岛市海港区第一次代表大会。1971年1月17—19日，中国共产党海港区第三次代表大会在运输局俱乐部召开。出席会议代表353人。大会中心议题是听取几年来党的核心组的工作报告。大会选举区委常委8人；选举康德祥为区委书记，李士祥为区委副书记。选举出席市第四次党代会代表120人。

二、人民代表大会（1954—1978年，召开人民代表大会5次）

第一区（海港区前身）首届人民代表大会。1954年3月18日，第一区（海港区前身）首届人民代表大会在道南劳工俱乐部召开。出席大会代表78人，大会的中心议题是审查政府工作报告，大会选举区人民政府成员，选举谭伯宇为区政府区长，李玉娥（女）、李文华为区政府副区长。

海港区第二届人民代表大会。1956年11月7—9日，海港区第二届人民代表大会在海员俱乐部召开。出席会议代表128人。大会中心议题是审查区人民委员会的工作报告。大会选举出席市第二届人民代表大会的代表，选举第二届区人民委员会组成人员，选举范金城为区政府区长，李文华、董建基、蒋林兴为区政府副区长。

海港区第三届人民代表大会。1959年7月18日，海港区第三届人民代表大会在道南海员俱乐部召开。出席会议代表237人。大会听取并审查第二届人民委员会的工作报告，选举出席市人民代表大会代表，选举第三届区人民委员会成员。选举季宁为区政府区长，范金城、王捷仁（女）、李善庆、李文华为区政府副区长。

海港区第四届人民代表大会。1961年12月26日，海港区第四届人民代表大会在道南海员俱乐部召开。出席大会代表257人。大会听取并审查第三届人民委员会的工作报告，选举出席市人民代表大会的代表，选举第四届人民委员会成员。选举孟仲云为区政府区长，选举范金城、王捷仁（女）、李善庆、刘海中、王翰书为区政府副区长。选举出众席市人大代表大会代表90人。

海港区第五届人民代表大会。1963年10月9—11日，海港区第五届人民代表大会在海港礼堂召开。出大会代表149人。大会听取并审查第四届人民委员会的工作报告，选举出席第五届人民代表大会代表，选举第五届人民委员会组成人员。选举孟仲云为区政府区长，选举范金城、阎秉枢、刘海中为区政府副区长。

第四章 改革发展（1978—2012）

1978 年 12 月，中国共产党第十一届中央委员会第三次全体会议召开，由此拉开中国改革开放的序幕。全党立即在各个领域进行全面拨乱反正，主要是在思想、政治、经济和清理重大历史遗留四个方面。经过全面拨乱反正和改革开放的初步探索，党适时总结新中国成立以来的历史经验，初步取得对社会主义道路进行重新探索的新鲜经验，开始找到适合中国情况的社会主义建设道路。

1982 年 9 月 1—11 日，中国共产党第十二次代表大会在北京召开。邓小平在开幕词中第一次提出“建设有中国特色的社会主义”的崭新命题。从此，建设有中国特色社会主义就成为中国改革开放和社会主义现代化建设的根本指导思想。中共十二大制定开创社会主义现代化建设新局面的奋斗纲领，从而把改革开放和社会主义现代化建设的进程推向新的发展阶段。

1984 年 4 月，秦皇岛被国务院批准为全国 14 个进一步对外开放的沿海港口城市之一，海港区成为中国对外开放的前沿城区。

1987 年 10 月 25 日至 11 月 1 日，中国共产党第十三次代表大会在北京召开。十二届中央委员会作题为《沿着有中国特色的社会主义道路前进》的报告，明确“一个中心、两个基本点”（即以经济建设为中心，坚持四项基本原则、坚持改革开放）的基本路线，提出分三步走的经济发展战略。

1978—2012 年，海港区人民紧跟党中央的战略部署，解放思想，实事求是，进行政治体制改革、经济体制改革、社会保障体制改革、社会事业体制改革等各项改革，促进各项事业快速发展，全区经济建设经历一个加快发展的飞跃时期，展现工业和农业、城市和农村、改革和发展相互促进的生动局面，国民经济和社会发展都上了一个大台阶。全区经济总量迅速扩张、农业产业化水平不断提高、工业经济势力明显增强、乡镇企业和民营经济异军突起、城市建设日新月异、基础设施日臻完善、社会事业全面发展，人民生活水平大幅提高，在环渤海经济圈战略位置的重要性日益显现。海港区已成为中国北方重要的对外贸易口岸、最适宜人类居住和旅游休闲度假的地区之一。

第一节　政治体制改革

1983—2012 年，海港区行政管理机构经历多次改革。精简机构，合并职能相近的部门，增设新的管理机构，职能交叉、体制不顺等状况有效改善。干部任用采取民主推荐、择优选聘、面向社会招录及岗位交流的做法，优化公务员队伍，提高行政管理水平。

一、党政机构改革

1984 年 1 月，坚持革命化、年轻化、知识化、专业化的标准，进行机构改革调整和充实各级领导班子。4 月，区法院、区检察院建立党组。区政府工作部门的科改称局。7 月，市郊区的马坊乡、黄土坎乡、铁庄乡、白塔岭乡、归提寨乡划归海港区管辖。1993 年 4 月，区监察局与区纪律检查委员会机关合署办公。

1995 年，开始党政机构改革。组建区机构改革办公室，制发《海港区党政机关机构改革方案》《海港区机构改革人员分流办法》

《关于严明纪律，确保机构改革顺利进行的规定》等有关文件。8月，召开全区科级以上干部大会，公布改革方案，全区党、政机构改革工作施行。党、政工作部门经过调整，由40个减少到30个。其中，区委机构9个，区政府机构21个。党政机关人员编制由933人精减到498人，精减46.7%。拟定和组织实施《秦皇岛市海港区镇机构改革实施方案》《关于镇机关人员分流意见》《秦皇岛市海港区街道办事处机构改革实施方案》《关于街道办事处人员分流意见》，实行并乡建镇。

1996年1月，将原来的8个乡合并组建5个镇。采取“撤、并、转、建”措施，精简机构，落实镇、街道人员岗位，5个镇党政人员编制由1994年的234人精减到203人，街道党政人员岗位控编70人。清理党政机构混岗人员259人，清理全额拨款事业单位混岗人员140人。

2002年，党政机构改革。2月，制发《海港区机构改革方案》，召开机构改革动员大会，全区党、政机构改革工作开始。经过调整规范，区委工作部门8个，管理机构2个，议事协调办事机构1个。区政府与市主管部门双重管理部门5个，区政府工作部门23个，议事协调办事机构2个，直属事业机构10个。经过机构撤并、班子调整、编制核定、部门“三定”、人员定岗等措施，2002年，行政编制由1998年的629人减为548人（不含市区双重管理部门）。批准958人提前离岗、退休申请，其中，行政304人，事业654人；干部431人，工人527人。严格审核并批准51个行政单位和13个事业单位和部门“三定”方案，对各部门的职能配置、内设机构人员编制进行核定。

2004年，根据省编委《关于印发河北省中小企业局职能配置、内设机构和人员编制规定的通知》要求，组建海港区民营经济发展局。调整海港区农业工作机构，成立区畜牧局、林业局，重新界定区农业局职能、编制。组建海港区商务局，正科级，与区经贸局合署办公。设置太阳城商业区管委会，对太阳城商业区实行封闭式管理和统一的领导、服务。进行区旅游局管理体制改革，重新界定区旅游局职能配置、机构设置和人员编制，旅游局直属事业、企业与局机关脱钩，旅游局不再直接参与旅游经营，直属事业单位将实行全员聘任制或逐步成建制的转为企业，转企后，根据发展需要再改制。

2005 年，区政府机构改革。成立区委书记、区长为组长的政府机构改革领导小组，召开 3 次编委会、2 次区委常委会、2 次书记碰头会进行专题研究，商讨区机构改革方案、实施意见等机构改革文件，下发《关于做好机构改革中涉改部门“三定”工作的通知》。改革把政府职能转变到经济调节、市场监管、社会管理、公共服务，改革后政府组成部门 19 家，直属事业 9 家，议事协调机构的办事机构 2 家。

2006 年，全区区直机关 50 家，其中，区委工作部门 9 家，部门管理机构 2 家；政府组成部门 20 家，部门管理机构 1 家，直属事业单位 5 家，议事协调机构的办事机构 2 家；群团 5 家，事业群团 2 家；人大、政协、检察院、法院。区直机关编制 1171 人，实有 1685 人。其中，行政编制 386 人，工勤编制 30 人，老干部编制 32 人，实有 616 人；直属事业及事业群团编制 116 人，实有 127 人；政法系统编制 607 人，实有 942 人。镇 5 家，行政编制 165 人，工勤编制 10 人，老干部编制 10 人，实有 178 人。

2010 年，海港区政府机构改革。改革方案（草案）经区编委会议、区委常委会议审议，上报市委、市政府批准。改革后，区政府设置工作部门 20 个，其中，保留的 16 个、更名的 3 个，直属事业机构由原来的5个精简为3个，由直属事业机构调整为政府工作部门的1个，由直属事业机构改为在区政府工作部门挂牌子的1个，区政府不再有议事协调的办事机构。政府工作部门和直属事业机构部门领导职数由改革前的93人减为86人，股级领导职数由改革前的128人减为117人，对7个部门的94名涉改人员进行人事关系调整。

2011年，各镇机构改革。制定《海港区镇机构改革方案》《关于海港区镇机构改革工作的实施意见》，经区委常委会审议后印发全区。对机构撤并、超编人员调整、财政资金拨付、国有资产审计、印章收缴和启用等问题进行规范和明确。顺利完成基层医药卫生体制改革、农业技术推广体系改革和事业单位分类改革。

二、干部任用制度改革

1985年，全区稳妥推进干部人事制度改革，积极探索干部制度改革的新途径、新方法。

民主任用干部。1989年，区委制发《关于海港区委管理干部选拔任免程序暂行规定》，把民主推荐、民意测验、组织考察、区委常委会议集体讨论作为必须遵循的基本程序。区、乡党政领导班子换届，实行差额确定候选人办法，反复酝酿，民主协商，广泛征求意见，选举产生区、乡党政领导人。1991年，制定《干部学习培训制度》，明确“干部未经培训不予提拔”的硬性措施。严格后备干部队伍的管理，后备干部必须经过干部自身述职、群众讨论、无记名投票方式推荐，最后由单位与组织人事部门每年年终商定。坚持从民主推荐票比较集中的后备干部中确定干部的升调任用，不经组织部门考察的不上区委常委会研究讨论。

择优选聘干部。1987年，将竞争机制引入干部管理，择优任用。

在各工商企业公开招聘厂长（经理），实行厂长经理承包负责制。1988年4月，结合街道区划调整，面向社会，招聘街道团委书记7人。1992年，采用聘任制的办法，选配乡和街道的科技副乡长、副主任。2005年，坚持“公平、公正、竞争、择优”的原则，公开招录中小学教师。通过笔试、面试、试讲、体检等环节严格测评，招录25人、选调10人。已形成制度，凡进必公开招聘，凡聘必公平、公正、竞争、择优。

公示拟提干部。2000年6月，实行干部任前公示制。对拟提科级干部，在正式任命前15天，对外公示拟提职干部的基本情况，广泛征求意见。在公示期间，群众可以直接向组织部门反映意见。对拟提干部公示后，未收到反映的重要问题，拟提干部被任用。2001年8月，在全市率先制发《关于选拔任用科级领导干部实行考察预告制的意见》。拟提干部公示已成规矩，坚持至今。

三、干部管理制度改革

科级主要干部实行交流制度。对在一个部门担任重要职务的干部，结合区政府换届或年度考核进行换岗交流。1998—2012年，科级主要干部换岗或离任时，都由区审计局对离任干部单位进行经济责任审计。

1995年，区委成立干部考核办公室，制订对科级领导班子和干部实绩的考核办法。区委把严格科学的考核，作为干部选拔和对待干部升降去留的重要依据。

1987年11月，对任用的科级干部，实行试用制。1990年12月，取消提拔干部试用制。2002年9月，恢复干部试用期制，制发《党政领导干部任职试用期实施办法》。试用期1年，期满考察合格办理正式任职手续，不合格免去试用职务，按试用期前职级安排工作。

试用期间，工作出现重大失误或犯有严重错误，提前结束试用期职务，按有关规定予以处理。试用期制度坚持实行至今。

建立公务员制度。1994 年，分期对全区行政干部进行《国家公务员暂行条例》的强化培训。1995 年，实施公务员过渡，按照《秦皇岛市海港区国家公务员培训实施意见》，对 1500 人进行国家公务员知识培训。1996 年 9 月，全区公务员过渡工作圆满结束（不含职能上划管理的税务、工商部门人员）。建立公务员考核激励机制。1998 年，成立公务员考核领导小组，依照公务员个人述职、群众评议、领导审定等程序，对公务员进行全面考核奖励。1999 年，制发《关于加强学历教育提高干部队伍文化素质的实施意见》，规划公务员学历教育 5 年蓝图，组建计算机培训基地。公务员自觉自修大专、大学、研究生课程，并取得相应学历。坚持干部革命化、年轻化、专业化、知识化和德才兼备的标准，建立德才素质较好、门类比较齐全的后备干部队伍，采取优胜劣汰滚动管理，不断进行调整充实。

2009 年，从机制上加大管理力度，控制编制的无序增长。在原有机构编制台账的基础上，按照省、市编办要求，统一实行行政和事业机构编制 2 本台账。及时更新编制台账，完善电子机构编制系统，实现计算机管理的电子台账与手工台账相吻合，相互制约，为综合部门的相关管理提供准确、可靠的依据。

2011 年，改革机构编制管理，实行实名制。按照省、市编委要求，全面推行机构编制实名制管理，启用电子编制证。严格按照核定的编制数额、性质和结构要求确定在编人员，对全区 286 家机关、事业单位的机构、编制、人员实名制信息进行认真审核，全部报录省信息库。

2012 年 1 月 1 日起，正式实施编制使用核准制度。实施用编有计划。各单位年初按时申报本年度编制使用计划，科学预测本年度编制使用需求，按照“统筹使用、保证重点、留有余地、逐步到位”的原则，制订年度编制使用计划。总量控制。按照“从严控制，便捷高效”的原则实施分类管理，合理调剂编制余缺，空编先核准后补充，满编先出后进，超编只出不进，全面落实编制使用核准制度。动态管理，优化结构。根据机关事业单位职责任务和机构编制执行情况，按照优化结构、有增有减的原则，建立编制使用调剂机制，确保重点工作及高层次人才引进等用编急需。实名管理，核编到人。

四、事业单位人事制度改革

1993 年，将竞争机制引入人事管理。制发《海港区引进人才考试办法》，加强人才网络建设，建立起人才信息库，储备各类人才 90 人，发挥人事部门人才蓄水池的作用。建立人才交流运行机制，面向全国举办人才招聘会，引进各类人才 135 人。

1999 年，加强人才为经济服务的力度，通过调查把农村乡土人才、国有企业、私营个体企业人才充实到人才信息库。2000 年，进一步开发整体性人才资源，制订中长期人才发展计划和各项引进人才优惠政策。专业技术干部本着评聘公开、择优聘用的原则进行聘任。专业技术人员按照“量化条件、综合测评、择优推荐”的方法，实行专业技术职称评、聘分开制。事业单位执行专业技术人员工资、管理人员工资、工人工资分类制度，完善专业队伍建设。

2006 年，完善事业单位人事制度改革配套政策，推行“凡进必考”制度。在全区事业单位新进人员中继续实行聘用制管理，为 71 名新进人员进行聘用合同鉴证。为事业单位集体鉴证合同 1216 份。

2007 年，制发《区机构编制委员会关于事业单位新进工作人员实行聘用制度的意见》《海港区事业单位招聘人员暂行办法》，推行事业单位聘用制，实现事业单位人员由身份管理向岗位管理的转变。

完成事业单位清理整顿，将114家事业单位按照社会公益类、行政执法类、中介服务类、生产经营类4个类别进行科学划分。对事业单位（125家）进行全面梳理，对于应该规范名称，以及撤销、合并、调整经营形式、转企的19家事业单位分别提出整顿意见。

2008年10月，召开全区机关事业单位人员编制和临时聘用人员有关情况调查摸底工作会议，及时准确汇总上报有关表格，为省、市新一轮政府机构改革做好准备。

第二节 经济体制改革

海港区经济体制改革起步于农村。1982—1986年，中共中央连续6个“一号文件”，指导农村经济体制改革，实行联产承包责任制，调整产业结构。专业户、联合体开始出现，专业能手大量涌现，多种经营得到发展。海港城郊型经济逐步形成，贸工农一体化经营体制和社会化服务体系逐渐完善，农业产业结构得到调整，城郊特色农业的档次和品位提升。1984年，中共中央《关于经济体制改革的决定》对农业、工业等经济领域的改革作出具体部署，拉开经济体制改革的序幕。全区企业管理体制改革不断深化，由党委领导下的厂长负责制到承包经营责任制，直至企业产权制度改革。区属国营和集体企业基本完成产权制度改革，妥善安置企业职工，置换国有资产。经济改革，使全区社会、经济、政治等方面都发生巨大的变化。2004年，规模以上工业实行在地统计，工业总量在原有区属基础上日益扩大。

一、农村经济体制改革

实行和完善家庭联产承包责任制。1983年，农村普遍实行家庭联产承包责任制，土地承包15年不变。通过签订承包合同，明确对农民所承包土地、林地、果园、水面的使用权。1986年，归提寨乡南大寺等村试行“双田”租赁制。把土地划分为口粮田和租赁田，土地所有者以不同形式向外出租。1987年，实行土地投资补偿制度，主要对设施农业和基础设施建设进行补偿，鼓励农民培肥地力，允许土地转包。1998年，第一轮土地承包到期。按照中共中央关于上一轮土地承包到期后再延长30年政策，做好土地承包的相关准备工作。1999年8月，全面开展新一轮土地承包工作。区委制发《关于做好农村土地延包工作安排意见》，成立由区委副书记任组长的土地延包工作领导小组。到12月，97个村制定土地延包方案，占有延包任务村的95.1%。64个村土地落实到农户，占有延包任务村的63%。2002年，有土地延包任务的102个村269个组中有265个组完成二轮承包。

建立贸工农一体化经营体制。家庭联产承包责任制普遍实行后，有些农户逐渐成为种植业大户，农民开始实施土地适度规模经营。主要形式有：近郊转城村的农场形式或专业承包经营，“双田制”“双田租赁制”，专业户、联合体和集体农场结合的经营形式等。比过去单一的家庭联产承包责任制经济效益明显提高。石山村、新店子村实行“双田制”后，农业经济效益同比提高30%，百姓王庄实行农场经营后每亩经济效益是分散经营的3.7倍。1986年，提出全区农村经济发展“贸工农”的路子，建立“城郊型”的经济体制。鼓励农民有组织地参与流通，发展多渠道经营。1987年底，铁庄乡13个村的经联社全部改为实业公司，1988年6月，全乡企业总收入同比增长48%，利润增长145%，税金增长49%；是年，王庄村总收入71万元，其中蔬菜收入13万元，占全村总收入的18.3%，每个农业劳力年收入2500元。近郊村对合作经济组织的管理模式进行改革，以二、三产业为主的村把经联社改为实业公司。全区有24个村建立实业公司，占村庄总数的37.5%。实业公司增加项目，安排剩余劳动力。对产、供、销各个环节实行统一管理，提高集体统一的层次，增加集体积累。1992年，以“基地+农户”“市场+农户”“公司+农户”的产销一体化的农业产业化的经营思路指导农村经济工作。海港镇瑞启高新农业技术示范基地，东港、北港畜禽养殖基地，北港林果种植基地，海阳蔬菜生产基地四大基地逐步形成。5月，海阳农副产品批发市场建成运营，2001年，市场交易额达到10亿元。批发市场带动海阳镇80%的农户由大田种植改为蔬菜、果树种植。“十五”时期，城郊高效农业迅速发展。蔬菜、林果、畜牧和水产养殖业的主导地位日渐突出，2005年产值占农业总产值的83.8%。大力实施农业产业化“91667”示范工程，港京牧业、全农精牛等龙头企业成长壮大，第三产业活力彰显。新建改建农贸市场16个，海阳农副产品批发市场跻身全国百强农贸市场第24位。发展社区便利店两家，实施“农改超”两家，连锁配送等现代物流业方兴未艾。“十二五”时期，累计推广农业新技术85项、新品种300多个，实施产业化重点项目11个，培育市级以上龙头企业8家，设施蔬菜和优质果品基地面积分别达到200公顷和1.33万公顷，新建改造农贸市场12个。

农村税费改革。2002年8月，区委、区政府联合制发《海港区农村税费改革试点方案》。海港区所有的村都参加农村税费改革试点，减轻农民负担。2001年，全区农民负担总额1363万元，人均负担147元；税费改革后，全区农民负担总额239万元，人均负担26元。

二、计划体制改革

全区经济由计划经济体制逐步向市场经济体制转轨，计划管理的内容和形式逐步发生变化。区计委的职能主要是对全区经济发展进行宏观管理和对企业的发展提供优质服务，从批项目、分物资转为研究和提出区域经济发展的总体战略、重大方针政策；从偏重于运用行政手段进行直接管理，转为运用经济政策、经济杠杆、经济法规进行间接管理。1985 年，贯彻执行省、市计划体制改革的思路，消除计划经济体制的弊端，促进社会主义商品经济的发展，改善国家宏观调控。缩小、减少指令性计划范围，直到停止向农民下达农产品统购派购任务。实行合同定购和市场定购，定购以外的粮食可以上市自由交易，国家仅对棉花等少数经济作物制定指导性计划。缩小工业生产指令性计划，扩大企业自主权。下放固定资产投资审批权。国家预算内的基本建设投资，全面实行由各级人民政府财政按计划拨款改为贷款制。在基本建设投资拨改贷的同时，企业流动资金实行拨改贷。区计划部门相应地转变职能，逐步缩小指令性计划，扩大指导性计划，重视中长期产业政策的制定，搞好经济比例关系的综合平衡，逐步使计划体制由直接管理转向间接管理为主。1988 年，指令性分配物资的品种，只占原来的十分之一。1993 年开始，转变计划管理方式，建立以间接调控方式为主的宏观调控体系。计划管理转向宏观管理，微观经济转向宏观经济，行政管理转向服务管理，指令型转向指导型。除少数特定产品外，工业企业特别是轻工业企业的生产经营走上以市场需求为导向的轨道。统配物资的品种和数量减少，市场调节范围扩大。2002 年，计划和统计职能合并。

三、财政体制改革

1983年，区财政实行报账制，即年初由市财政下达支出指标、年终编制决算报市财政核销。1984年，区财政局成立，为一级财政单位。全区实行“全额分成和超收分成”的财政体制。1998年，改为“收入递增包干，增长全留”的包干体制。2002年，将市本级的车船使用税、印花税、土地增值税、城镇土地使用税、资源税、屠宰税作为区级固定收入。1998—2003年，实施预算改革、政府采购、财政集中支付、工资发放银行化，开始运作以属地管理为主要形式的市区分税制，建立镇级财政，完成农村税费改革，深化社区零散税代征代缴、政府采购、财政集中支付等财政体制改革。2007年，制发《海港区人民政府关于进一步完善区镇财政体制的方案》，实行“收支统管、核定收支、超收奖励、节支留用”的统收统支加激励的财政体制。稳步推进国库集中支付制度改革，制定《海港区财政资金收付管理办法》《海港区财政资金收付用款计划管理办法》《海港区财政资金收付管理会计核算办法》，全区行政事业单位全面实施财政国库管理制度。完善政府采购体制，拓展采购范围，提高采购质量，全年实现政府采购金额3607.6万元，节约资金635万元，资金节约率14.9%。2008年，推进乡镇财政体制改革，实行“收支统管、核定收支、超收奖励、节支留用”的统收统支加激励财政体制，实行镇财区管的镇级财政管理模式。政府采购管理制度改革，整章建制，详细规定采购方式、采购程序、监督检查等系列工作程序和办事规则，促进政府采购活动公开、公平、公正，节约额和节约率稳中有升。深化行政事业单位国有资产管理改革，国有资产处置做到逐件登记、逐件审核、逐件批复、逐件备案。推行公有资产使用权“公开招租”模式，规范申报审批、信息发布、竞价报名、竞价招租、成交确认、合同签订和鉴证、拍卖收入缴库等环节运作，有效防止国有资产流失，从源头上预防腐败现象的发生。2010年，推进预算编制改革，加大综合预算实施力度，实现预算内外资金、单位自有资金、政府性基金真正统筹管理。推进国库集中支付改革，在全区各单位全面推行国库集中支付改革，国库集中支付覆盖面100%。2011年，国库集中支付改革，将各镇、园区及城建单位正式纳入集中支付管理，实现全区财政资金和预算单位全覆盖；推进公务卡改革，完成软件调试和试点运行；深化财政资金管理和国有资产管理改革，研究制定《海港区人民政府关于进一步加强财政资金管理的通知》《海港区人民政府关于进一步加强企业国有资产管理的通知》《海港区临时机构固定资产管理办法》等。2012年，稳步推进公务卡改革，出台海港区预算单位公务卡管理办法，164家预算单位全部申请办理公务卡，申请办卡2417张。

四、税收征管体制改革

1984年9月18日，国务院发布《中华人民共和国国营企业所得税条例（草案）》，迈出税制改革步伐。10月，废除工商税，开征产品税、营业税、资源税、调节税。1985年，开征奖金税、国营企业工资所得税。1986年，开征个人工商所得税，在生产领域扩大推行增值税，对部分消费品加征产品税或消费税，开征城市维护建设税、房产税、车船使用税。改进建筑税征收，强化个人所得税的征收。制定酒类、烟类产品的专项征税办法等。1987年底，增值税扩大到机械、冶金、电子、纺织、轻工业产品，促进税制更加合理。1988年，开征印花税。1994年，征收的税种由原来的32个简并到18个，统一企业所得税和个人所得税，开征土地增值税。1994年8月1日，区税务局分设为国家税务局、地方税务局，进行税制改革。2002年

1月1日，按照属地纳税的原则，实行新的分税制纳税体制。秦皇岛市将市、区范围内的车船使用税、印花税、土地增值税划为海港区固定收入，将增值税的15%，营业税的90%，企业所得税（2002年25%）、个人所得税（2002年35%部分）作为市区共享收入。2月1日，区地税全面推行行业化征管改革，成立工业、商业、运输业、建筑业、房地产业、饮食业、服务业、涉外、市场9个行业化管理税务所。12月30日起，实行税款征收、税收管理、税务稽查三权分离。“十五”时期，深化农村税费改革，免征农业税、种粮直补等惠农政策落实到位。2005年，实行市、区分税制财税体制。实行村财镇代管，免征农业税、种粮直补等政策落实到位。2007年，落实《税收执法责任制实施办法》，建立《海港区国家税务局执法岗责体系》。2012年，创新管理模式，建立信息化专业化管税理念，深化分行业分税种等专业化征管，实施科学、精细和信息化管理。

五、企业体制改革

1985年，企业改革从承包责任制起步。1992年，实行租赁制、风险抵押、利改税等形式的承包经营的改革。企业改革由放权让利的政策性调整，转向经营机制转换和企业制度创新，实施兼并、拍卖、破产、股份制、股份合作制等深层次改革，逐步使企业纳入市场经济运行轨道，实现资源优化配置。1998—2002年，各项改革向纵深推进，企业产权制度改革力度不断加大。37家区直企业全面完成一次改制。根据国家置换国有资产、置换职工身份两个置换的要求，24个区直企业进行二次改制。改制企业规范率100%。2004年，全区列入改制计划的26家企业全部完成二次改制。

推行承包经营。1985年，区直企业推行承包经营。1988年，开展第一轮承包，承包期为3年。工、建、交、商等行业的108个独立核算企业签订为期3年的承包合同。第一轮承包是企业内部实现优化组合，实行工资与效益挂钩。1991年，开始第二轮承包，承包期3年。承包以全员承包为主，计算单位只记企业，不记企业下属单位。34个企业与企业主管部门签订承包合同。第二轮承包是在工业企业内部，推行分配、人事和劳动用工制度改革，承包期一年一定；在商业系统，经营推行扩大经营范围，分配推行联销联利浮动工资制，用工实行全员合同制、干部聘任制，价格对市以下管理的商品企业有权灵活作价。1993年，贯彻执行《国有企业转换经营机制条例》，深化劳动用工制度改革，向企业下放内部机构设置权，工资、奖金分配权，工效挂钩企业新增效益工资分配权。1994年，加快用工、分配、保险三项制度改革，13个全民企业、7个集体企业推行全员劳动合同制，3552名职工签订劳动合同。1995年，全区全面实施劳动合同制。

实行股份制和股份合作制。1993年，区政府制发《海港区股份（合作）制企业的实行办法》《关于组建股份（合作）制企业的操作办法》，明确股份（合作）改革的指导思想、发展方向和操作办法。以东升水泥构件厂为试点，部分乡镇企业实行股份合作制改革，建成股份（合作）制乡镇企业58个。1994年，落实国家关于股份制改革的重大改革措施，企业改革围绕明晰产权，建立新机制，推进股份制等多种形式的改革。82个企业实行股份制，股份总额31亿元。1995年，在马坊乡渤海经销公司、渤海副食品公司进行“先出售、后改制”的股份合作制改革试点。改制后，2个企业全年销售额2791万元，同比增长50%；实现利润103万元，同比增长20%。1996年，对一些资不抵债的企业采取“卖、兼、并、租、破”的办法。水泥制品厂兼并水泥电杆厂，组建秦皇岛市建筑水泥制品总厂。精制石英砂厂、宏宇添加剂厂、兽药厂等工业企业进行股份制改革。

全区实施改革的企业融资额655万元，盘活存量资产6429万元，实现企业扭亏额162万元。1997年，区委、区政府制发《关于发展股份合作制企业的实施意见》，开展股份制规范年活动，以海港三建、北方制镜实业有限公司为试点，带动全区。对已改为股份制企业的从严规范，健全和完善法人治理机制，形成各司其职、相互制衡的新型管理模式。百货大楼、汽修厂等30个区直股份制企业建立健全以公司章程为母体的各项规章制度。2000年，海港三建组建成海三建设工程股份有限公司。通过改制，企业强化资本运营力度，企业实力增强，在“河北省建筑业规模效益十强企业”中排第5名。

全面推进产权制度改革。1998年，以调整和完善所有制结构、加快产权流动为突破口，推进国有小企业产权制度改革。制发《海港区关于企业产权制度改革实施意见》《关于企业改制过程中及改制后有关财务问题的处理意见》等11个相关文件。到2000年，37个区直企业，96个乡镇企业，16个街道企业完成不同的改制形式。2001年，国家倡导国有企业改革要进行“两个置换”。全区开始以产权出售为主的企业改制工作。2002年，有24个区直企业完成二次改制。其中，精制石英砂厂、橡胶厂、房建公司、建安公司、二建公司整体出售；药用包装厂、纸制品厂依法实施破产；百货大楼、五交化公司、烟酒公司、食品厂、饮食服务公司、牛奶公司、二五金厂、物资总公司在城市改造中，利用拆迁补偿款安置部分职工；粮食局、蔬菜总公司、燃料总公司的部分商店出售。在“两个置换”产权转让中，严格把住资产评估关，确保公有资产不流失。依据有关法律法规和政策妥善安置职工。坚持政府不举债，买方在购买企业净资产的同时承担全部债务。全区安置企业职工2325人，置换国有资产2877.4万元。

积极运作破产企业破产。2005年2月1日，海洋建材厂委托秦皇岛市产权交易中心海港代办处，对企业房屋、土地及机器设备进行公开竞拍，以350万元成功拍卖，企业资产增值5.4%，完成该企业的破产工作。装饰品总厂破产终结手续办理完毕。水泥制品总厂的破产立案工作完成。医用玻璃厂及蓄电池厂破产事宜正在办理。盘活资产，解决改制企业遗留问题。以1530万元公开竞价出售蔬菜副食品公司菜站土地，取得土地出让金1170万元。为水泥制品总厂等6个企业380名职工补缴企业改制前拖欠的养老保险167万元，支付职工集资款138.2万元，补发退休人员工资179万元。镇、街道企业经过积极运作，完成文化路街道商业管理站、海港镇兴港房地产、海滨路街道玻机厂西分厂3家企业改制材料的审核批复，旅游局所属秦皇求仙大酒店的改制材料原则通过。全区有改制企业退休职工3076人，内退职工640人，一次性安置职工3231人。改制后，合理解决职工遗留的拖欠医药费、暖气费、丧葬费、工伤补助、生活费等问题。对商贸系统代管内退职工发放生活费125.1万元，缴纳养老保险及医疗保险209.7万元。

六、粮食流通体制改革

1983年，随着国家粮食政策、粮食人均占有量情况的变化，粮食的生产、消费、分配政策不断调整、改革。1983年1月，对统购以外的粮食允许多渠道经营，鼓励粮食部门积极开展议购议销业务，参与市场调节。1984年，设立第一、第二粮油管理站，负责对辖区非农业人口及城郊菜农的口粮供应。成立议购议销公司，开展粮食议购议销业务。1985—1992年，粮食定购统销和议购议销政策并行。1985年，由对粮食的计划收购（统购）改为合同定购，合同签订到村，村对户列花名册，发售粮卡，农户凭卡交售粮食。全区合同定购粮食378万公斤。1988年，实行粮食合同定购同供应平价化肥、柴油及发放预购定金“三挂钩”政策。1989 年，合同定购改称为国家定购。1992 年 9 月 1 日，粮价放开，取消定量，不再供应平价粮油；成立区粮油贸易总公司，主营议价粮油批发零售兼营其他。1993 年，取消粮食统销和口粮供应定量，初步形成多种经济成分经营粮食的局面，个体经济和集体经济迅猛发展。1994 年，全区注册主营粮油的单位 351 家。1998 年，国务院作出《关于进一步深化粮食流通体制改革的决定》，强调完善粮食价格机制，贯彻落实按保护价敞开收购农民余粮，收储企业实行顺价销售，收购资金封闭运行三项政策。海港区省级粮食储备库和海阳粮库实行挂牌敞开收购，并承诺不拒收、不限收、不停收，农民一手交粮一手付钱。1998 年，完成定购任务 358.85 万公斤，收购保护价粮 500 万公斤。2001 年，秋粮上市起，取消粮食定购任务，玉米、稻谷退出保护价收购范围，价格由市场调节。

粮油供应改革。1983 年，市直属中心粮站辖 32 个粮店。1984 年 5 月，区粮食局成立，接管市粮食局直属中心粮站城镇居民及城郊菜农粮油供应业务。1984 年，销售平价粮油 490 万公斤，议价粮油 103 万公斤。1991 年 4 月 22 日，国务院公布从 5 月 1 日起，提高城镇居民粮油销售价格。1992 年，国务院决定从 4 月 1 日起提高粮食定购价格，提高统销价格。1995 年新年、春节及 5 月 1 日以后，对城镇居民实行“凭证、限价、限量”供应。2001 年 5 月 1 日起，取消《市镇居民粮食供应转移证明》，城镇居民户口在区内迁出迁入、农业户口转为非农业户口、城市新出生人口均不再办理粮食关系，人口死亡不再办理粮食关系注销手续。

粮油经营改革。1995—1996 年，对 33 个粮店进行连锁店改造。省、市、区三级政府对每个分店分别投资 5 万元，总投资 495 万元，实行连锁经营。1995 年 12 月，成立兴稷国粮连锁配送中心，设立

33 个连锁分店，实行统一店名和标志、统一服务规范、统一营业时间、统一业务管理、统一采购配送、统一定价、统一核算的管理模式。1996 年 10 月起，对粮店实行承包经营。1998 年 11 月，经区政府批准，粮食局对所属国有粮店产权公开竞价出售，开滦路、新二街、金三角、民族路 59 号 4 个粮店被出售，总售价 388.45 万元。1999—2000 年，出售国有粮店产权 7 个，总售价 479 万元。2001 年，全区有国有粮店 13 个。随着国有粮油食品店的减少，从业人员相应减少。1999 年 1 月，28 名企业职工与企业解除劳动关系，企业通过发放安置金方式进行安置。129 名企业离、退休职工移交区社会保险所管理。2001—2002 年 8 月，151 名职工与企业解除劳动关系。8 月底，兴稷国粮连锁配送中心有职工 63 人。2003 年，区粮食局所属海港区海阳粮库改为报账制企业，并入局属河北省秦皇岛省级粮食储备库。到年底，区国有粮食企业的企业撤并、职工身份置换工作全面完成，企业 157 名职工安置完毕。

第三节 社会保障体制改革

1983—2012 年，海港区逐步建立和完善养老保险制度，实行企业职工社会保险统筹。不断完善医疗政策，推行住房制度改革，制定机关配套政策。建立企业下岗职工基本生活保障金和最低生活保障制度，全区社会保障工作有序开展。

一、职工养老保障制度改革

1986 年 6 月至 1990 年，经不断调整完善，基本建立起全民、集体企业社会保险统筹制度。1994 年，机关事业单位实行养老制度改革，参统人员逐步由全民、集体企业固定职工扩展到乡镇企业、经济联合体合同制工人、私营企业工人及机关事业单位职工。

企业职工社会保险统筹。1986 年 6 月 1 日，国务院下发《国营企业实行劳动合同制暂行规定》，秦皇岛市社会保险事业管理所下发《关于国营企业劳动合同制工人退休养老基金暂行收缴办法》，规定企业劳动合同制工人实行社会保险事业统筹办法。过去职工退休养老由企业自行支付向统筹转化，劳动合同制工人社会保险统筹按本人月工资百分比缴纳。缴纳比例分别进行多次调整。

1991 年，把街道办企业职工退休费纳入管理统筹。统筹金按固定工资总额和离退休费比例提取。1992 年，区内个体劳动者开始缴纳养老保险费。2002 年，全区参统企业 140 家，在职职工 5691 人，离退休职工 3719 人。70 家企业的离退休人员养老金实行社会化发放。

机关事业养老保险。1983—1994 年 8 月，区机关事业单位离退休职工的离退休费，由区财政和离退休职工所在单位支付。1994 年 9 月，区机关事业单位开始实行社会统筹和个人账户结合的多层次的养老保险制度，参统的机关事业单位 81 家，参统职工 4576 人，离退休职工 672 人，提取统筹金 576 万元，支付参统人员离退休费 371.2 万元。1997 年 9 月，制发《海港区机关事业单位工作人员基本养老保险办法》《海港区机关事业单位工作人员基本养老保险办法实施细则》，进一步深化养老保险制度改革。2000 年，132 个机关事业单位参加统筹，参统职工 1.03 万人，离退休职工 2378 人。全年提取统筹金 3175 万元，支付离退休费 2859 万元。2002 年，192 个机关事业单位参加统筹，参加统筹 1.11 万人，参统率 98%，收缴养老保险基金 2396 万元。96 个机关事业单位的离退休人员养老金实行社会化发放。2012 年，全区机关事业单位全部参加统筹。

二、公费医疗制度改革

公费医疗改革从1986年开始。1986—1988年，国家机关、事业单位职工患病住院由卫生局统管，门诊包干到单位，标准是：在职每人每年平均100元，退休200元，离休实报实销。企业职工医疗费由实报实销，改为企业统一开支、调剂使用、部分定额包干的办法。即将部分医疗费发给职工定额包干使用，其余部分调剂使用。调剂使用部分有两种办法：超定额包干部分，按百分比由企业与个人分担；按工龄段设置百分比报销。离休人员实报实销。

1999年6月30日，成立区医疗保险制度改革领导小组。对283家参统单位及职工基本情况进行调查摸底，根据《秦皇岛城镇职工基本医疗保险制度改革实施方案》，2001年3月，在全区推行医疗保险制度改革。医疗保险费，由单位和个人共同缴纳。单位缴纳工资总额的6.5%，个人缴纳工资总额的2%。医疗费按照缴费人不同的年龄段，以不同比例划入个人账户。2002年，全区240家单位的2.02万人参加基本医疗保险。参保人持有区医保中心发给的医疗卡，持卡可到区定点医院、药店结算医药费。大病保险参保率62.5%。医疗保险基金积累922.3万元，为门诊住院和慢性病患者2229人结算医药费479万元。2012年，全区基本实现城乡社会保险制度的全面覆盖。

三、住房制度改革

住房公积金制度建立。1993年10月，实行住房公积金制度。单位和职工分别按4%缴纳住房公积金，住房公积金由市住房公积金管理中心统一收缴管理。1995年11月至2002年12月，单位和职工分别按5%缴纳。1999年1月，单位按职工基本工资的10%，职工按个人基本工资的6%缴纳。2000—2006年，单位按职工基本工资的10%缴纳，职工按个人基本工资的6%缴纳。2007—2008年，单位按职工基本工资的12%缴纳，职工按个人基本工资的6%缴纳。2009—2012年3月，单位按职工基本工资的15%缴纳，职工按个人基本工资的6%缴纳。2012年4月至2019年，单位按职工基本工资的12%缴纳，职工按个人基本工资的6%缴纳。

公有住房出售。1996年11月，按照全市关于城镇公有住房改革精神和公有住房出售的具体办法，制发公有住房出售方案，方案自1996年12月1日实行，到1997年11月30日止。公有住房出售方案规定：成本价每平方米750元，住房折扣率5%，工龄折扣（夫妻双方相加）每年4.85元，成新折扣为2%，一次性付清房款优惠20%。1997年12月1日起，成本价每平方米800元，住房折扣率4%，工龄折扣（夫妻双方）每年4.85元，成新折扣2%，一次性付清房款优惠15%。1998年12月1日，改为成本价每平方米850元，住房折扣3%，其他优惠条件不变。2000年7月1日，公有住房出售，取消现住房折扣和一次性付款优惠，其他与1998年12月1日的优惠政策相同。1998年2月15日，停止用公款为职工购买住房。1996年，出售公有住房987套，面积7.7万平方米，占可出售房屋的20%。其中，出售直管公房174套，面积1.32万平方米；自管公房386套，面积2.71万平方米；托管公房427套，面积363万平方米。到1998年，出售公有住房3057套，面积23.73万平方米。其中，出售直管公房539套，面积4.1万平方米；托管公房1323套，面积11.25万平方米。2002年，出售公有住房4703套，建筑面积36.5万平方米，占可出售房屋的97%。其中，出售直管公房829套，6.3万平方米；自管公房1839套，12.9万平方米；托管公房2035套，17.3万平方米。

经济适用房建设。以解决中低收入家庭住房困难为重点，由区经济适用住房发展中心开发建设新征南里小区，为全区首批经济适用住房小区。2001 年 10 月开工，2002 年 9 月完工，占地面积 3.73 公顷，总建筑面积 4 万多平方米，建住宅楼 10 幢，容纳住户 408 户。2003 年年底入住。小区占地面积 3.67 公顷，总建筑面积 5 万多平方米，建住宅楼 11 幢，容积率 1.4，绿地率 42%。房屋总户数 533 户。东盐务二期经济适用房建面积 1.8 万平方米，共 176 户，2004 年 10 月竣工入住。到 2012 年，建设海政里、东李庄、杨道庄、公富庄、红光里、站西里等多处经济适用房和限价房。

房屋交易。1983—1993 年，辖区内市、区各单位管理的职工住宅，产权属国家或集体，由房管部门或某单位代表国家或集体对职工住房初次分配后，视情况可以再分配。但不是买卖交易。1992 年，房屋开发公司开始建设出售商品房。个人购得商品房后可以上市交易，催生房屋交易市场的形成和发展。1989 年 9 月，成立海港区房屋交易市场，当年房屋交易面积 5 万平方米，交易额 4000 万元。1999 年，实现房屋交易面积 12 万平方米，交易额 2.28 亿万元。2002 年，实现房屋交易面积 38 万平方米，交易额 8.74 万元。2012 年，发放产权证 1383 个。

四、社会保障制度改革

城市（镇）居民最低生活保障。1996 年 8 月，市政府制发《秦皇岛市城市（镇）居民最低生活保障实施办法》。海港区确定最低生活保障线为 182 元，实施城市最低生活保障。2000 年，全区城市最低生活保障 2.19 万人，发放低保金 184 万元。2001—2002 年，街道办事处、居委会开展两次“拉网式”排查，下岗失业保障部门与各级工会组织积极提供职工下岗情况，把下岗、失业人员中的特困职工，扩大为城市最低生活保障范围。2002 年，企业下岗、失业人员被确定为城市最低生活保障对象。扩大保障面的同时，低保审批、监督、管理制度逐步完善。对申请对象提供的证明材料进行更为详细的规定，建立有劳动能力低保对象和高中以上在校低保对象档案；实现区、街、居三级入户核实、三级审查、三级公开，每半年对低保户进行复查，对经济收入发生变化的户进行重新评定，实现低保工作动态管理。保障金由民政部门统一发放改为银行代发。全区有城市最低生活保障户 3.22 万户、10.4 万人，发放低保金 352.8 万元。2005 年，低保标准由 182 元提高到 210 元。全区有城镇低保 4797 户、1.21 万人，发放低保金 1069.7 万元。2009 年，城市低保标准由每人每月 210 元提高到 270 元。2010 年，全区有城市低保对象 5427 户、1.09 万人，累计发放城市低保保障金 2220.4 万元。2011 年，城市低保标准由每月每人 270 元提高到 330 元。全区有城市低保对象 1.3 万人，累计发放城市低保保障金 3395.98 万元。2012 年，全区城市居民最低生活保障标准由每人每月 380 元提高到 420 元，全区有城市低保户 7317 户、1.41 万人，发放保障金 4038.5 万元。

农村最低生活保障。1997 年 6 月，区政府制发《海港区农村最低生活保障制度暂行办法》。规定具有海港区常住户口、人均月收入低于最低生活保障线的（1000 元/年人）农村村民，由个人向所在村村委会提出书面申请，经过村委会调查、核实，村民代表会议评定后，报镇民政所审核，由区民政局审批确定为农村最低生活保障对象。对人均收入低于最低生活保障线标准部分，由最低生活保障基金补足到最低生活保障线标准。1997 年，享受最低生活保障的村民 100 户，发放保障金 5.1 万元。2002 年，享受最低生活保障村民有 123 户，发放保障金 9.74 万元。1997—2002 年，发放农村低保金

50.9 万元。2005 年，农村低保户 199 户、423 人，全年发放农村最低生活保障金 16 万多元。8 月，“五保”老人户口全部转成城市户口，纳入城镇低保范围，补助标准提高到每人每年 2400 元。农村低保实行新的低保政策，补助标准为每年 1000 元。2009 年，农村低保标准由每人每年 1000 元提高到 1200 元。2010 年，有农村低保对象 1884 户、3883 人，累计发放农村低保保障金 228.3 万元。2011 年，农村低保标准由每年每人 1200 元提高到 1600 元。农村低保对象 1.68 万人，累计发放农村低保保障金 514.01 万元。2012 年，农村最低生活保障标准由原来的每人每年 1600 元提高到 2200 元。农村低保户 3016 户、5731 人，发放保障金 908.4 万元。

第四节　社会事业体制改革

1983—2002 年是海港区社会事业快速发展的 20 年。教育管理体制、办学体制都发生巨大变化，科学技术管理和应用体制在适应市场经济的过程中发生转变，文化事业的发展促使管理体制改变，卫生事业的快速发展促进管理体制变革，民办医疗事业的发展规模不断扩大，水平逐步提高。

一、教育体制改革

1984—2012 年，在全区教育系统内部实施管理体制改革，主要包括行政管理体制、领导管理体制、学制制度改革。在教育系统外部实施办学体制改革。全区逐步建立以政府办学为主体，社会各界共同办学的体制。

行政管理体制改革。1984 年 7 月，市属 10 所中学管理权下放海港区。1985 年 10 月，上述 10 所中学的管理权又收回市教委。1995

年2月8日，市政府决定，自1996年暑假后，新学年度开始，市二中、四中、六中、七中、八中、九中、十中、十一中、十二中、十三中、十四中共11所初级中学的管理权划归海港区。

领导管理体制改革。1988年，根据国家教委《全国中小学校长任职条件和岗位要求（试行）》的精神，全区27所中小学、幼儿园逐步推行校（园）长负责制。校长由区文教局直接聘任，任期3年。校长制定本人3年任期目标。区文教局制定《校长工作条例》《学校党支部工作条例》《教职工代表大会工作条例》及人事财务管理等有关规定。明确学校是法人单位，校长是学校的法人代表。

学制改革。1983年，小学实行全日制学制五年，统一秋季始。1984年9月，青云里小学、文化里小学、国防路小学、海阳路小学、建设路小学、河东小学、新一路小学、桥东里小学、耀华小学等一年级实行六年制。1985年9月，恢复五年制。1992年，国家教委规定“五四”学制为义务教育阶段的基本学制，市教委要求凡在5年内能完成小学教学任务的，不再将5年改为6年。全区实行“五四”学制。1995年，海阳镇、姚周寨镇、拦马庄乡的小学实行六年制；1996年，改为五年制。2002年9月，从小学一年级开始，实行“六三”制九年义务教育（小学6年，初中3年），小学统一实行六年制。至今未变。

办学体制改革。1993—2002年，随着改革开放的发展，逐步改革办学体制和办学模式，鼓励企事业单位和其他社会力量多渠道、多形式办学，改变政府包揽办学的局面。1994年，区内第一所私立小学——青云艺校，第一所私立中学——渤海中学分别成立。2002年，有民办学校56所，涉及外语、写作、美术、电脑、艺术表演、语言矫正、基础教育、棋类等诸多门类。位于秦山路60号的秦皇岛私立渤海中学，是规模最大的私立学校，集幼教、小学、初中、高中教育于一体，有 40 个教学班，1300 名学生，100 多名专职教师。2005 年，全区民办学校发展到 96 所。2007 年，社会力量办学单位 103 个。2008 年，民办培训机构 135 个。到 2012 年，民办教育机构发展到 152 个。

二、科技体制改革

1985 年 4 月，区政府制发《海港区科学技术进步奖励办法》，开始科技体制改革。1987 年 7 月，成立职称改革领导小组，9 月，全区事业单位技术职称改革工作全面展开，相继建立工程技术、农业、林业、畜牧、财会、园艺、经济、教育 8 个初级专业技术职务评审委员会。企业单位技术职称改革工作全面展开。区政府制发《海港区放活科技人员的暂行规定》《海港区引进科技人员的暂行规定》。1990 年 10 月，乡镇政府配齐科技副乡、镇长，成立乡科委，主抓科技进步工作。1991 年 8 月，区委组织部制发《关于科技副乡长、街道办事处科技副主任管理办法》。1992 年，全区配科技副乡长 5 人，街道办事处副主任 4 人。制发《关于乡、街办企业引进专业技术人才的暂行规定》，优先引进中专以上学历、初级专业技术职务以上、年龄在 40—50 岁的乡（街）办企业急需专业人才。1995 年 5 月，制定《关于区级专业技术人才津贴发放办法》。

农村科技体制改革。1984—1986 年，农村以各类科技示范户、专业户为主体，带头学科学、用科学，在科学技术致富的道路上先走一步。1987—1988 年，实行“科技双放”，即放活科研机构，放活科技人员。在农村开展科学技术人员的单项和多项技术承包，对科学技术在农村的普及与提高起到促进作用。1989 年，单项承包又向集团承包方向发展。区、乡、村三级科技服务体系逐步形成，建立农林、畜牧两个区级科技服务中心；建立黄土坎乡、马坊乡、归提寨乡3个乡级科技服务总公司和64个村级科级服务站。1996年，制发《海港区镇级科技工作考核实施办法》，组建区农业技术服务站、林果技术服务站、蔬菜技术服务中心和畜牧技术服务站。2002年，全区有农业技术人员287人，其中，镇、村两级236人，各类科技示范户447户，示范村23个，开展推广项目71个；各镇组建技术服务站5个，村级技术服务站99个，普及面94.3%，新技术普及率98.5%。2005年10月，成立海港区科技特派员活动领导小组，办公室设在科技局，下发海港区科技特派员活动实施方案、科技特派员管理办法及科技特派员入村服务的通知。11月，11名科技特派员开始入村服务。2007年，继续实施农业科技特派员工程，科技特派员为村建立农业示范园1个，引进新项目2项，引进推广新技术30项，新品种77个，举办各类培训班37期，培训农民1800多人次，发放资料7600多份。2010年，科技特派员深入宝润生态园、金牧种鸡场等标准化养殖小区和部分农业特色村，培育重点示范户15户，协助实施科技项目2项，引进新品种10个，新技术5项，建立蔬菜专业合作社2家，为农业种养殖大户开展集中技术培训2次，为下派村解决难题20多件。2012年，围绕全区农业产业发展和农业结构调整的需求，从机关事业单位技术干部、大学生村官、农村致富带头人中选派科技特派员25人，到部分村、农业示范园及种养殖小区开展技术示范、培训、咨询等活动，实现科技与农业的零距离对接。加强科技特派员创业基地建设，海港区城郊型蔬菜产业科技特派员创新创业基地被认定为市特派员示范基地。向省科技厅申报科技特派员创新创业基地项目，省科技厅给予支持资金30万元。

三、文化体制改革

1986—1988年，国家放宽对文化娱乐经营活动的限制，允许个人经营小型图书租赁、小型歌舞厅、书画销售门店、电子游艺厅等，促进全区文化事业繁荣与发展。1989 年，区内有书刊门店 70 家、电子游艺厅 21 家、歌舞厅 10 家。1994 年 1 月，针对文化市场发展情况，文化市场管理政策随之调整，停止审批书刊经营业。2000 年，根据市政府的通知，对营业面积 80 平方米及以下的电子游艺厅予以取缔。2001 年 5 月，对区内的电子游艺厅全部取缔。2004 年，建立“净网先锋”三级监管平台，全区 170 多家网吧全部正常安装。2012 年，集区级图书馆、区级文化馆、区级全民体育健身中心三位一体的区文体活动中心建设项目进展顺利。工程规划为综合性文体活动场馆，建设面积 1.5 万平方米，投入资金 9009.22 万元。区、镇（街）、村（社区）三级文化设施网络基本形成。全区 5 个镇建成符合国家标准的乡镇综合文化站 4 个（东港镇文化站、北港镇文化站、海阳镇文化站、海港镇文化站），98 个行政村中建有达到创建标准的文化活动室 85 个，达标率 87%。79 个社区中建有达到创建标准的文化活动室 67 个，达标率 85%。文化信息资源共享工程形成体系。区级文化信息资源共享支中心建成并对外开放，文化信息资源共享基层服务点覆盖率达到 80%。

文化管理机构改革。1983—1996 年 9 月，未独立设置文化管理机构，由当时的文教科、文教局管理全区的文化工作。区设文化馆，街道和乡设文化站。1984 年，在 10 个街道、5 个乡设 15 个文化站。区文化馆和各文化站负责本辖区的文化活动开展和管理工作。1996 年 10 月，成立区文化体育局，文化工作职能与文教局脱钩。2006 年，成立海港区文化市场稽查大队，下设 3 个中队，增强执法检查的针对性和力度。2010 年 12 月，组建海港区文化体育新闻出版（版权）局，为政府工作部门。区文体广新局辖区文化馆、社会体育指导中心和区文化市场行政执法队 3 个单位。其中，海港区文化市场行政执法队6月成立，规格为副科级，是区文体广新局所属财政性资金基本保证的事业单位。

四、卫生体制改革

医疗管理体制改革。1983年1月，在黄土坎、白塔岭、马坊3个卫生院，实行经济承包责任制，职工工资与卫生院的经济效益相联系。承包后，经营改善，效益提高，当年实现盈利。1993年，5个乡卫生院、3个城市卫生院，实行经济核算制。1988年7月，海港医院实行院长承包经营责任制。承包人与区卫生局签订承包合同，明确医德、医风、医疗环境，杜绝医疗责任事故，提高医疗质量，完成经济效益等11项目标。院长聘任副院长、科室主任、护士长，实行为期3年的院长负责制。医疗管理体制改革后，全区国营、集体医疗单位职工收入逐年增加。1990年，人均收入4000元。1995年，人均收入6000元。2002年，人均收入1.2万元。医疗单位由公益性向经营性转变。1993年，海港区防疫站对科室实行承包，海港医院坚持多渠道办医，区妇幼保健站兴办第三产业，乡卫生院和城市卫生院增加服务项目，寻求自我发展。1995年起，区财政停止对城市卫生院拨款，城市卫生院全部变成自收自支单位。1997年，农村卫生管理又有新变化。全区5个镇127个村实行镇村一体化管理和“五统一”（卫生所专业人员统一管理、财务统一管理、统一进购药品、统一规章制度、名称挂牌统一）制度。80个村实行合作医疗，覆盖率达到63%。1998年，城市社区卫生服务取得新进展，实现在全区封闭式小区建立社区卫生服务网点的目标。2002年，中央明确各级政府积极引导农民建立以大病统筹为主的新型农村合作医疗制度，制定《海港区卫生服务实施方案》，全区范围建立社区医疗卫生服务站96个。2005年，全区由中心辐射区、站覆盖整个城区的社区卫生服务网络体系基本形成，社区卫生服务站按照居委会划分覆盖率100%。建立起布局合理、功能完善、方便群众、适应社会主义市场经济体制和健康需求的社区卫生服务体系。2006年，建立和完善“以大病统筹为主”的新型农村合作医疗制度，制定《海港区新型农村合作医疗实施方案》《海港区新型农村合作医疗实施细则》，农村居民因病致贫和因病返贫问题得到缓解。2007年，全区有117个村参加新型农村合作医疗，参合农民7.98万人，参合率88.2%，筹集合作医疗资金399.24万元。2009年，全区农业人口8.78万人，参合人数为8.46万人，参合率96.5%。2010年，成立海港区社区卫生服务管理中心，设立10家社区卫生服务中心、54家社区卫生服务站，形成城区居民“15分钟就医圈”。2012年，落实国家和省、市、区关于医药卫生体制改革的决策部署，提升海港区“城乡共进、惠民利民、科学健康、整体发展”的医改发展模式，在全市医改工作考评中被评为优秀。新农合参合人数为8.19万人，参合率达97.5%，在全市排在前列。

民办医疗改革。1982年，恢复个体行医。对已退休的中、西医医生中具有医士资格以上的医务人员，本人申请，经市（区）卫生局批准，允许开办私人诊所。1983年，有个体诊所15个。1986年，放宽对民办医疗机构的限制，对医师人员也准其开业行医，批准43人开设私人诊所。1988年，全区有130个私有医疗机构。铁庄乡园艺村村委会投资20万元，创办秦园医院。设8个科室，住院床位16张，医务人员43人。1995年，全区有私有医疗机构187个。2002年，全区有私有医疗机构279个，医护人员717人。2008年，辖区私人医疗机构发展到504个。2012年，辖区有社区卫生服务站53个，村卫生室92个，诊所386个。

医药零售改革。1983年，区内有医药零售店2个。1992年2

月，放宽对医药经销企业、门店的限制。区内国有、集体、个体医药零售药店增加到13个。1995年，市医药局制发《医药零售网点布局规划》，按规划要求对医药零售店进行合理布局，确保稳步发展。1999年，区内有国有、集体、个体药店42个。2002年，区内有国有、集体、个体经营的零售药店204个。其中，镇、村办的零售药店69个。2011年，建立国家基本药物制度。政府举办的基层医疗卫生机构，配备和使用基本药物目录内药品，所使用的药品全部实行零差价销售，对库存药品进行全部清理。3月，由市卫生局组织统一实行网上药品采购，统一配送，配送药品范围为307种国家基本药物，174种河北省补充非基本药品。

第五节 经济社会协调发展

改革开放为海港区经济社会协调发展增添动力。全区经济快速发展，总量迅速扩张。农业既为解决温饱问题提供物资基础，又为其他产业发展提供原料来源，还使一部分人从土地耕种中解放出来，率先创业。工业企业由小到大、由弱变强，重点企业迅速成长。乡镇企业铸造海港区历史发展的辉煌一页，为全区民营经济大发展奠定基础。城市建设日新月异，基础设施逐渐完善，功能逐渐现代化，美化程度逐年提高，成为秦皇岛靓丽形象的窗口。教育、文化、卫生、科技、社会保障等社会事业全面协调发展，有的已步入国家先进行列。

一、经济总量迅速扩张

1983年，海港区仅管辖城区，区属企业较少，街办经济薄弱，全区工业总产值4148万元。1984年，市属部分小型企业下放海港区管理，郊区撤销建置，5 个乡及部分企业复归海港区，适逢改革开放的春风吹进港城，经济建设开始跨越式发展。1990 年，实现社会总产值 4.41 亿元，“七五”期间年均递增 26%；农村总收入达 3.41 亿元，年均递增 32.5%；工业总产值 1.02 亿元，年均递增 14.3%。1995 年，全区社会总产值 30.63 亿元，“八五”期间年均递增 47.3%；农村经济总收入 27.25 亿元，年均递增 51.6%；工业总产值 13.81 亿元，年均递增 48.4%。1998—2002 年，是全区国民经济快速增长、综合实力大幅提升的 5 年。全区国内生产总值年均增长 10.1%，2002 年实现国内生产总值 30.49 亿元。2005 年，全区实现生产总值 114.3 亿元，按可比口径统计年均增长 13.2%。2011 年，完成区属地区生产总值 183 亿元，同比增长 13%。2012 年，全区经济持续健康发展，完成区属地区生产总值 199.8 亿元，同比增长 9.2%。

二、农业产业化水平不断提高

1984 年，海港区着手调整农村产业结构。1986 年，提出农村经济发展走“贸工农”路子，建立城郊型经济体制，鼓励农民有组织地参与流通，发展多渠道经营，在竞争中发展。1987 年底，铁庄乡 13 个村的经联社全部改为实业公司。1988 年，全区有 24 个村建立实业公司，占全区村庄总数的 37.5%。1992 年，确立“基地 + 农户”“市场 + 农户”“公司 + 农户”产加销一体化的农业产业化经营思路，促进“高新技术、畜禽养殖、林果种植、蔬菜生产”四大基地逐步形成；建立和完善农村社会化服务体系，全区建成区、乡、村三级技术、优种、水电社会化服务组织 160 个。1987 年，开始对农村种植结构调整，压缩旱田粮食种植面积，增加杂粮、花生、蔬菜种植面积，多种经营向肉、蛋、奶、禽、鱼、菜、果、花商品化方向发展。“九五”期间，深入实施“一压四增”（压粮、增菜、增果、增花、增养殖）方略；2001 年，粮食、蔬菜、果品、养殖面积结构是5.4：2.8：1.6：0.2，基本形成一镇一业。2002 年，全区实现农林牧副渔业总产值2.79 亿元；小高庄、金土地、范庄玫瑰园等科技示范园先进技术的示范、转化、推广和辐射，带动全区特色主导产业和优势产品的升级换代，提升城郊特色农业的档次和品位。城郊型特色农业快速发展，“四大基地”“五大园区”的农业产业格局基本建立，农业产业化率达到48%。2005 年，城郊高效农业发展迅速，蔬菜、林果、畜牧和水产的主导地位日渐突出。初步实现蔬菜生产品牌化、基地化目标。积极发展设施农业、生态农业和观光休闲农业，宝润绿色观光园、小高庄百果园等农业园区建设得到加强。全区谋划实施农业产业化项目 34 个，总投资 1.07 亿元。2008 年，立足全区城郊特点，优化区域布局。重视发展蔬菜、林果和养殖业。依托海阳等农副产品批发市场及蔬菜协会，扩大蔬菜种植面积。初步形成以海阳镇大里营村为核心的西北部种植区，以西港镇慕义寨村为核心的西部种植区，以海港镇小李庄村为核心的东部种植区，以北港镇张桥庄为核心的北部种植区，全区蔬菜种植面积1266.67 公顷，其中，设施蔬菜面积533.33 公顷。林果产业形成以大樱桃、桃、李、杏为主的热杂果基地面积666.67 公顷、优质梨基地面积333.33 公顷，以清香核桃为主的干果基地面积1000 公顷。2011 年，坚持走以项目建设提升农业产业化水平的路子，围绕自身特色主导产业谋划、推介、实施起点高、科技含量高、市场竞争力强、成长好的农业产业化经营项目。全区实施农业产业化项目 13 个，总投资 6.92 亿元，当年计划投资 2.25 亿元，累计完成投资2.53 亿元。着力培育一批起点高、规模大、带动力强的龙头企业。全区监测合格的市级农业产业化重点龙头企业 15 家、省级农业产业化重点龙头企业1家，新认定的市级农业产业化重点龙头企业1家。2012年，全区已培育市级以上农业产业化重点龙头企业18家，其中，省级龙头企业2家，市级16家。

三、工业经济实力明显增强

海港区区属工业基础薄弱，改革开放初期主要由一些乡镇企业、街办企业和市属下放企业组成。1985年，有工业企业74家，工业总产值5246万元，税金333万元，利润605万元。20世纪80年代，开始实施工业企业领导体制和经营体制改革，工业企业有了经营自主权。1987年，海港区制定《2000年经济技术社会发展纳轨方案》，提出工业结构和布局以轻型结构为主，以临港产业、玻璃加工、建材、食品工业为重点，逐步形成有特色、有创汇能力的工业体系。“七五”“八五”期间是海港区工业强化基础、提速发展的关键阶段，特别是从1991年起，先后建成一批较大工业项目。1995年，基本形成以食品、服装、啤酒、饲料、建材、玻璃和塑料制品等行业为主、门类齐全的工业体系，工业总产值13.81亿元，上缴税金3477万元，分别为1985年的9.1倍和8.1倍。“九五”期间，坚持实施“工业强区”战略，把上规模、上档次、增加效益作为全区工业发展的目标，大力实施重点项目建设，工业投入和产出大幅提升。2002年，全区工业单位1456个，工业总产值突破24亿元；全区规模以上工业企业39家，总产值8.1亿元；一批新型工业企业，如昌德木业、惠丰电器、日东化工、燕山啤酒、达鸿时装、松普空调、安培建材、奥极饲料、方正饲料、金属软管等形成规模。改革开放后，建筑业进入高速发展时期。2002年，建筑业总产值12.61亿元，是1986年的43.4倍；建筑业固定资产1.94亿元，是1985年的14倍。“十五”期间，全区工业经济提质增效。新增区属规模工业企业

23家，2005年达到57家，实现增加值5.4亿元、利税6206万元，分别比2000年增长168%和113%。接收北部工业区，富通电子、揽月起重机等34家企业进驻园区，项目平台作用凸显。2007年，全区新开工千万元以上新项目35个，累计完成投资13.81亿元。其中亿元以上项目13个，有6个亿元以上项目被列入省、市重点项目。2006—2010年，实施千万元以上项目228个。其中，144个项目竣工投产，73个项目列入省、市重点，完成投资231亿元。经过5年的发展，区属主要经济指标实现翻一番以上，增幅始终高于全市平均水平，多项经济指标位列全市乃至全省11个主城区前列。2012年，出台《加快产业集聚发展　扶持企业做大做强的实施意见》《进一步加强一把手抓项目的实施意见》，倾力推动四大园区竞相发展。全年实施千万元以上项目103个，累计完成投资201亿元，完成区定任务的121.9%。其中，新开工千万元以上项目58项，完成投资87.37亿元；新开工亿元以上项目33项。续建项目45项，完成投资113.63亿元。列入省重点建设项目4项。

四、乡镇企业和民营经济异军突起

1984年，中央4号文件正式提出乡镇企业的概念。海港区乡镇企业和民营经济的发展是改革开放的时代标志。全区乡镇企业始于社队企业，所有制形式主要是乡办、镇办、联办。1984年，辖区有乡镇企业1426个，产值3531万元，利税596万元。1985—1988年，海港区把发展乡镇企业作为农村经济的战略重点，乡镇企业得以迅速崛起。1988年，乡镇企业总收入、总产值、利税分别达到2.8亿元、2.1亿元和5756万元。1989—1991年，宏观经济处于治理整顿时期，乡镇企业发展速度减缓。1991—1995年，海港区陆续制发系列鼓励乡镇企业发展的文件，对发展民营经济采取引导、扶持、保护等措施，促进乡镇企业的壮大和民营经济的发展。1994 年，新上和技改项目 192 个，其中投资百万元以上项目 44 个。1995 年，全区乡镇企业发展继续保持强劲势头，完成总产值 3. 29 亿元，同比增长 74%；完成销售收入 3. 23 亿元，同比增长 75. 9%；实现利润 1289 万元，同比增长 146%。1996 年，17 家企业被列为省级重点乡镇企业，6 家企业进入省级科技先导型企业行列。乡镇企业经营机制改革全面铺开，为民营经济发展注入新的活力。同时执行新的统计制度，统计范围由原来的乡办、村办、联户、个体改为集体、私营、个体三种经济组织形式。1998 年，乡镇企业实现速度与效益同步增长，综合经济实力保持全市领先水平。全区有乡镇企业 3648 个，实现乡镇企业总收入 45. 9 亿元，同比增长 25. 9%；完成总产值 40. 2 亿元，同比增长 24. 4%；实现利润 1. 4 亿元，同比增长 21. 2%；上缴税金 7350 万元，同比增长 30. 6%。全区经济增长的一半来自乡镇企业。1999 年，区委、区政府狠抓结构调整，技术创新和市场开拓，整体素质和竞争力不断提高，综合经济实力继续保持全市领先水平。全年乡镇企业完成项目建设投资 2. 09 亿元，新建和技改项目 75 个。全区共有乡镇企业 3713 个，完成总收入 55. 72 亿元，同比增长 21. 3%；完成总产值 49. 67 亿元，同比增长 24%；实现利润 1. 65 亿元，同比增长 18. 3%；上缴税金 9078 万元，同比增长 23. 5%。全区经济增长三分之二来自乡镇企业。2002 年，全区乡镇企业营业收入 96 亿元，总产值比 1984 年增长 240 倍，利税增长 57 倍。乡镇企业总收入、总产值、增加值、利润、税金分别占全市乡镇企业的 29. 1%、27. 4%、28. 6%、14% 和 32. 5%。1997—2002 年，上缴税金 3. 59 亿元，年均增长 39. 3%。民营经济的崛起成为改革开放的亮点。2003 年，全区有乡镇企业 8431 户，从业人员 3. 32 万人；实现增加值 28. 91 亿元，同比增加 10%；实现营业收入 105. 29 亿元，同比增加 10%；上缴税金 1.33 亿元，同比增加 6%。2004 年，乡镇企业逐渐改制。5 月，乡镇企业改为民营企业，乡镇企业局改为民营企业局。2007—2011 年，民营经济快速发展，民营经济增加值占生产总值的比重达到 41.2%。

五、城乡建设日新月异

海港区坚持规划先行，拆建并举，建管并重，注重精品，提高品质，有计划、有步骤地加快城市基础设施建设。1983—2012 年，建设大批精品工程，城市内涵质量明显提高。高起点、高标准的城市总体规划、分区规划、专项规划和详细规划，描绘城区建设的发展蓝图。环城路、城区主干道、停车场等为重点的城市基础建设，形成畅通、便捷、开放的市内交通线路网络。完善原有绿地，提高城市道路绿化水平，形成乔、灌、草搭配，点线面结合、城中有园、城在绿中的绿化格局。为全区经济发展提供优越的投资环境。1983—2002 年，投资 17.28 亿元，扩宽改造城区主、次干道 339 千米。山东堡立交桥、东港路立交桥相继竣工，城市道路通行能力不断提升，城市人均道路面积 14.89 平方米。城区面积由 1983 年的 15.7 平方千米扩展到 60 平方千米。随着旧城区和城中村的改造，城区空间布局不断优化，规模性公共建筑在区内建成，高层建筑开始出现，城市形象逐步改善，城市功能得到提升。建成住宅小区 224 个，建筑面积 1051 万平方米，住宅建设发生巨大变化。道路、游园逐步扩宽改造，绿地景观公园化效果凸显。2002 年，建成区园林绿地面积 569.71 公顷，建成区绿化覆盖面积 17.29 公顷，人均园林绿地 15.4 平方米，人均公共绿地 3.87 平方米。“十五”时期，城区面貌发生巨大变化，新城区不断拓展，旧城改造逐步实施，新建楼宇遍布城区，高层建筑开始显现，城区景观焕然一新，住宅建设日新月异，城市雕塑的点缀使城市容貌水平不断提升。拓宽改造河北大街等主次干道12条，综合整治小街小巷242条，完成102国道改线工程。实施前马坊村、王庄村、铁庄村等10个城中村开发改造，完成新征南里、东盐务等17万平方米经济适用房和红光北里返迁安置房建设。5年新增绿地261万平方米、林地2666.66公顷。2005年，森林覆盖率达到33%，比2000年增加12个百分点，顺利通过国家园林城市复检。2006—2011年，是海港区城市建设日新月异、城乡面貌发生巨变的5年。市政、交通、旅游、公用事业等累计投入400多亿元，相当于"十五"时期的7倍多。高标准完成"城镇面貌三年大变样"工作。城市规划水平不断提高，城乡空间布局日益优化，城市建成区面积达到62.1平方千米，城市化率达到94.1%，城市的支撑功能、辐射功能明显提升。城市建设全面提速。秦皇大街向东延伸等一批市政工程相继实施；河北大街、秦皇大街等精品示范街创建，城市公园、游园、小品雕塑等景观工程顺利竣工；实施17个城中村和老旧小区改造，小区居住条件显著改善。加大统筹城乡发展力度，推进文明生态村创建工作，新建改造31条农村公路，实施22个新民居建设项目，打造一批享誉全市、全省的亮点和示范。加大生态建设力度，连续实施城市区绿化提升、群众绿化、乡村绿化等系列活动，秦皇植物园、汤河带状公园等精品工程相继竣工，全区森林覆盖率达到44%，人均公共绿地面积达到8.56平方米。全面提升城市管理水平，大胆进行城市管理体制改革，实行重心下沉、网络管理，形成"全覆盖、动态化"的城市管理新格局。加大对违法建筑的整治力度，5年拆除各类建筑127万平方米，有效规范私搭乱建的局面，城乡环境面貌得到极大改观。2012年，城市建设稳步推进。城市基础设施建设全面跟进，河北大街、秦皇东大街等市政设施改造工程全面完工，东环路全线竣工通车。城市重点片区开发改造强势推进，归提寨片区开发工作取得阶段性成果，海阳片区整体开发改造项目取得实质性突破，太阳城商业区升级改造工程进入施工招标阶段，金梦海湾顺利交接，西浴场景观改造提升工程一期主体完工。生态景观建设亮点频现。以暑期为节点，高标准实施20条主次干道修复、10个街边游园绿地增绿以及10处街头树阵建设，绿化触角延伸到城区各个角落。高水平推进花海工程，围绕城市出入口、公园、景区等节点，打造城市花海景观。

六、社会事业全面发展

科技事业加快发展。1983—1985年，海港区科研机构、科技团体逐渐增多。1986年，开始实施“星火计划”。1991年，科技进步对经济增长贡献率由“七五”期间的25%提高到35%。1996年提高到42%，进入国家科技先进区行列。“十五”时期，深入实施科技兴区战略，5年实施科技项目65项，引进农业新品种180多个、新技术30多项，荣获全国科技进步县（区）称号。2002年，港城科技信息网开通，科技工作取得长足发展，2个项目被列入国家级星火计划，4个项目获省优秀发明奖，2个项目获市科技进步奖。2012年，全区实施国家、省、市科技项目48个，被评为全国科技进步先进集体。

教育事业在不断探索改革中发展。先后进行办学体制、中小学管理体制以及教育教学领域等多方面改革，初步形成以政府办学为主，民办、个人办学为辅的多种办学模式并存的办学体制。2002年，辖区有幼儿园67所、小学60所、初中28所、私立学校5所、中等专业学校7所、高等学校10所。成人教育办学形式多样，民办学校发展到39所。以九年义务教育为基础，高中教育、中技教育、中专教育、高等教育、成人教育和特殊教育、幼儿园教育协调发展的教育体系基本形成。2012 年，全区有国办独立幼儿园 4 所，小学附属幼儿园 17 所，小学 49 所、中学 18 所、民办教育机构 152 个，民办幼儿园 75 所。辖区有普通高等学校 8 所，中等专业技术学校 3 所。

卫生事业得到突破性发展。打破多年来由国家办医的传统模式，拓宽卫生事业的投资来源，形成以区级医疗机构为中心、以镇和城市卫生院为枢纽、以村和社区卫生室为基础的三级医疗卫生网，构成比较完整的卫生服务体系。2002 年，有医疗单位 15 个，村、社区和个体医疗机构 360 个，卫生技术人员 1138 人。满足居民方便就医的需求。2005 年，全区卫生事业服务环境、质量整体提升。海港医院综合病房楼落成启动，楼内功能设置与国际接轨，共 16 个病区，新增床位 220 张，新增大型 C 形臂 X 线机、多功能遥控 X 线机、彩超等新设备共 36 台件，新增填补全市空白的层流净化手术室 11 间，为开展骨髓移植、器官移植等高精尖手术创造良好的条件。社区服务站的覆盖面达 100%。服务质量明显提高，全年有 87 家社区卫生服务站取得定点医疗保险机构资格，实现社区服务与医疗保险的对接；确立海港医院为优抚对象提供“一免费三优先六优惠”的定点医院。2012 年，辖区卫生服务体系进一步完善，有医疗卫生机构 547 个，其中，综合医院 1 个，社区卫生服务中心 10 个，乡镇卫生院 5 个。新型农村合作医疗保障制度进一步巩固完善。全区参合农民 8.19 万人，参合率 97.5%。基层医疗卫生机构建设全面实施。规范化建成 29 个具备省级标准的村卫生室，有 25 个村卫生室通过省、市、区有关单位的联合验收。基层医疗卫生机构的建成为居民提供了更方便的就近医疗服务。

文化事业形成以文化馆为龙头，以镇、街道文化站为枢纽，以文化室为基础，以文化户为补充的四级群众文化网络。市级文化设施图书馆、群艺馆、剧场影院等位于域内，资源优势得天独厚。秧歌、灯展、彩色周末、文化下乡、民俗文化庙会、秦皇望海祈福文化节等特色活动丰富城乡居民的业余文化生活。电视的普及和升级换代，进一步增强电视传播文化、科技、法制知识及文艺节目功能和作用。书法、绘画界人才辈出，优秀作品多次在国家和省级参展并获奖。

体育事业蓬勃发展。区内体育设施逐渐完善，国家体育训练基地、足球学校、市奥体中心等一批可承办国家级世界级比赛的体育设施落户辖区，提升全区体育水平，增强体育氛围。体育已由过去少数人爱好，变成城乡居民的自觉需求，各种锻炼形式成为居民业余生活的新时尚。以区体育中心为龙头，以各镇街文化站为中心，以社会体育指导站为基础，以晨晚练点为网点的全民健身网络已经形成。海港区被国家体育总局命名为全民健身周先进单位。中小学推行《国家体育锻炼标准》，达标率99.6%，海港区被评为省级推标工作先进单位。耀华小学、青云里小学被国家体委、国家教委评为全国先进体育传统项目学校。2002年，输送体育竞技后备人才15人。2007年，全区有体育健身中心5个，全民健身示范苑7处，全民健身路径150条，体育活动室50个，篮球场72个，羽毛球场60个，文化体育广场20个，门球场20块，体育设施面积12万平方米，人均体育设施面积0.24平方米。2012年，建设体育开放广场4个，修建文化广场、文体中心64个，有国家级全民户外健身基地2个、全民健身示范苑12个、全民健身路径315条，全民健身角385个，篮球场、羽毛球场等健身场所100多个，全区体育设施总面积达30万平方米。全区有社会体育指导站125个，晨晚练点235个，各级各类社会体育指导员780多人，体育骨干370人，各类体育队伍150多支，常年参加体育锻炼和活动的“体育人口”29万多人。全区形成普及与提高有机结合的强身健体高潮。

七、人民生活水平大幅提升

改革开放后，随着经济建设的快速发展，全区居民生活发生了历史性巨变。居民个人收入大幅增长，生活水平极大改善和提高。1980 年以前，农民人均年收入百元左右，职工年平均工资 600—700 元。1984 年，农民人均年收入 579 元，职工年平均工资 895 元。1985 年，农民人均年收入 654 元，职工年平均工资 980 元；农村出现不少“万元户”。20 世纪 90 年代，居民生活水平又上一个新台阶。1990 年，全民所有制职工人均年收入 2030. 8 元，集体所有制职工人均年收入 1939. 51 元；农民人均纯收入 992 元。“八五”期间，全区居民收入增长较快，这是人民群众得到实惠最多、生活水平显著提高的五年。1995 年，农民人均收入达到 2403 元，高出全市平均水平 133 元，年均递增 19. 4%。城市居民人均生活费收入达到 4510 元，年均递增 23%；农村和城市居民人均住房面积分别达到 18 平方米和 9. 2 平方米。城乡居民的饮食结构、消费结构发生深刻变化，日用消费品档次和水平显著提高。全区 127 个行政村，已有 101 个村实现小康达标，全区具备小康区条件。“九五”期间，人民生活水平稳步提高。2000 年，农村居民人均收入达到 4010 元，年均递增 8. 1%；农民人均住房面积 22. 5 平方米；城市居民人均可支配收入达到 6209 元，年均递增 3. 3%，城市居民人均居住面积达到 14. 4 平方米。“十五”期间，全区居民得到更多发展带来的实惠。2005 年，城市居民人均可支配收入达 1. 08 万元，农村居民人均收入达 5211 元，分别比 2000 年增加递增 12. 7% 和 6. 2%。“十一五”期间，城乡居民生活水平显著提高。2010 年，城镇居民可支配收入 1. 83 万元，农民人均纯收入 7836 元，分别比 2005 年增长 69% 和 50. 4%。居民消费结构升级，住房、通信、文娱、教育、汽车等消费热点加快形成。就业、再就业工作成效显著，5 年累计新增城镇就业 1.33 万人，农村劳动力就地转移 1.32 万人、城镇登记失业率控制在 5% 以内。社会保障体系逐步完善，保障水平不断提高，城镇居民基本医疗保险覆盖面达 95.4%，建立失地农民养老保险制度，新型农村社会养老保险试点顺利启动。2012 年，全区城乡居民生活水平提高。城市居民人均可支配收入 2.26 万元，同比增长 12.7%；人均消费支出 1.21 万元，同比增长 5.6%。恩格尔系数（食品支出占消费支出的比重）为 38.5%。农民人均纯收入 1.09 万元，同比增长 15.8%。社会救助工作实现新跨越式发展，全区城市居民最低生活保障标准由每人每月 380 元提高到 420 元，农村最低生活保障标准由每人每年 1600 元提高到 2200 元，此标准在全市领先，城乡低保保障率提高 3.47%。

第六节　党政领导机构建设

一、党的代表大会（1978—2012 年，召开党的代表大会 8 次）

中共海港区第四次代表大会，档案资料称中共秦皇岛市海港区第二次代表大会，1982 年 7 月 13 日—16 日，中共海港区第二次代表大会在区政府礼堂召开。出席会议代表 206 人。大会的主要议题是：听取并审议中共海港区委员会工作报告，听取并审议中共海港区纪律检查委员会工作报告。大会选举区委常委 13 人；选举李志明为区委书记，田悦边、宋荫亭、董锡同为区委副书记。选举出席中共秦皇岛市第五次党代会代表 39 人。

中共海港区第五次代表大会，档案记载为中共秦皇岛市海港区第三次代表大会，1985年11月1日—3日，中共海港区第三次代表大会在区政府礼堂召开。出席会议代表307人。大会主要议题是：听取并审议中共海港区委员会工作报告，听取并审议中共海港区纪律检查委员会工作报告。大会选举区委常委8人；选举李贤为区委书记，张大光、张文奎、温贵云为区委副书记。选举出席中共秦皇岛市第六次代表大会代表19人。

中共海港区第四次代表大会。1989年12月27日—29日，中共海港区第四次代表大会在区政府礼堂召开。应出席会议代表120人，实出席代表118人，列席28人。大会听取和审议区委书记王瑞东代表三届区委所作的题为《坚持党的基本路线，进一步治理整顿，深化改革，把我区各项事业推向前进》的工作报告，听取并审议区纪委书记张全兵所作题为《坚持从严治党，加强纪检工作，确保治理整顿和深化改革的顺利进行》的工作报告。大会选举区委常委12人；选举王瑞东为区委书记，徐淳、温贵云、杨佐祥为区委副书记。

中共海港区第五次代表大会。1992年12月24日—26日，中共海港区第五次代表大会在马坊乡大会议室召开。应出席会议代表122人，实出席代表122人。大会听取和审议区委书记温贵云代表四届区委所作的题为《深入学习贯彻党的十四大精神，为加快全区改革开放和经济建设步伐而努力奋斗》的工作报告，听取并审议区委书记王振生所作题为《坚持党的基本路线，全面履行四项职能，为保证我区改革开放和经济建设的顺利进行作出新贡献》的工作报告。大会选举区委常委10人；选举温贵云为区委书记，宋福庆、吴开达、刘玉萍等为区委副书记。

中共海港区第六次代表大会。1998年3月16日—18日，中共海港区第六次代表大会在区政府礼堂召开。应出席会议代表160人，实出席代表156人。大会听取和审议区委书记王树柏代表五届区委所作的题为《解放思想，开拓前进，把建设富强繁荣文明海港区事业全面推向二十一世纪》的工作报告，听取区纪委书记岂福庭所作《坚持党的基本路线，全面履行四项职能，深入持久地开展反腐败斗争》的工作报告。大会选举区委常委 8 人；选举王树柏为区委书记，宋福庆、刘志刚、李家齐为区委副书记。

中共海港区第七次代表大会。2003 年 4 月 16 日—17 日，中共海港区第七次代表大会在工人文化宫召开。应出席大会代表 172 人，实出席代表 170 人，列席代表 79 人。区委书记邢留逮代表六届区委作题为《与时俱进，开拓创新，为加快建设现代化海港区而努力奋斗》的工作报告。大会审议通过《中国共产党海港区第六届委员会工作报告》《中国共产党海港区纪律检查委员会工作报告》；审议通过《中共海港区委组织部关于党费收缴、使用和管理情况的报告》。大会选举区委委员 29 人，候补委员 5 人；选举区委常委 11 人；选举邢留逮为区委书记，李学民、岂福庭、鲁栋、马辉为区委副书记。

中共海港区第八次代表大会。2006 年 5 月 29 日—31 日，中共海港区第八次代表大会在国贸饭店召开。出席大会代表 208 人。区委书记张经华代表七届区委作题为《融入环渤海，引领新发展，为打造经济发达、功能完善、环境优美、社会和谐的北方滨海名区而努力奋斗》的工作报告。大会选举区委常委 11 人；选举张经华为区委书记，于春海、鲁栋、王殿忠为区委副书记。大会通过《中共海港区纪律检查委员会第一次全体会议关于选举常委和书记、副书记的报告》；审议并通过《中共海港区委关于深入实施“三大战略”，全力打造北方滨海名区的决定》。区委书记张经华就新一届区委班子的自身建设和工作讲 5 点希望和要求。

中共海港区第九次代表大会。2011 年 9 月 1 日—2 日，中共海港区第九次代表大会在文化广场召开。大会应到代表 205 人，实出席代表196人。大会听取冯志永代表八届区委所作的题为《继往开来，再创辉煌，为把海港区建设成为沿海一流主城区而努力奋斗》的工作报告；《中共海港区纪律检查委员会工作报告》以书面形式提交大会审议。大会选举区委常委12人；选举冯志永为区委书记，冯国林、高立明为区委副书记。大会通过关于八届区委工作报告的决议、关于区纪委工作报告的决议和关于代表意见建议审查情况报告的决议。选举出席市第十一次党代会代表32人。

二、人民代表大会（1978—2012年，召开人民代表大会9次）

海港区第六届人民代表大会。1981年3月9日—13日，海港区第六届人民代表大会在区革委会礼堂召开。出大会代表146人。大会听取并审查区革命委员会的工作报告。选举宋荫亭为区人大常委会主任，张喜明、曹洪宾、车树颖（女）、祁呈祥、李善庆为区人大常委会副主任；选举田跃边为区政府区长，阎秉枢、刘海中、王友会、董锡桐、严成功为区政府副区长。

海港区第七届人民代表大会。1984年4月23日—28日，海港区第七届人民代表大会在区政府礼堂召开。出席大会代表177人。大会听取和审议区人大常委会主任宋荫亭所作的《海港区六届人大常委会工作报告》、区政府区长张大光所作的《海港区人民政府工作报告》。大会选举李志明为区人大常务委员会主任，严成功、李云武、陈文英（女）、计志平、谢煜为区人大常委会副主任；选举张大光为区政府区长，周重光、张宝林、张志远、彭树清为区政府副区长。

海港区第八届人民代表大会。1987年4月25日—29日，海港区第八届人民代表大会在区政府礼堂召开。应出席大会代表163人，实出席大会代表163人，列席7人。大会听取和审议区人大常委会主任李志明所作的《海港区人大常委会工作报告》、区政府区长张大光所作的《海港区人民政府工作报告》、区财政局局长金庆春所作的《海港区1986年财政决算和1987年财政预算草案的报告》、区计委主任杨兆丰所作的《海港区1986年国民经济、社会发展计划完成情况和1987年计划草案的报告》、区人民法院院长刘世久和人民检察院检察长田宝昆所作的工作报告。大会审议通过上述报告并作出相应决议。大会选举张大光为人大常委会主任，李云武、韩应臣、郑顺礼、谢煜为区人大常委会副主任；选举周重光为区政府区长，杨文波、张志远、李彦良、彭树清为区政府副区长。

海港区第九届人民代表大会。1990年4月25日—29日，海港区第九届人民代表大会在区政府礼堂召开。应出席大会代表203人，实出席大会代表203人，列席169人。大会听取和审议区人大常委会主任张大光所作的《海港区人大常委会工作报告》、区政府代区长徐淳所作的《海港区人民政府工作报告》、区财政局局长金庆春所作的《关于海港区1989年财政决算和1990年财政预算草案的报告》、区计委主任杨兆丰所作的《海港区1989年国民经济和社会发展计划执行情况和1990年国民经济和社会发展计划草案的报告》、区人民法院院长孙盘柱和人民检察院检察长田宝昆所作的工作报告。大会审议通过上述报告并作出相应决议。大会选举张大光为人大常委会主任，张志远、韩应臣、郑顺礼、谢煜为区人大常委会副主任；选举徐淳为区政府区长，吴开达、李家齐、李彦良、李秦生、彭树清为区政府副区长。

海港区第十届人民代表大会。1993年2月15日—20日，海港区第十届人民代表大会在马坊乡政府大会议室召开。应出席大会代

表207人，实出席大会代表189人，列席175人。大会听取和审议区人大常委会主任张大光所作的《海港区人大常委会工作报告》、区政府区长宋福庆所作的《海港区人民政府工作报告》、区政府副区长李家齐所作的《关于调整国民经济和社会发展十年规划和“八五”计划的说明》、区财政局局长李复所作的《关于1992年财政决算和1993年财政预算草案的报告》、区计经委主任孙桂萍所作的《海港区1992年国民经济社会发展计划执行情况和1993年国民经济社会发展计划草案的报告》、区人民法院代院长徐焕成和人民检察院检察长李晓伶所作的工作报告。大会审议通过上述报告并作出相应决议。大会选举郭家琦为人大常委会主任，张志远、韩应臣、张全兵、马秉顺为区人大常委会副主任；选举宋福庆为区政府区长，李家齐、李秦生（女）、黄荣、董江、孟庆森为区政府副区长。

海港区第十一届人民代表大会。1998年2月17日—22日，海港区第十一届人民代表大会在区政府礼堂召开。应出席大会代表204人，实出席大会代表191人，列席44人。大会听取和审议区人大常委会主任温贵云所作的《海港区人大常委会工作报告》、区政府区长宋福庆所作的《海港区人民政府工作报告》、区财政局局长李复所作的《关于1997年财政预算执行情况和1998年财政预算草案的报告》、区计划统计局局长高桂英所作的《关于1997年国民经济和社会发展计划执行情况及1998年国民经济和社会发展计划草案的报告》、区人民法院院长李晓伶和人民检察院检察长李兴华所作的工作报告。大会审议通过上述报告并作出相应决议。大会选举温贵云为区人大常委会主任，张全兵、刘晓暄、周林为区人大常委会副主任；选举宋福庆为区政府区长，静大成、王振生、董江、冯志永、安宝忠、柴志国为区政府副区长。

海港区第十二届人民代表大会。2003年3月14日—18日，海港区第十二届人民代表大会在区政府礼堂召开。海港区第十二届人民代表大会应出席代表198人，实出席大会代表191人。大会审查批准海港区人民政府代理区长李学民所作的《海港区人民政府工作报告》、区经济发展计划局局长黄彦英所作的《海港区2002年国民经济和社会发展计划执行情况及2003年国民经济和社会发展计划草案的报告》、区财政局局长郭万海所作的《海港区2002年财政预算执行情况和2003年财政预算草案的报告》及区人大常委会主任王树柏所作的《海港区人民代表大会常务委员会工作报告》；审查批准区人民法院院长赵立祥所作的《海港区人民法院工作报告》和区人民检察院检察长薛向东所作的《海港区人民检察院工作报告》。大会通过上述各项报告并作出相应的决议。大会选举静大成为区人大常委会主任，周林、李兴华、王海英、郭万海为区人大常委会副主任；选举李学民为区政府区长，杨学功、南云、张增振、高栋、郑新、张浩为区政府副区长。

海港区第十三届人民代表大会。2007年5月15日—19日，海港区第十三届人民代表大会在国贸饭店召开。应出席代表202人，实出席大会代表189人。大会听取和审议海港区人民政府区长于春海所作的《海港区人民政府工作报告》、区发展改革局局长孟凡辉所作的《关于海港区2006年国民经济和社会发展计划执行情况与2007年国民经济和社会发展计划（草案）的报告》（书面）、海港区财政局局长印洪所作的《关于海港区2006年财政预算执行情况和2007年财政预算（草案）的报告》（书面）、海港区人大常委会主任静大成所作的《海港区人民代表大会常务委员会工作报告》、海港区人民法院院长李顺武所作的《海港区人民法院工作报告》、海港区人民检察院检察长薛向东所作的《海港区人民检察院工作报告》。大会通过各项报告并作出相应决议。大会选举鲁栋为区人大常委会主任，赵立祥、王海英、陈永山、张景魁为区人大常委会副主任；选举于春海为区政府区长，高栋、张国林、陈小虎、赵长泰、张立红为区政府副区长。

海港区第十四届人民代表大会。2012 年 2 月 16 日—18 日，海港区第十四届人民代表大会在君御大酒店召开。大会应出席代表 265 人，实出席大会代表 249 人。大会听取审议区人民政府区长冯国林所作的《海港区人民政府工作报告》；审查批准区发展改革局局长刘福生《关于海港区 2011 年国民经济和社会发展计划执行情况与 2012 年国民经济和社会发展计划（草案）的报告》（书面）、区财政局局长印洪《关于海港区 2011 年财政预算执行情况和 2012 年财政预算（草案）的报告》（书面）、区人大常委会主任鲁栋所作的《海港区人民代表大会常务委员会工作报告》、区人民法院院长李顺武所作的《海港区人民法院工作报告》、区人民检察院代理检察长陈巍所作的《海港区人民检察院工作报告》。大会通过上述各项报告并作出相应的决议。大会选举鲁栋为区人大常委会主任，陈永山、廉国会、韩国祥、杨丽萍（女）为区人大常委会副主任；选举冯国林为区政府区长，张国林、杨东明、赵长泰、张立红（女）、刘晓光、袁会民为区政府副区长。

第五章　向全面小康奔进（2012—2019）

自从党的十六大提出全面建设小康社会的目标和任务后，中共海港区委和海港区人民政府紧紧抓住和用好发展的重要战略机遇，坚定不移推进全面建设小康社会进程。党的十七大以后的5年，区委、区政府全面贯彻胡锦涛《高举中国特色社会主义伟大旗帜　为夺取全面建设小康社会新胜利而奋斗》的报告精神和要求，分别就加强和改进新形势下党的建设、深化行政管理体制改革、推进农村改革发展、制定“十二五”规划等关系全区的重大问题作出决定和部署，全面建设小康社会各项工作取得较大成就。特别是党的十八大，着眼实现中华民族伟大复兴，进一步明确全面建成小康社会和全面深化改革开放新的目标要求。区委、区政府制定“加速转型、加快发展，奋力打造沿海一流主城区”的目标任务，坚持继承发展创新，把科学发展作为第一要务，把改革开放作为第一动力，把改善民生作为第一追求，把维护稳定作为第一责任，把党的建设作为第一保证，集中力量办大事、抓要事、解难事，全区经济社会发展取得新的成就。党的十九大是在全面建成小康社会决胜阶段召开的，习近平总书记代表十八届中央委员会向大会作《决胜全面建成小康社会　夺取新时代中国特色社会主义伟大胜利》的报告。大会的主题是坚定不移沿着中国特色社会主义道路前进，为全面建成小康社会而奋斗。区委、区政府紧紧抓住崭新发展的起点，保持“行百里者半九十”的清醒，坚定“不破楼兰终不还”的决心，以永不懈怠的精神状态和一往无前的奋斗姿态，解放思想，改革开放，凝聚力量，攻坚克难，埋头苦干，全区经济社会发展再上新台阶，再画崭新画卷，为全区全面建成小康社会，谱写出伟大中国梦的海港辉煌篇章！

第一节　经济发展步入新常态

“十一五”时期，海港区面对复杂多变的经济环境，在各行各业围绕“抓发展、促和谐”两条主线，有效地抑制经济危机带来的不稳定因素，成功协办2008年北京奥运会，战胜H1N1疫情，国民经济持续快速发展，“十一五”规划确定的主要发展目标提前实现。“十一五”期间，全区生产总值年均递增13.2%；财政收入年均递增18.5%；全社会消费品零售总额年均递增14.6%。五年累计完成全社会固定资产投资是“十五”期间的6.9倍。

“十二五”时期，海港区发生令人瞩目的变化。区委、区政府带领全区人民，坚持以科学发展观为统领，按照“打造一流主城区和沿海经济增长极”战略部署，紧紧围绕“一中心三基地”产业定位和“一线两片三组团”的城市发展布局，积极应对多种不利因素影响，突出经济转型升级、产业集群培育、城市功能完善、民生保障和生态环境改善，建设一流主城区取得积极进展，谱写海港区发展的辉煌篇章。区属地区生产总值年均增长8.9%，全社会固定资产投资年均增长7.7%。产业结构不断优化，三次产业比例调整为1∶24∶75。

2017年，区委、区政府认真贯彻落实中央关于新常态下经济工作的大政方针，深入开展入企调研，全面加强经济运行调度，不断激发经济活力，全年完成地区生产总值420亿元，同比增长7.3%；

实现全部财政收入 90. 4 亿元，同比增长 11. 5%。全年累计引进内资 54. 7 亿元，利用外资 2. 89 亿美元，利用外资增速位列全市首位。战略性新兴产业和现代服务业大发展，农村电子商务实现全覆盖，新增国家级高新技术企业 5 家、省级科技型中小企业 76 家，金北众创获批国家级众创空间，海港区成功入选河北省首批创新型示范县区。

2018 年，区委、区政府坚持稳中求进工作总基调，坚决落实"四市战略"发展要求和区委十届三次全会精神，团结一心，埋头实干，负重前行，在高质量发展的征程中迈出坚实步伐，谱写新时代砥砺奋进的篇章。全年实现地区生产总值 468. 52 亿元，同比增长 6. 6%。民营经济实现增加值达到 309. 39 亿元，同比增长 7. 6%，占全区生产总值的比重为 65. 7%；实缴税金 69. 2 亿元，同比增长 18. 8%。全年财政收入完成 97. 6 亿元，同比增长 8%。

2019 年，区委、区政府全力做好稳增长、促改革、调结构、惠民生、防风险、保稳定各项工作，较好地完成区十五届人大三次会议确定的目标任务，主要经济指标达到预期，经济发展呈现稳中有增、稳中向好的态势，为年内全面建成高质量小康社会奠定良好基础。全年完成地区生产总值 476. 6 亿元，同比增长 6. 6%，三次产业比重调整为 1. 4 ∶ 27. 6 ∶ 71，第三产业对经济增长的贡献率达到 95. 3%；实现全部财政收入 97. 6 亿元，同比增长 8%。

一、决胜小康

"十二五"时期（2011—2015 年），是全面建设小康社会的关键时期，是深化改革开放、加快转变经济发展方式的攻坚时期。区委、区政府带领全区人民率先实现各项目标任务，经济保持持续快速发展、结构调整稳中有进，基础设施水平全面跃升、高技术产业加快发展，民生事业持续改善、发展成果全民共享，社会保障体系不断健全、全民健康状况明显改善，全区经济实力、科技实力又上一个大台阶，为全面决胜小康奠定坚实基础。区属地区生产总值年均增长8.9%，2015年完成总量是2010年的1.5倍；全部财政收入年均增长9.9%；实现社会消费品零售总额年均增长13.4%。五年完成全社会固定资产投资年均增长7.7%。产业结构不断优化，三次产业比例调整为1∶24∶75。科技创新能力持续提高，新增国家高新技术企业4家，实施省级以上科技项目37项，专利申请和授权量年均分别增长18%以上，连续三年被评为全国科技进步先进区。

2016—2020年，是实施国民经济和社会发展第十三个五年规划（即“十三五”）时期，也是全面建成小康社会、实现我们党确定的“两个一百年”奋斗目标的第一个百年目标的决胜阶段。区政府根据区委《关于海港区国民经济和社会发展第十三个五年规划的建议》，组织编制《秦皇岛市海港区国民经济和社会发展第十三个五年规划纲要》（以下简称《纲要》）。《纲要》的实施，对于深入践行科学发展观，加快经济发展方式转变，全面落实中央、省、市全面建设小康社会的新要求，加快现代化进程，具有十分重大意义。《纲要》提出“十三五”时期海港区发展的目标：经济保持中高速增长，在提高发展平衡性、包容性、可持续性的基础上，到2020年经济总量实现倍增，区域竞争力日益增强，创新能力显著提升，产业结构明显优化，经济发展模式转型取得成效。生态建设继续加强，人居环境明显改善。城乡居民收入普遍较快增加，基本实现全民社会保障。基础设施更加完善，布局合理、区域协调、经济高效、社会和谐的城镇化新格局基本形成。

区委、区政府牢记总书记“全面建成小康社会”政治嘱托，将“十三五”规划作为履职的重要依据，带领全区人民紧密团结在以习近平同志为总书记的党中央周围，高举中国特色社会主义伟大旗帜，全面落实科学发展观，为全面建成小康社会、开创经济文化强区建设新局面，团结一致、砥砺前行，解放思想、抢抓机遇、改革创新、锐意进取、协同发展，超前完成“十三五”规划的阶段性目标任务。

2016 年，城乡居民生活水平不断提高。城市居民人均可支配收入达 3. 25 万元，同比增长 7. 7%，农民人均纯收入达 1. 65 万元，同比增长 7. 7%。城镇、农村人均消费性支出分别为 2. 03 万元、9707 元。

2017 年，全年城镇居民人均可支配收入 3. 52 万元，同比增长 8. 4%；农村居民人均可支配收入 1. 78 万元，增长 8. 1%。城镇居民家庭恩格尔系数（即居民家庭食品消费支出占家庭消费支出的比重）为 23. 77%，农村居民家庭恩格尔系数为 30. 70%。

2018 年，全年民生投入资金 30. 4 亿元，同比增加 10%，占一般公共预算支出的 80. 3%。城镇新增就业 13149 人，下岗失业人员再就业 5181 人，城镇登记失业率 3. 03%。城乡居民人均可支配收入分别为 37963 元和 19490 元，增长 7. 8% 和 9. 2%，高于全省、全市经济增速。

2019 年，城乡居民人均可支配收入分别同比增长 7. 5% 和 8%。城市和农村低保标准分别提高到每人每月 660 元和每人每年 4400 元。29 户 72 人建档立卡贫困户实现脱贫。

面对未来，海港区已经站在一个较高的历史新起点上。

二、攻坚项目

“十二五”期间，区委、区政府深入贯彻中共中央提出的“五大发展理念”，主动适应和引领经济发展新常态，在“加速转型、加快发展，奋力打造沿海一流主城区”的奋斗目标引领下，以“五大工程”为抓手，创新思路，合力攻坚，确保各项工作目标任务的圆满完成。五年实施千万元以上项目 477 个，完成投资 1152 亿元，较上一个五年分别增长 96% 和 398%；冀盛物流、博赫科技等一批产业项目竣工投产，华润雪花搬迁扩能、茂业城市综合体等一批重点项目开工建设。海港区被评为全省项目建设先进单位。

海港区始终把项目当作一把手工程实施。2012 年，区委、区政府制定《进一步加强一把手抓项目的实施意见》。全区形成一把手跑项目、一把手谈项目、一把手督项目的局面。全年实施千万元以上项目 103 个，累计完成投资 201 亿元。

2013 年，区委制定《关于加快改革开放建设经济强区的实施意见》。区委、区政府坚持把项目建设作为经济工作的主抓手，牢固树立抓项目就是抓发展、抓项目就是增实力的理念，不辞辛苦找项目，不畏艰辛谋项目，不遗余力干项目，以项目保增长、用项目促转变、靠项目强后劲。全年实施千万元以上项目 103 个，累计完成投资 201 亿元，为全年目标任务的 121.9%。秦皇皓月城等 4 个项目列入省重点。

2014 年，项目建设步伐不断加快，继续深化一把手抓项目和区领导分包重点项目制度，茂业中心、国药物流等 30 个项目列入全省“双百双千”重点项目。累计实施千万元以上项目 99 项，完成投资 223.1 亿元（含实际发生但未纳统项目投资额），为全年目标任务的 101.4%。

2015 年，项目建设步伐加快，茂业中心、华润雪花等 9 个重点项目实现集体开工，圆明山旅游服务基地一期等 42 个项目纳入省、市“双百双千”工程，全年实施千万元以上项目 168 项，累计完成投资 224.8 亿元。

“十三五”开始，区委、区政府研究制定支持产业功能提升、基础设施建设等方面政策措施，争取更多项目列入上级大盘子。把招商引资作为扩大开放的重要抓手，实行“政府+主导产业+知名企业+主打产品”模式，建立专业化招商引项团队，瞄准世界500强、全国500强及行业领军企业，开展点对点精准招商；围绕京津、长三角、珠三角、东三省等重点区域，开展产业链招商，积极引进战略投资者。

2016年，全面落实项目建设“两个零接触”，为每个省、市重点项目配备一个专门服务小组，提供“一条龙服务、一站式办结”服务。旅游商品孵化基地、中昊物流等105个项目顺利开工，一重机械、秦发电海水淡化工程、美铝渤铝技改等77个项目竣工投产，储备亿元以上项目150个，全年实施千万元以上项目175项，完成投资204亿元，全科医生基地等34个项目纳入省、市重点。

2017年，认真贯彻落实中共中央关于新常态下经济工作的大政方针，深入开展入企调研，全面加强经济运行调度，不断激发经济活力。全年实施千万元以上在建项目143个，完成投资95.8亿元；积极推进专业招商、小团组招商、定向招商，围绕东北装备制造业，长三角新型技术、新型材料，珠三角商贸流通业及北京非首都功能疏解等开展招商周活动，全年引进内资54.7亿元，利用外资2.89亿美元，利用外资增速位列全市首位。海港区成功入选河北省首批创新型示范县区。

2018年，实施千万元以上在建项目143个，完成投资95.8亿元。皓月天玺等28个亿元以上项目顺利开工，软通动力秦皇岛产业基地等19个亿元以上项目竣工投产。项目开工率和投资完成率均达到100%。实施开发区建设年活动，共实施园区基础设施工程12项，兴澄路、兴民街等道路正式启动，海港经济开发区在全市综合排名上升4位。

2019年，深入实施项目建设质量年和“百日攻坚”行动，落实领导分包和协调机制，着力解决项目建设和企业生产经营难题，全年实施千万元以上在建项目 135 项，完成投资 105.3 亿元。万通商业广场、航天圣诺等 16 个省、市重点项目开工建设，成坤科技等 62 个项目竣工，开工率全市第一。实施尼特西普消防等技改项目 19 个，完成投资 3.66 亿元，同比增长 28.9%。

三、现代农业

海港区一直将农业产业化作为全区农业的发展重点，采取多项措施，提高全区农业产业化、现代化水平。2012 年，把构建现代产业体系作为战略重点，提升产业层次和发展水平，三次产业结构调整为 1∶35∶64。现代农业稳步发展，全年引进农作物新品种 25 个，新增优质果品基地 20.4 公顷，实施农业产业化项目 15 个，新增市级龙头企业 4 家。

2013 年，区委、区政府加大支农惠农政策落实力度，大力发展设施农业，加快标准化生产和产业化经营，力促农业增效、农民增收。全年引进农作物新品种 35 个，落实粮油试验示范项目 8 项，实施农业产业化项目 6 个，新增市级龙头企业 5 家，实现农业总产值 5 亿元，增长 10%。

2015 年，实现农业总产值 3.6 亿元。推进农村土地流转和产业化经营，规模经营面积 1600 公顷，产业化经营率达到 45.5%。

“十二五”期间，累计推广农业新技术 85 项、新品种 300 多个，实施产业化重点项目 11 个，培育市级以上龙头企业 8 家，设施蔬菜和优质果品基地分别达到 200 公顷和 1.33 万公顷。

2016 年，引导创新能力强、加工水平高、成长潜力大的农业产业化企业做大做强，推动农村一、二、三产业深度融合发展。全区有市级以上重点农业产业化龙头企业 29 家，有省级重点龙头企业 7

家。秦皇岛富滋食品公司、海阳农副产品批发市场、秦皇岛市求仙岛旅游休闲食品有限公司、香海粮油（秦皇岛）工业有限公司等4家市级重点龙头企业获“河北省农业产业化重点龙头企业”称号。

2018年，按照《秦皇岛市农业产业化重点龙头企业认定和运行监测管理暂行办法》的要求，年度新增市级农业产业2家，分别为秦皇岛海洋食品有限公司、秦皇岛天亚农林科技集团有限公司。全区有市级以上农业产业化重点龙头企业28家，其中，省级农业产业化重点龙头企业8家。全区农业产业化经营率由36.33%上升到42.12%，超额4个百分点完成农业产业化任务指标。

2019年，加快推进农业产业结构调整，驻操营板栗现代农业园区成功通过省级认定。农业新型经营主体快速发展。全区累计注册登记农民专业合作社203家，其中，市级示范社29家，省级示范社3家。全区注册登记家庭农场75家，其中省级示范家庭农场3家，市级示范家庭农场8家。指导成立区首批合作社联社2家（秦越种植农民专业合作社联合社和秦润蛋鸡养殖农民专业合作社联合社）。完成培育省级示范合作社1家（石门寨镇晋泰合作社）；完成培育市级示范合作社和家庭农场6家（秦皇岛绿华苗木种植农民专业合作社、秦皇岛市日富亿日水果种植农民专业合作社、秦皇岛尚富种植农民专业合作社、秦皇岛好友黑果花楸种植农民专业合作社、海港区胖霞家庭农场、秦皇岛洪文家庭农场）。

四、园区建设

2012年，海港区有金梦海湾商务旅游度假区、临港产业聚集区循环经济园、圆明山文化旅游产业聚集区、北部工业区、临港物流园区5个园区。区委、区政府坚持扩园区筑平台。按照“大北部、大物流、大旅游”的发展理念，先后编制完成大北部片区总体规划，西部休闲文化创意产业园概念性规划；整合临港物流园区和东部循环经济园区布局，编制临港物流园区总体规划，实现全区范围内的园区规划全覆盖。积极开展扩区研究和省级园区申报工作，大北部工业区扩区计划提上重要议事日程，扩区规划研究工作取得积极进展，圆明山文化旅游产业聚集区成功晋升省级园区。

2013 年，谋划启动秦皇岛新经济产业园建设，秦皇岛海港高新技术产业开发区获批省级高新区。修订完善大北部、大物流、圆明山片区整体规划。规划二路、兴电路等道路工程快速推进，规划四路、北港大街东延伸，海峪路、圆峪路相继竣工，游客服务中心、东部循环经济园 1250 千伏箱式变电站等配套设施投入使用，连峪山庄管网铺建完成，园区承载能力进一步提升。耀华两条浮法玻璃生产线和两条硼硅浮法线顺利投产，中小企业孵化基地一期已具备入驻园区条件，国际汽配城二期、圆明山文化旅游服务基地项目正式启动。

2014 年，区委、区政府引导项目向园区集中，鼓励区内骨干企业发挥龙头作用。年内园区企业累计投入技改资金 4.6 亿元，引导尼特电子等 10 家企业完成技改升级；环亚设备、博硕光电分别在天交所、“新三板”成功上市。主动对接京津冀协同发展及“西港搬迁”工作大局，积极做好卸粮口渔港搬迁及涉港企业搬迁选址等前期工作，举办“京津冀协同发展海港区对接企业外溢”等系列活动，与北京大学口腔医院附属医院达成合作意向。256 家企业落户园区，主营业务收入同比增长 27.1%，初步形成北部工业、东部临港物流业、城市中心片区商贸服务业聚集发展的产业格局。

“十二五”期间，海港高新技术产业开发区和圆明山文化旅游产业聚集区获批省级园区。累计投入资金 25 亿元，实施北港大街东延伸、龙港路、热力联网、景观绿化等道路和配套设施工程 50 项，园区形象和承载力大幅提升。

2017年，海港区有北部工业区、临港物流园区。完成北新庄片区土地收储，圆明山返迁安置房一期建成入住，圆明湖开工建设，西港北路、北港大街、规划二路等道路维修全部改造完工，园区配套设施更加完善。组建海港经济开发区管理机构，整合开发区资源。

2018年，海港区有海港经济开发区、临港物流园区。2月5日，原北部工业区和杜庄工业聚集区完成整合，海港经济开发区正式运行。规划总面积54.99平方千米，建成区面积22.48平方千米；辖45个行政村（其中，杜庄镇管辖28个，石门寨镇管辖4个，海港经济开发区管委会直辖13个），4个社区居委会，常住人口约8万人。有注册法人单位2286家，其中，规模以上企业75家（工业企业37家）、外资企业8家。全年完成固定资产投资16亿元，同比下降8.02%；规模以上工业企业实现利润3.7亿元，同比增长292.5%；实际利用外资1.66亿美元；引进内资8.8亿元。

2019年，海港经济开发区有注册法人单位2286家，其中，规模以上企业73家（其中工业企业37家）、外资企业8家。全年完成固定资产投资25.58亿元、同比增长33.15%；规模以上工业企业实现利润1.38亿元，同比下降36.08%；实际利用外资1.82亿美元。完成总产值62.85亿元，同比增长3.8%；增加值10.69亿元，同比增长4.24%；主营业务收入64.81亿元，同比增长6.78%。全年实施千万元以上项目28个，其中，续建项目10个、计划开工项目18个，总投资55.66亿元，年度计划完成投资17.33亿元。18个计划开工项目中万通商业广场、成坤科技等16个项目开工建设，开工率达88.88%。海港经济开发区在全市综合排名上升4位，获省级高新技术企业发展先进开发区。实施开发区建设年活动，共实施园区基础设施工程12项，兴澄路、兴民街等道路正式启动，圆明山大街、圆明湖大街和支十九路等道路建设全面启动，北港大街东延伸、兴民街东西延伸等工程进展顺利，规划二路、晒甲会路建成通车，园区承载能力进一步提升。

第二节 城市建设迈进高水准

“十二五”时期，突出滨海城区特色，创新设计理念，高标准编制重点区域规划。进一步优化城区空间布局，彰显海港城区特色，增强城市综合承载能力，加快提升中心城区的现代化水平；大规模快速推进农村新民居建设向更高水平迈进，空间拓展和城乡基础设施建设实现重要突破，城镇面貌和环境品质发生更大变化。争取国家政策扶持贷款26.57亿元，推动圆明山片区、西王岭等6个棚户区改造项目加快建设。西浴场综合改造二期工程全部完工，国内最长的亲海沙滩木栈道全线贯通，环渤海最大的百姓海水浴场整体开放。开展市容市貌“百日攻坚”行动，整治私搭乱建、占道经营等不良行为；加大主次干道清扫保洁力度，街巷路、居民小区环卫保洁实现网格化和精细化管理，“四化一沉”城管体制改革工作得到副省长姜德果的肯定。强力开展大气污染防治行动，整治拆除燃煤锅炉229台，关停取缔污染企业19家；完成造林面积666.67公顷，新增公共绿地面积5158平方米。开展水质污染源治理攻坚行动，主要入海河流和近岸海域水质达到近年最好水平。开展“打非治违”专项行动，对占用耕地、盗采资源行为予以严厉打击。实施“美丽乡村”建设，刘峪等4个省级重点村面貌焕然一新。

“十三五”全区城市化是区域发展的方向，决定着区域发展的速度和质量。优化空间布局，结合“十三五”规划编制，统筹研究区划调整后“大海港区”发展，进一步调整空间布局、提升城市功能、明晰发展定位。总的思路是打造“一轴、双核、两翼、三组团”空间布局。一轴：以民族路为轴心，将民族路继续向北延伸，与秦青公路连接，打造贯通南北的城市主动脉。双核：以城市核心区为重点，提升发展水平和承载能力，打造中央金融商务区；以西部新中心为带动，重点推进汤河以西区域（西港镇、海阳镇）开发，扩大建成区规模。两翼：沿海翼，以金梦海湾片区和东山片区为依托，着眼西港新城区的开发建设，发展高端旅游服务业，打造沿海一线景观带；长城翼，依托驻操营长城沿线资源，开发长城文化，发展旅游产业和沟域经济。三组团：大北部工业组团，以北部工业区和杜庄工业区为依托，加快产业结构调整，重点发展装备制造、新材料、新能源等产业；东部物流组团，以临港物流园区为重点，借势港口发展临港物流产业；北部大旅游组团，以圆明山片区为带动，打通石门寨、驻操营一线，打造联通北部浅山区和圆明山片区的生态涵养、康体休闲基地。

2016 年，城市中心区功能日趋完善，太阳城完成升级改造，带动周边商圈持续繁荣；世纪港湾商业广场落成迎客，成为百姓休闲购物新选择。西部新中心片区形象巨变，香格里拉酒店等窗口型项目开门纳客，国内最长亲海沙滩木栈道、环渤海最大百姓海水浴场建成开放。

2017 年，将助力创建全国文明城市，作为提升城市品质、实现城市增值的难得契机，建立“路长制”“网格化管理”“全员到一线”等工作机制。全区上下用心用脑用苦功，建立文明城市建设长效机制，不放过任何一个角落，不回避任何一个难题，人人用心、事事较真，有序推进新建工程，整治主次干道、背街小巷，维修城市道路，栽花种绿美化街景，为全市荣获“全国文明城市”殊荣作出海港贡献，并荣膺“首届河北省文明城区”称号。

2019年，完成北部新城战略策划，启动概念性总体规划编制，大北部发展框架逐步拉开。采煤沉陷区整治被列入国家试点，新型城镇化工作被列入省级试点。长江道西延伸一期竣工通车，兴化大街主体工程基本完成。海阳片区综合开发工作有序推进，道南片区返迁安置房开工建设，东李庄、交建里房屋征收接近尾声。老旧小区改造工作被纳入省级试点，“五轮征询法”改造模式被《人民日报》《经济日报》等几十家媒体报道。

一、旧城旧村改造

2012年，城市面貌明显改观。出台旧城旧村改造、国有土地征收等方面的规范性文件，提升城市容貌水平。旧城（村）改造稳步推进，后道西顺利实施返迁，西白塔岭返迁安置房主体完工，前道西、山东堡动迁工作有效开展，新兴里、航海里等改造项目积极推进。团结里等20个老旧小区整治一新。高标准完成20条道路绿化修复，新建改造公园游园5个，栽植乔灌木花卉100多万株。秦皇大街被评为“全省十佳景观大道”。秦皇植物园被评为“全省十佳公园”。河北大街等3座过街天桥建成投用，东环路、文坛路以及建设大街平改立主路竣工。港城市场、团结里市场完成升级改造。综合整治小街小巷26条，新建改造垃圾中转站、收集站6座。东王岭等3个村返迁房主体完工，桥东北里等老旧小区改造工程开工建设，胜利村等37个老旧小区整治一新。累计拆除违法建筑面积8.3万平方米，清运城郊垃圾9万吨，拆除违规棚亭936座，取缔马路市场17处。

2013年，秉持城市建设和管理高端化、精细化理念，加速城市形象品位提升和城市化进程。民族路上跨铁路桥、新102国道和京沈高速公路立交桥竣工通车。和平园、建国园等13座街头游园建成开放，西浴场综合改造一期完工，沿河、环山造林成效显著，新增城市绿地面积 9.8 万平方米、乡村林地面积 133.33 公顷。对美岭小区、团结里等 20 个老旧小区进行改造提升，改善百姓的生活居住环境。实施农村面貌改造提升行动，98 个村完成“四清四化”工作，培树东西连峪等省级精品示范村 4 个。

“十二五”期间，全区争取国家政策扶持贷款 26.57 亿元，推动圆明山片区、西王岭等 6 个棚户区改造项目加快建设。西浴场综合改造二期工程全部完工，国内最长的亲海沙滩木栈道全线贯通，环渤海最大的百姓海水浴场整体开放。先后实施 10 个城中村改造，63 个老旧小区完成改善提升，建设各类保障性住房项目 16796 套，建返迁房、商品房面积 500 万平方米。投入 1.07 亿元，对 63 个村进行面貌改造提升，栽植各类树木 30 万株，建设双瓮式厕所 4040 座，引进分散式太阳能污水处理设备 135 套，实施饮水安全工程 10 个，重点村主干道全部硬化，“四清四化”工作顺利完成，东陆庄村被评为“省级美丽乡村”。

2012—2016 年，加速城市化进程，先后启动 24 个村拆迁改造，完成拆迁面积 240 多万平方米，建成标准化社区 22 个；争取国家政策性贷款支持资金 61.7 亿元，停滞多年的 12 个旧改项目重新启动。

2017 年，改善提升老旧小区 43 个，新增小区道路面积 40 多万平方米，停车位 2 万多个，物业管理实现全覆盖，成功入选“全国老旧小区改造试点城市”。对 27 条主次干道、146 条背街小巷进行全面整治，维修城市道路 3 万多处、面积 61 万平方米。

2019 年，完成 46 个美丽乡村村庄规划、71 个村改造提升规划和 15 个“空心村”整治规划。采煤沉陷区整治被列入国家试点，新型城镇化工作被列入省级试点。长江道西延伸一期竣工通车，兴化大街主体工程基本完成。新修建农村路网 34.2 千米。海阳片区综合开发工作有序推进，道南片区返迁安置房开工建设，东李庄、交建里房屋征收接近尾声。全年棚改开工 4138 套。拆除“双违”建筑 146.6 万平方米。新建居家养老中心 10 家、农村幸福院 30 所。推进“厕所革命”，改造农村旱厕 1.18 万座，拆改城区旱厕 28 座，新建改建旅游厕所 20 座、城区公厕 17 座。修建农村公路 10 条 24 千米。获“省级‘四好农村路’建设示范县”称号。农村人居环境得到很好整治，畜禽养殖废弃物全部实现无害化处理和资源化利用，评定“洁净庭院”5600 多户。房庄村被评为全国乡村治理示范村。

二、城乡建设

海港区秉持城市建设和管理高端化、精细化理念，加速城市形象品位提升和城市化进程。在建设理念上，更加注重城市规划的制定和规划刚性的遵守，更加注重一般性房地产开发的控制和临街商业门市的削减，更加注重城市片区整体开发建设和城市特色街区的打造。

2010—2015 年，修编完善各类城市规划 34 项，规划基本实现全覆盖。累计投入 7.6 亿元，完成民族路北延伸、兴凯湖路南延伸、建设大街平改立等主次干道、街巷路建设工程 100 多个，修建农村道路 40 多千米，交通体系更加健全。建设各类经济适用房、廉租房、限价房 1.7 万多套。西部新中心形象巨变，秦皇半岛、海碧台、香格里拉酒店等窗口型项目建成投用，圆明山片区、海阳片区等村庄集中联建项目取得突破性进展，房地产业增加值增长 2 倍多。开展“森林港城、生态花城”建设，建成公园游园 30 处，新增城市绿化面积近 80 万平方米、乡村林地 1900 多公顷，人均公共绿地面积达到 10.2 平方米，森林覆盖率达到 53.1%。投入 1 亿多元推进农村面貌改造提升，建设双瓮式厕所 4040 座，引进分散式太阳能污水处理设备130多套，重点村主干道全部硬化。投资2.6亿多元先后实施西浴场综合改造、小汤河二期等5个近岸海域整治重点工程，新建加固各类塘坝和水库45座，主要河流水质逐年变好。

2012年，把城乡互动发展作为最大的民心、民生工程，突出打造精品工程、亮点工程，全面加强和规范城市建设和管理。全面启动东部片区、韩庄片区村庄联建项目，按计划推进归提寨片区开发、海阳片区整体开发。金梦海湾顺利交接，全面完成西浴场综合改造提升一期工程并开放迎客。按时完成河北大街、秦皇东大街市政设施改造工程，东环路全线贯通；民族路北延伸二期建设进展迅速。

2013年，城市重点片区开发改造工作强势推进，归提寨片区开发工作取得阶段性成果；海阳片区整体开发改造项目取得实质性突破；太阳城商业区升级改造工程进入施工招标阶段。生态景观建设亮点频现。以暑期为节点，高标准实施20条主次干道修复、10个街边游园绿地增绿以及10处街头树阵建设，把绿化触角延伸到城区的各个角落。

2014年，城市建设水平进一步提升。围绕“一线两片三组团”城市空间布局，加速赋予各片区组团功能，提升城市产业承载能力和综合开发水平。高标准推进金梦海湾片区开发，稳步推进海碧台、香格里拉酒店等窗口型项目，加速形成近海、亲海的沿海一线景观；城市中心区和西部新中心片区建设亮点纷呈，顺利推进太阳城升级改造二期项目，如期完工世纪港湾城市综合体项目；归提寨片区开发项目初具形象，整体推进海阳片区改造项目。推动三大园区组团发展，完成民族路北延伸跨新102国道和京哈高速公路立交桥、北港大街东延伸二期等道路建设工程并竣工通车，产业园区的路网系统加速推进；顺利启动韩庄片区等一批旧村改造项目，进一步拓展发展空间；以基础设施和文化旅游建设为先导，圆明山片区开发深入推进，正式签约沙河生态文化旅游综合开发项目，完成核心区村庄拆迁99%，落成圆明寺复建项目；连峪山庄开门迎客。

2015年，西浴场综合改造二期工程全部完工，国内最长的亲海沙滩木栈道全线贯通，环渤海最大的百姓海水浴场整体开放。完成长江道西延伸工程（一期）。东起横断山路，西至南岭路，全长约1.2千米，道路红线宽50米，双向6车道，沥青混凝土道路，设计速度60千米/小时，投资概算5900万元（不含征地拆迁费用）。完成横断山路—南岭东路全长700米主路、北辅路沥青摊铺、北侧人行道铺设、北侧主辅路绿化带种植土换填、南侧辅路及人行道的基层找平等工作，横断山路—南岭东路具备通车条件，完成工程的阶段性验收工作，栽植乔木103棵，高压线塔迁改工作完成，热力部门进场开始进行管道安装。完成圆明山大街工程。起点为民族路北延伸二期工程终点，终点为现况承秦出海路，全长约1.8千米，包括陈庄跨线桥、跨河桥各1座以及排洪涵洞2处。道路红线50米，双向6车道，工程投资概算1.69亿元。完成跨河桥东西两侧各20根桩基施工及两侧承台、桥台、侧墙、耳墙、雉堞浇筑和25米T梁以下结构。完成岭后街道路工程。6月中旬进场施工，施工范围为文昌路至文坛路段，全长300延长米，施工内容包括基砂、路面水稳、沥青混凝土以及剩余地下工程，9月8日完工。

2016年，完成区划调整任务，成为全省面积最大主城区，城市建成区面积达到85平方千米，5年扩大37%，为全区发展打开广阔空间。

2017年，以创建全国文明城市和筹备省旅发大会为契机，全面提升城市品质品位。完成天女小镇、闖城小镇等观摩项目建设，流转土地面积880公顷，栽植树木471万株，旅游路变成景观路，全区森林覆盖率提高5.53%；42个美丽乡村旧貌换新颜，梵高向日葵花海、北纬40°公园、下平山公园等游览节点极具视觉冲击力。100千米的主线道路全部竣工，总投资7.2亿元的长城旅游公路，沿途建设高标准旅游驿站4个、车辆停靠点18处，激活旅游景点20多个、村庄60多个。

2018年，完成北部新城战略策划，启动概念性总体规划编制，大北部发展框架逐步拉开。完成46个美丽乡村村庄规划、71个村改造提升规划和15个“空心村”整治规划。采煤沉陷区整治被列入国家试点，新型城镇化工作被列入省级试点。长江道西延伸一期竣工通车，兴化大街主体工程基本完成。新修建农村路网34.2千米。海阳片区综合开发工作有序推进，道南片区返迁安置房开工建设，东李庄、交建里房屋征收接近尾声。全年棚改开工4138套。拆除“双违”面积146.6万平方米。新建居家养老中心10家、农村幸福院30所。

2019年，全年实施街景整治提升、金梦海湾景观亮化提升、民族路北延伸三期、西港路北延伸、圆明山大街、万达广场电力双回路配套、海港消防站、排洪河综合治理等项工程，美化、亮化、硬化、绿化城市，提升居民生活品质。投资2080万元，升级改造农贸市场20个。完成燕安街等11条街巷路改造工程及和平大街、海阳路、红旗路3条道路街景和金梦海湾景观亮化提升工程。加快建设西港花园、开滦路特色美食街工程。新成立海洋香都、竹海等社区居委会12个。

三、城乡环境管理

提升标准，实施精细化管理。以“智慧城市”建设为依托，逐步实现城市管理的网格化、精细化、信息化；继续提升城区保洁机械化、城乡环卫一体化、市容秩序规范化水平，放大城管体制下沉效果，维护城市靓丽容貌。

2012 年，深入开展“城市精细化管理年”活动，全年出台城市管理规范性文件 16 项。持续开展市容环境综合整治，累计取缔占道摊点 3069 个，查处店外经营 3053 家。

2013 年，积极探索城市管理新途径，引入市场化管理机制，对部分小区保洁和主次干道非法小广告治理实施市场化运作，实现城市管理的创新和突破。持续开展城市环境综合整治活动，严查占道经营、店外经营等行为。城乡环卫一体化工作取得重大突破，成功争取 4170 万元国家专项扶持资金，实现农村垃圾收集、清运、处理一条龙。

2014 年，开展市容环境整治百日攻坚行动，主干道沿线经营秩序全面规范，垃圾围城、私搭乱建等顽疾得到有效治理。深化城管体制下沉，街巷路、居民小区环卫保洁实现网格化、精细化。成立火车站站前广场管理处，站前广场及周边环境秩序显著改善。16 座塘坝水库加固清淤和 17 个省级重点村改造任务圆满完成。重拳治理大气污染，淘汰燃煤锅炉 146 台，治理加油站 15 座、回收油罐车 43 辆，渣土运输车辆实现卫星定位全覆盖。单位生产总值能耗降低 5.97%，主要污染物全部达标排放。

2015 年，继续深化市容市貌“百日攻坚”行动，整治私搭乱建、占道经营等不良行为；加大主、次干道清扫保洁力度，精细化管理街巷路、居民小区环卫保洁实现网格化，“四化一沉”城管体制改革工作得到副省长姜德果的充分肯定。强力开展大气污染防治行动，整治拆除燃煤锅炉 229 台，关停取缔污染企业 19 家。开展水质污染源治理攻坚行动，主要入海河流和近岸海域水质达到近年来最好水平。实施“美丽乡村”建设，刘峪等 4 个省级重点村面貌焕然一新。

“十二五”期间，新建改造公厕16座，垃圾中转站、收集站36座，综合整治各类道路140条，累计治理占道和店外经营3万多起，拆除违建棚亭1400个，创建精品街巷路12条。

2017年，全区上下咬定青山不放松，与时间赛跑，与困难角力，改善提升老旧小区43个，新增小区道路面积40多万平方米，停车位2万多个，物业管理实现全覆盖，成功入选全国老旧小区改造试点城市。整治主、次干道27条、背街小巷146条，维修城市道路3万多处、面积61万平方米，栽植各类乔木灌木、植被花卉420多万株，完成许多看似不能完成的任务，干成多年想干而没有干成的工作。

2018年，整治铁路沿线重点环境安全隐患117处。强化河长责任制，累计清理河道及周边垃圾5000立方米，封堵排污口23个。新建小型污水处理站4座、拦水坝9座、漫水桥2座，完成海阳镇、杜庄镇7个村14个集中小区入网改造，污水直排问题有效解决。饮用水水源地和近岸海域功能区水质达标率均达100%。张桥庄垃圾填埋场正式封场。中央和省环保督察“回头看”交办的73个问题全部整改。

2019年，坚持新发展理念，持续强化基层基础工作，全面加强执法队伍建设，不断完善城市治理体系，有效提高城市治理能力，全力巩固文明城市创建成果，为创建国家卫生城市提供坚强保障。实施深度精细化清洁作业和多种机械联合作业，实现城区机械化清扫作业95%覆盖，日清运生活垃圾800吨。新建公共厕所17座，改造（拆除）市属企业产权旱厕28座。完成“‘北三镇’农村生活垃圾收运系统建设项目”土建、设备安装调试、试运行等工作。办理审批事项497件，备案登记广告牌匾1395件。完成14条主、次干道两侧门店门牌字匾拍照建档，涉及单位4500家，备案早餐摊点193

个、修车摊点 13 个、修鞋摊点 14 个、配钥匙摊点 15 个，其他临时占道摊点 8 个。完成早餐摊点画线 160 多处，发放修车、修鞋、配钥匙摊点统一标识和统一样式遮阳棚 33 个。全年清理店外经营 2.29 万起、流动商贩 2.7 万起、乱堆乱放 1.85 万起、占道加工 0.26 万起、乱贴乱画 2.04 万起，清洗卷帘门 4994 处，停机非法小广告通信号码 552 个。

四、城乡绿化美化

海港区历届政府都十分注重绿色生态建设，坚持数量与特色并重，节俭与效果并行，加快推进森林港城、生态旅游城市建设。采取政府补贴、社会参与等形式，对城区主要道路、公园游园、小街小巷实施见缝插绿，全面做好路河断带补植和荒山荒坡造林。

2012 年，注重建设生态景观亮点。以暑期为节点，高标准实施 20 条主次干道修复、10 个街边游园绿地增绿以及 10 处街头树阵建设，把绿化触角向城区的各个角落延伸。高水平推进花海工程，围绕城市出入口、公园、景区等节点，打造城市花海景观。广泛开展全民义务植树、认种认养等活动，激发全民绿化热情，掀起生态港城建设的高潮。

2013 年，高水平推进花海工程，围绕城市出入口、公园、景区等节点，打造城市花海景观。广泛开展全民义务植树、认种认养等活动，激发全民绿化热情。和平园、建国园等 13 座街头游园建成开放，沿河、环山造林成效显著，新增城市绿地面积 9.8 万平方米。完成造林绿化面积 403.66 公顷：完成义务植树基地面积 53.33 公顷，群众绿化造林面积 73.33 公顷，沿海防护林建设（近岸海域治理）面积 100 公顷，宜林荒山绿化面积 85 公顷，北港镇临燕塞湖区域封山育林面积 92 公顷，共栽植法桐、毛白杨、杨树等树木 48.15

万棵，森林覆盖率达 47. 34%。以北港镇陆庄村为重点，完成 39 个村农村面貌提升绿化任务，植树 6. 46 万棵。

2014 年，启动实施“森林港城、生态花城”三年增绿计划，栽植乔灌木及花卉 566. 6 万棵，新建改造春泽园、红旗园等公园游园 10 个。新增城市绿地面积 2. 15 万平方米。在西港镇慕义寨村、东港镇西向河寨村、卸粮口村开展的全民义务植树活动，栽植优质毛白杨、法桐、国槐 1. 47 万棵，面积 14. 67 公顷。顺利通过国家退耕还林工程阶段验收、省退耕还林后续产业综合验收、省森林净增量考核及市造林验收。

2016 年，全区完成造林面积 4680 公顷，完成率为 113%，其中：人工造林面积完成 3680 公顷，植树 471 万棵，森林覆盖率提高 5. 53%；封山育林面积完成 1000 公顷。实施城乡绿化、通道绿化、河系绿化等 10 大绿化工程，为创建国家森林城市，建设沿海强市、美丽港城奠定坚实基础。旅发大会旅游公路造林绿化以能绿则绿、适地适树为出发点，以祖山连接线、长城旅游公路、车房公路、地方观光铁路 4 条观光道路为重点，优化两侧绿化布局，融合特色地被景观，打造看不透、看不够的“最美旅游公路”，将涉旅发大会旅游公路打造成绿色景观廊道。完成景观林及地被绿化面积 151 公顷，栽植杨树、柳树等乔木 15. 7 万棵；完成经济林绿化面积 795. 4 公顷，栽植白蜡、大榛子等树木 165 万棵。

2018 年，造林绿化面积 3373. 33 公顷，栽植苗木 266. 3 万棵，全区森林覆盖率提升至 52. 04%。完成“全国绿化模范区”创建。

2019 年，全年造林面积 5433. 33 公顷，栽植各类苗木 300 多万棵，城市绿化覆盖率达到 43. 88%，人均公园绿地面积 15. 97 平方米，森林覆盖率提高 3. 89 个百分点，达到 55. 93%，九门口等 9 个村被评为“省级森林乡村”。

第三节　社会事业全面发展

社会事业是一项直接关系到人民生活标准的事业，区委、区政府一直坚持以人民为中心的发展思想，牢固树立和谐共进理念，高度关注民生，推进各项事业协调发展。以为民办实事为统揽，持续加大民生投入，逐年增长民生支出，加快发展民生事业，改善群众的生产生活条件，广大群众共享改革发展成果。教育事业在探索和改革中发展，先后进行中小学管理体制以及教育教学领域等多方面改革，初步形成以政府办学为主，民办、个人办学为辅的多种办学模式并存的办学体制。卫生事业得到突破性发展，形成以区级医疗机构为中心、以镇和城市卫生院为枢纽、以村和社区卫生室为基础的三级医疗卫生网，构成比较完整的卫生服务体系。科技事业加快发展，科技进步对经济增长贡献率逐年提高，进入国家科技先进区行列。居民消费结构升级，住房、通信、文娱、教育、汽车等消费热点加快形成。人民生活水平大幅提高，城乡居民生活水平总体达到小康，部分家庭进入富裕阶段。

一、教育全面协调发展

海港区教育资源得天独厚，辖区内坐落有燕山大学、东北大学等10余所大学，形成以九年义务教育为基础，高中教育、中技教育、中专教育、高等教育、成人教育和特殊教育、幼儿园教育全面协调发展的教育体系。

2012年，海港区有中小学校68所，其中，中学18所（城区中学13所，农村中学5所），小学49所（城区小学27所，农村小学22所），九年一贯制学校1所。有国办独立幼儿园4所，小学附属幼儿园17所，局机关和校外教育机构5个（青少年活动中心、中小学生社会实践基地、社区教育管理委员会、教师进修学校），民办教育机构152个，民办幼儿园75所。有教职工5553人，其中，中学教职工2302人；小学教职工2700人；国办独立幼儿园教职工187人；局机关及校外机构教职工364人。中小学在校生5.71万人，教学班1207个。其中，小学在校生3.77万人，教学班794个；中学在校生1.94万人，教学班413个。

2013年，对19所城区中小学、幼儿园操场进行改造提升，实现城区义务教育学校草皮操场全覆盖。白塔岭小学建成投用，投资1700万元完成鲤泮庄小学等37所学校基础设施改造，专项列支850万元改善农村教师待遇，强校带弱校组团联办模式成效显著。

2014年，深化教育教学改革，促进学生全面发展。组织海港区第二届“有效教学”全员岗位练兵活动，有效提高学校教学管理水平和教师课堂教学能力。部分学科尝试开展学科单项“飞行检测”分析，探索非考试类学科的评价方式。初中生毕业升学考试取得佳绩，连续多年在全市保持大幅领先优势。中小学招生工作圆满完成。对施教区进行局部科学调整，有序确定入学对象，严格禁止择校，实施阳光招生。招收小学一年级新生8200人、初中一年级新生6616人。学校建设项目稳步推进，办学条件显著改善。完成系统网络升级改造。投入750万元，一期布点20个单位，建设远程综合教学系统；投入92万元用于网络中心建设。全区港城教育网升级改造工作和学校远程视频系统建设工程调试完毕。推进学校新建、扩建工程。投资约1.7亿元，对相关学校进行新建、扩建工作。投资2500万元对学校进行维修改造；投资505万元，新建计算机教室19个，增加学生用计算机1124台；投资316万元，安装班班通124套；投资28万元，新建实验室5个；投资237万元，更新学生课桌椅1.15万套，教师办公桌椅 374 套；投资 113 万元购买图书和环保标本。

2015 年，深化教育教学改革，促进学生全面发展。高标准通过省义务教育发展基本均衡县的评估认定。顺利接收杜庄镇、石门寨镇、驻操营镇的学校；30 所学校被评为全国青少年校园足球特色学校，海港区被教育部命名为首批全国青少年校园足球试点区。全系统获省级以上集体奖励 65 项、市级集体奖励 274 项、区级集体奖励 34 项，承办国家级教育现场会 1 次，省级教育现场会 1 次，市级教育现场会 4 次。投入 1300 多万元，完成先盛里小学等 5 所学校的操场改造、大乐安寨平房教室新建、先盛里幼儿园改扩建等工程。投入 750 万元新建第十六中学综合楼，投入 120 万元新建临河里平房教室，均已竣工投入使用。投入 380 多万元完成白塔岭小学、东港里小学幼儿园、启航幼儿园的装修改造。投入 30 多万元完成下平山小学的供水改造。投入 620 多万元完成第二中学、第十五中学等 42 所学校的屋面防水、输电线路、取暖设施及上下水等改造。教育设施不断更新，投入 1685 万元，新建标准化实验室 6 个，改扩建计算机教室 15 间，为农村小学新建录播教室 4 个，更新学生课桌椅 1. 17 万套，教师办公桌椅 200 套，学生用计算机 810 台，安装班班通 231 套。投入 200 万元启动教育云平台第一期建设，投入 70 万元为部分学校购置移动终端。搭建公文交互平台，推进办公自动化，提高教育信息化水平。

“十二五”期间，加大基础教育投入，全区新建及改扩建中小学和幼儿园 18 所，城市区学校实现塑胶操场全覆盖，承办全省校舍安全和青少年校外教育现场会，被教育部评为中小学校长培训项目优秀县区，顺利通过省政府教育督导评估。

2017 年，海港区有公办中小学校 86 所（由第十八中学更名的秦皇岛市玉龙湾学校、由光明路小学更名的秦皇岛市南岭国际中学正在筹建中，实际使用学校为84所），其中，初中21所（城区13所，农村8所），小学62所（城区26所，农村36所），另有教学点10个，九年一贯制学校3所。局属校外教育机构4个（青少年活动中心、中小学生社会实践基地、社区教育管理中心、教师发展中心）。全区公办幼儿园41所，其中，局属独立公办幼儿园5所，小学附属幼儿园27所，其他机构公办幼儿园9所。民办学历教育学校4所，民办非学历教育培训机构205个，公民个人、社会组织举办民办幼儿园108所。有教师6797人（其中，中学教师2522人，小学教师3611人，校外机构294人，局属独立公办幼儿园240人）。中小学在校生共8.07万人，教学班1648个。其中，中学在校生2.29万人，教学班459个；小学在校生5.78万人，教学班1189个。

2018年，教育资源整合和集团化办学工作强势启动。集团化办学。借鉴外地经验，先后考察学习集团化办学经验4次，出台实施《2018年海港区集团化办学计划》等10多项工作制度。投入资金480多万元，用于教师培训、教师流动、课程开发及硬件设施。通过实地调研、集团校长例会、信息员调度会等具体举措，推进各集团创新发展，初步形成科学的干部教师交流和教育科研协同管理模式。第七中学集团打破校际藩篱，构建“六动四一体”（六动即管理互动、干部教师流动、集团走动、德育齐动、教研联动、备研带动；四一体即教师培训一体化、家长培训一体化、质量分析一体化、宣传报道一体化）运行机制，第七中学辐射强度增加，成员校师生精神风貌改观。青云里小学集团进行教育资源整合，投入250多万元，完成与光明路小学实质合并，通过“温暖带动、领导深入、全员共建”等措施，实现体制与文化的“双融合”。启航幼教集团初步形成“规章制度同完善、园务管理同规范、保教质量同提升”的工作格局，发挥公办园引领作用，带动民办园办学理念与质量的整体提升。合作办学。与北京金融街教育投资有限公司签署合作办学协议。按照“政府支持，社会参与，优化结构，品质提升”的原则，引进优质教育资源和优质管理团队，举办金融街秦皇岛高中，把第二中学委托金融街秦皇岛高中管理，使两校实现一体化运行，促进海港区基础教育品质的提升，为全区乃至全市教育事业发展注入新的活力。是年，顺利通过省履行教育职责评价和语言文字督导评估最高等级合格认定。

2019 年，全区有公办中小学校 86 所（注：第十六中学南岭分校正在筹建中，第七中学集团第七中学半岛校区和第七中学玉龙湾校区按独立单位统计），其中，初中 21 所（城区 13 所，农村 8 所），小学 61 所（城区 25 所，农村 36 所），另有教学点 10 个，九年一贯制学校 4 所；民办学校 5 所（私立渤海中学、民族学校、禹铭艺术高中、北体大附属实验学校、临榆国际学校）；校外教育机构 4 个（青少年活动中心、中小学生社会实践基地、社区教育管理中心、教师发展中心）；体育指导中心 1 个；在册民办教育培训机构 309 个；在册幼儿园 154 所。有教职工 6687 人，其中，中小幼教师 6287 人（中学教师 2458 人、小学教师 3594 人、教育部门办幼儿园教师 235 人），局机关及校外机构教职工 400 人；5 所民办学校另有教职工 350 人。公办中小学共有在校生 9.02 万人，教学班 1807 个；民办中小学共有在校生 1570 人，教学班 41 个。此外，民办高中有在校生 1816 人，教学班 47 个；职高有在校生 177 人，教学班 6 个。有在园幼儿 1.98 万人，其中，局属独立幼儿园 1695 人，小学附属幼儿园 1302 人，企事业部队办园 1820 人，民办幼儿园 1.5 万人。是年，义务教育均衡发展，第七中学玉龙湾校区等 3 所学校竣工投用。岸上澜湾小学、文耀里学校二期主体完工。获批全国学校体育综合改革试验区。

二、卫生惠及百姓民生

2012 年，区辖医疗机构总数 605 个，其中，综合医院 1 个，社区卫生服务中心 10 个、社区卫生服务站 72 个、乡镇卫生院 5 个、村卫生室 92 个、诊所 425 个。下属医疗和预防保健机构 14 个，其中，综合医疗单位 1 个（海港医院），疾病预防控制中心 1 个，卫生执法监督所 1 个，妇幼保健站 1 个，农村合作医疗管理中心 1 个，社区卫生服务管理中心 1 个，农村卫生院 5 个（海阳镇中心卫生院、海港镇卫生院、东港镇卫生院、西港镇卫生院、北港镇卫生院），社区卫生服务中心 3 个（北环路卫生服务中心、东环路卫生服务中心、西港路卫生服务中心）。设病床编制数 625 张。有职工 2081 人，卫生技术人员 1819 人，其中，高级技术职称 233 人，中级技术职称 614 人，初级技术职称 605 人。是年，东环路社区卫生服务中心建成投用，港城大街社区卫生服务中心被评为国家级社区工作示范点。新建标准化村卫生室 29 个，新农合参合农民享受医疗补偿 1706 万元。麻疹疫苗强化免疫工作被树为全省典型。

2013 年，医疗卫生保障工作。稳步推进医药卫生体制改革，大幅拓宽农合医疗保障面，参合农民受益水平明显提高；全面实施基本药物制度，落实 11 类国家基本公共卫生服务和重大公共卫生项目。西港路社区卫生服务中心正式运营，新建村卫生室 6 家，建设模式被列为全省典型。

2014 年，持续推进农民健康工程，新型农村合作医疗扩面增效。全区参合农民 8. 15 万人，参合率达到 97. 6%，人均筹资标准由每人 340 元提高到 390 元，筹资总额 3179. 36 万元，最高补偿限额达 10 万元。全年补偿 6. 15 万人次，发生总费用 7398. 6 万元，补偿金额 3128. 24 万元，统筹基金使用率 98. 4%。

2015 年，投入资金 95 万元，对北环路社区卫生服务中心改造提升；投入资金 73 万元，对燕山大街社区卫生服务中心改造装修；投入资金 140.98 万元，对燕山大街社区卫生服务中心等 7 家单位的生物安全实验室及 X 光室防护装修。燕山社区卫生服务中心投入使用。海港区医院加快更新和引进设备，投入资金 1740 万元，引进飞利浦彩超、全自动生化分析仪等医疗仪器设备 279 台件，为拓宽新技术、新领域奠定基础。36 家标准化村卫生室全部投用。区疾控中心被评为全国伤害监测工作优秀单位。

“十二五”时期，全区建成 4 家社区卫生服务中心，村卫生室建设模式在全省推广。单独两孩政策全面放开，被确定为国家级人口和计划生育综合改革示范区。

2016 年，海港区管辖各级各类医疗机构 838 个。其中，二甲综合医院 1 个、疾病预防控制中心 1 个、妇幼保健站 1 个、计生服务站 1 个、社区卫生服务中心 10 个、社区卫生服务站 79 个、镇卫生院 8 个、村卫生室 253 个、个体诊所 479 个、医务室 5 个。是年，海港医院在深化改革、协同发展方面迈出大步伐。与天津医科大学眼科医院共同签署联合办医协作方案，建设天津医科大学眼科医院秦皇岛海港分院，打造冀东、辽西地区高品质眼科中心；与河北医科大学附属燕达医院共同签署技术合作协议，为院院合作深入推动奠定基础；与北京大学第一医院介入血管外科筹备合作协议，举办全市范围的介入方面业务推广活动。

2017 年，全区医药卫生体制改革稳步推进。印发《海港区城市公立医院综合改革实施方案（试行）》，8 月 26 日零时，海港医院按时启动公立医院改革，实行药品采购“两票制”，实施药品零差率，全区公立医疗机构全部取消药品加成。推进医联体建设。成立河北省首家紧密型医联体“秦皇岛市海港医疗集团”，将海港医院和 8 家镇卫生院、5家社区卫生服务中心进行整合，实行“人员编制一体化、运行管理一体化、医疗服务一体化”集团管理模式。实施乡村百姓“健康大坝”工程，发放连心卡9800多份。健康大坝工程被省卫计委确定为医改典型案例。

2018年，海港医院业务用房改建项目面积2.18万平方米。投资计划7729.38万元，中央资金4000万元，地方配套3729.38万元。项目累计支付2369.17万元，其中，中央资金1854.06万元，地方资金515.11万元。购置电子内窥镜系统、睡眠检测记录仪、骨密度检测仪等万元以上医疗专用设备共113台件。与天津医科大学眼科医院共同签署联合办医协作方案，天津医科大学眼科医院专家每周六到海港医院坐诊，共接诊患者426人。开展卫生院、社区卫生服务中心标准化建设，由市、区两级配套资金，为镇卫生院、社区卫生服务中心配备DR 4台、彩超5台。北港镇卫生院、西港镇卫生院、海港镇卫生院、河东社区卫生服务中心、白塔岭社区卫生服务中心完成国医堂建设。

2019年，海港区有二甲综合医院1个、疾病预防控制中心1个、妇幼保健计划生育服务中心1个、计划生育宣传站1个、计划生育药具站1个。基层医疗机构：城市社区卫生服务中心10个、社区卫生服务站87个、乡镇卫生院8个、村卫生室237个、诊所551个；专业公共卫生机构：疾病预防控制机构1个、卫生计生综合执法监督机构1个、妇幼保健和计划生育服务机构1个，每千常住人口医疗卫生机构床位数9.8张，千人均执业（助理）医师5.2人，千人均注册护士6.7人，每千常住人口公共卫生人员数1人。成立263个全科医师团队，“家庭医生”签约人数达到39.7万人。基本公共卫生服务项目被评为省级优秀。获“河北省慢性病防控示范区”称号，12月，获“河北省健康促进县（区）”称号。

三、科技推进经济发展

2012 年，坚持以科学发展观为统领，以提升科技创新能力为核心，加强科技管理和服务，发挥科技在推进经济发展中的作用。全年实施国家、省、市科技项目 48 个，被评为“全国科技进步先进集体”；被省科技厅授予“河北省科技工作先进集体”；被市委、市政府授予“创建全国县区科技进步考核工作优秀单位”“秦皇岛市科技工作先进集体”。海港区光伏企业孵化中心被认定为省级孵化器，成为河北省首家光伏企业专业孵化器。

2013 年，全区科技工作以提升科技创新能力为核心，以完善科技创新体系为重点，不断创新工作举措，科技工作取得明显成效。全年实施国家、省、市科技项目 20 个，新增省级工程技术研究中心 2 家，省级光伏企业孵化器申报成功。被国家科技部授予“科技进步考核先进县（市）”，成为全市唯一一家获此殊荣的县区，4 人被评为“全国科技进步考核先进个人”。

2014 年，创新工作举措，以提升科技创新能力为核心，以完善科技创新体系为重点，全面开展科技工作，较好完成各项目标任务。8 项成果获市科技进步奖，40 个科技项目获国家、省、市资金扶持。被科技部授予“全国科技进步先进区”，4 人被评为“全国科技进步先进个人”；被省科技厅评为“河北省科技管理工作先进单位”。

2015 年，推进创新型海港区建设，增强自主创新能力。培育国家级高新技术企业 2 家，新增省级科技型中小企业 21 家，新增科技小巨人企业 1 家；培育市级工程技术中心 1 家，列入市级以上科技计划项目 30 项，高新技术产业增加值 3. 58 亿元，增长率 25. 07% ，全年专利申请量和授权量保持在 18% 以上。制定《海港区科技招商实施方案》，提出加强本地产学研合作、吸引京津地区优势资源、搭建招商平台、促进以商招商等具体措施12条。引进青豆荚科技企业孵化器驻海港区秦新电子城，由市开发区引入孵化型科技企业12家，累计年产值2000万元。坚持把抓好科技项目建设作为提升科技支撑能力的重要手段，从项目的立项申报到组织实施、产业转化，实行全面跟踪、全程服务。有30个项目被列入市级以上科技项目，争取上级资金471.5万元，其中，“地震科普展馆建设项目”被列为中央补助地方科技基础条件专项资金项目。组织各企事业单位申报市级科技进步奖，有7项科技成果获2015年度全市“科学技术进步奖”，其中二等奖1项，三等奖6项，获奖人员48人。

2016年，推进创新型海港区建设，促进科技与经济发展的紧密结合。全年新增高新技术企业3家，新增市级工程技术中心11家，新增省级科技型中小企业95家，新增科技小巨人企业4家，列入市级以上科技计划项目28项，高新技术产业增加值7.2亿元，增长率16.47%，每万人拥有发明专利7.79件。鼓励引导众创空间发展，建成众创空间6家。

2011—2016年，全区累计推广农业新技术104项、新品种240个，农业总产值突破15亿元，农业产业化经营率达到45.5%。投入技改资金63.5亿元，完成耀华玻璃钢等技改项目109个。新增国家级高新技术企业18家，省级科技型中小企业282家，科技小巨人企业12家，14家企业成功上市。实施省级以上科技项目30项，专利申请和授权量年均分别增长18%以上。高新技术产业增加值年均增长15%以上。连续三年被科技部授予“全国科技进步先进区”，4人被评为“全国科技进步先进个人”。

2017年，年末有国家高新技术企业25家，认定河北省科技型中小企业359家，科技小巨人企业15家，市级以上工程技术中心19家，市级重点实验室1家。国家级众创空间1家，省级农业科技示范园1家，14家企业挂牌上市。

2018年，高新技术产业增加值增长35.8%，位列全市第二。全年新申报国家高新技术企业15家，新认定省级科技型中小企业87家，新增市级以上众创空间4家，市级工程技术研究中心4家。民营经济增加值比重达到63%。万人拥有发明专利数18件，位列全市第一。

2019年，科技创新与经济社会发展的有机结合，科技创新能力不断提升，全区科技事业高效发展。全年推荐省级科技计划项目16项，市级科技计划项目14项。到期的省级创新资金项目3个、市级科技计划项目9个、创新型城市建设项目5个，全部完成验收。5个市级项目的验收申请已提交，等待验收。全区净增科技型中小企业110家，有效期内科技型中小企业533家，完成率居全市第一位。20家企业通过高新技术企业认定，有效期内高新技术企业61家，完成率居全市第二位。有8家农业企业被认定为“科技型中小企业”。

四、人民生活显著提高

2012年底，全区户籍总户数23.15万户，总人口66.07万人。不含开发区总户数20.08万户，总人口57.54万人。全区城市居民最低生活保障标准由每人每月380元提高到420元，农村最低生活保障标准由每人每年1600元提高到2200元，此标准在全市领先，城乡低保保障率提高3.47%。制定出台《海港区城乡居民最低生活保障管理办法》。对低保对象的确认、收入的计算、申报审批程序等一系列问题进行明确规定。依据《海港区城乡特困群众医疗救助管理办法》，拟定《海港区城乡特困群众医疗救助管理办法》有关事项的补充说明，提高救助比例，提高封顶额。为127人发放医疗救助金30.3万元。城乡居民生活水平不断提高。城市居民人均可支配收入2.26万元，同比增长12.7%；人均消费支出1.21万元，同比增长5.6%。恩格尔系数（食品支出占消费支出的比重）为38.5%。农民人均纯收入达1.086万元，同比增长15.8%。

2013年年底，全区户籍总户数23.87户，总人口66.63万人。不含开发区总户数20.63万户，总人口57.88万人。全区城市居民最低生活保障标准每人每月420元，农村最低生活保障标准每人每年2200元。全区有城市低保人口13.4万人，户数7055户，发放保障金3462.52万元。农村低保人口6478人，户数3485户，发放保障金944.27万元，新增城乡低保人口1860人，户数1051户，发放城乡电费补贴122万元，发放城市低保户冬季取暖补助458.6万元。成立低保家庭经济状况核查认定中心，中心在强化入户调查、邻里访问、信函索证等调查办法的基础上，建立跨部门、多层次、信息共享的救助申请家庭经济状况核对机制，健全完善工作机构和信息核对平台，确保最低生活保障等社会救助对象准确、高效、公正认定。拟定《海港区城乡特困群众医疗救助管理办法》有关事项的补充说明，城乡低保对象医疗救助定点医院达到10家，基本覆盖全区各大型医疗机构。为749人发放医疗救助金146.2万元。城乡居民生活水平不断提高。城市居民人均可支配收入2.5万元，同比增长10.3%；农民人均纯收入1.22万元，同比增长12.5%。由于2013年度城乡居民收入统计改革，按新方法计算，城镇、农村人均可支配收入分别为2.56万元、1.26万元，人均消费性支出分别为1.77万元、1.01万元。

2014年年底，全区户籍总户数21.04万户，总人口59.01万人。将城市低保标准每月每人420元提高到每月每人470元，农村低保标准由每年每人2200元提高到每年每人2900元。全区低保标准在全市处在最高水平。城乡困难群众医疗救助封顶线，城市每人每年

5000元，农村由每人每年3000元统一提高到1万元。城市居民人均可支配收入2.78万元，同比增长8.6%，农民人均纯收入1.41万元，同比增长11.9%。城镇、农村人均消费性支出分别为2万元、1.48万元。

2015年，海港区城市最低生活保障标准为每人每月470元，农村最低生活保障标准为每人每年2900元。全区建成农村互助幸福院12处，分别是北港镇刘峪村、李新庄村、木砟峪村、尹家沟村、刘家河村、麻念庄村、高岭沟村，西港镇偏坡村、小乐安寨村、归堤寨村、北部工业区韩庄村、临港物流园区柳村。新闻里居家养老服务中心和文体里居家养老服务中心作为海港区2015年重点建设任务建设并开始试运营。完成抚宁县石门寨镇、驻操营镇、杜庄镇养老机构接收工作。接收民办老年公寓5处（其中有民非手续的1处）。城乡居民生活水平不断提高，城市居民人均可支配收入达3.02万元，同比增长8.3%，农民人均纯收入达1.53万元，同比增长8.5%。城镇、农村人均消费性支出分别为2.13万元、8402元。

“十二五”时期，人民生活幸福和谐。实施民心民生工程127项，解决一批群众关心的热点、难点问题。五年累计新增就业4.34万人，基本消除零就业家庭。新增企业养老、医疗保险2.3万人。先后3次低保提标扩面，城市低保标准从每人每月330元提高到470元，农村低保标准从每人每年1600元提高到2900元，累计发放各类救助、救济和补贴资金2.38亿元。新农合参合率达到96.8%。建设各类保障性住房1.68万套。城镇居民人均可支配收入、农民人均纯收入分别达到3.02万元和1.53万元，比2010年增长65.1%和95.6%。

2016年底，全区户籍总户数26.14万户，总人口70.7万人。城乡低保提标，全区城市最低生活保障标准提高至每月每人550元，农村最低生活保障标准提高至每人每年3500元，农村“五保”供养标准提高至每人每年5500元。全区有城乡低保户5664户、9722人，发放低保金4003.6万元，“五保”户661人，发放“五保”金227.8万元。城乡居民生活水平提高。城市居民人均可支配收入达3.25万元，同比增长7.7%，农民人均纯收入达1.65万元，同比增长7.7%。城镇、农村人均消费性支出分别为2.03万元、9707元。

2017年，全年城镇居民人均可支配收入3.52万元，同比增长8.4%；农村居民人均可支配收入1.78万元，同比增长8.1%。城镇居民家庭恩格尔系数（即居民家庭食品消费支出占家庭消费支出的比重）为23.77%，农村居民家庭恩格尔系数为30.70%。全年城镇新增就业1.32万人，实现下岗失业人员再就业4745人，实现就业困难人员再就业2295人，实现农村劳动力向非农产业转移就业1392人。

2018年，全区实现城镇新增就业13149人；实现下岗失业人员再就业5181人，其中就业困难人员就业2664人；实现农村劳动力向非农产业转移就业1373人。全区4067人享受城乡居民最低生活保障，其中，城镇居民最低生活保障人数3173人，农村居民最低生活保障人数894人。城市低保标准提高到600元/每人每月，城市特困人员供养标准为9360元/每人每年；农村低保标准提高到4000元/每人每年，农村特困人员供养标准为5500元/每人每年。全年城镇居民人均可支配收入近3.8万元，同比增长7.8%；农村居民人均可支配收入1.95万元，同比增长9.2%。

2019，全年民生投入资金30.4亿元，同比增加10%，占一般公共预算支出的80.3%。城镇新增就业1.31万人，下岗失业人员再就业5181人，城镇登记失业率3.03%。城乡居民人均可支配收入分别为3.8万元和1.95万元，增长7.8%和9.2%，高于全省、全市经济增速。城市和农村低保标准分别提高到每人600元/月、4000元/年。全面落实退役军人各项优抚安置政策，全年发放各类补助金2340万元，补缴社会保险752.8万元。

第四节 党的建设

中共十八大以后，海港区委坚决拥护以习近平为核心的党中央，坚定不移贯彻全面从严治党方略，认真开展群众路线教育实践活动、“三严三实”专题教育、“两学一做”学习教育，深入开展落实中央“八项规定”“一问责八清理”等专项行动。从全区党员干部的思想觉悟、工作作风、干事状态抓起，大力唱响“激情、标准、拼搏、担当”主旋律，全区各级党员干部理想信念更加坚定、干事劲头更加饱满、创业氛围更加浓厚。区委常委班子率先垂范，人人分担管党责任，各级党委（党组）书记及班子成员攥紧拳头，狠抓落实，“党建强则一强百强，党建失则一失百失”观念深入人心。出台《关于坚持从严治党的深入引领 加强新常态下党建工作的意见》，印发《全区各级书记抓基层党建工作责任清单、鼓励清单、负面清单》，全面提升管党治党工作水平。加强对意识形态工作的领导，深入开展社会主义核心价值观宣传教育，总结凝练“海港精神”，“开放、包容、崇德、尚美”成为全区干部群众的共同追求；坚持典型引路，表彰树立靖红利、杨家琛、沈汝波、温守文等一批在全市、全省有重要影响的模范人物，让干部群众赶有目标、学有示范。圆满完成河北省处置不合格党员试点工作，经验做法在全省交流推广；后进支部转化、党员志愿服务等工作取得明显效果，被评为“全省创先争优先进县区”“基层党建工作先进县区”。严肃党内政治生活，认真落实“三会一课”“党员活动日”等制度，广大党员在经济建设主战场、抗洪救灾、“双违”整治等重点工作中发挥先锋骨干作用。坚持中央提出的好干部标准，严格落实“五个重用”“五个不用”“五个调整”（“五个重用”就是重用对党忠诚的干部，让那些信念坚定、个人干净的干部上得来；重用务实肯干的干部，让那些埋头苦干、业绩突出的干部受褒奖；重用敢于担当的干部，让那些敢想敢干、善作善成的干部挑重担；重用善谋发展的干部，让那些能够推动发展、引领发展的干部有舞台；重用躬身实践的干部，让那些埋头基层、来自基层的干部有机会。“五个不用”就是决不用信念不牢、品行不端的干部；决不用跑官要官、投机钻营的干部；决不用滥用职权、不讲规矩的干部；决不用拉帮结派、闹不团结的干部；决不用不干不净、以权谋私的干部。“五个调整”就是要坚决调整心思不集中、工作不在状态的干部；坚决调整为官不为、混事度日的干部；坚决调整思想保守、得过且过的干部；坚决调整人岗不适、不能担当的干部；坚决调整不严不实、作风漂浮的干部）要求，“为勇于担当者担当，让为官不为者无位”成为全区干部队伍建设的风向标。加强作风和反腐倡廉建设，党风廉政建设主体责任、监督责任得到细化落实；组建专班开展常态化巡察，问题隐患得到及时纠正化解。定时或不定时组织开展各类明察暗访活动，整治工作纪律，机关作风明显好转。持续保持“利剑高悬”，从严治党的氛围全面形成。

一、党的思想建设

海港区委注重加强理论武装，通过中心组集中学习、举办培训班、研讨班等形式，加强对习近平重要讲话科学内涵、精神实质的理解，坚定“四个自信”，思想更加统一，步调更加一致。

2012 年，坚持提高领导水平和执政能力，党的思想建设不断加强。结合十七届六中全会精神的学习贯彻，深入开展“创先争优”等系列活动，各级干部的思想进一步解放，领导发展的能力进一步提高。学习型党组织建设逐步常态化，党委中心组学习制度得到进一步巩固和完善。以实施领导干部思想政治素质提升工程为载体，通过“集中培训月”等活动，全区干部队伍的能力素质显著增强。认真总结党建工作经验，逐渐形成富有海港区特色的党建工作方法，连续两年获得“全省基层党建先进县（区）”和“创先争优先进县（区）”称号。

2013 年，坚持和完善党委理论中心组学习制度，全年组织中心组学习 7 次。坚持和完善民主生活会制度，建立区委与各班子之间、常委之间、区级领导与分管部门之间“集体谈心制度”，及时解决工作难题，增强班子之间团结协作、干事创业的整体合力。特别是汇集集体智慧，凝练“开放、包容、崇德、尚美”的海港精神，在全区上下凝聚推动发展的强大动力。在十八届二中、三中全会，省委八届五次、六次全会后，邀请北大、清华等高校知名专家进行专题讲解，各级干部思想政治素质和理论水平不断提高。注重思想工作创新，加大典型宣传，弘扬社会正能量，推举的北港镇西连峪村原党支部书记靖红利被省委宣传部确定为全省典型，其先进事迹在全省各地巡回报告后，引起社会各界热烈反响。

2014 年，扎实开展党的群众路线教育实践活动，并贯穿到党的建设各个环节。坚持把思想教育放在首位。从提高党员干部的党性修养入手，邀请知名专家、学者专题授课，举办“弘扬延安精神、践行群众路线”报告会、开展“重走开山路，再学靖红利”等活动，广大党员干部心灵受到震撼；在全社会营造践行海港精神的氛围，加强社会主义核心价值观的学习和宣传，用时代精神营造和谐氛围、凝聚发展动力。时任省委常委、市委书记田向利先后 5 次调研指导海港区教育实践活动，并指出“海港区对教育实践活动高度重视、不走过场，认认真真、扎扎实实地搞活动，取得明显成效。尤其值得肯定的是，海港区在整个活动各个环节都表现出色。”

2015年，勇于自我革新，深入开展“三严三实”专题教育，强化各级党员干部的履职担当，从严从实规范作风建设，在全区范围内形成树正气、讲团结、聚合力、促转型良好氛围。聘请党建顾问，制发《关于坚持从严治党的深入引领 加强新常态下党建工作的意见》，为全面强化党建工作指明方向。建立两级基层党建工作述职评议机制，向区委专题汇报党建情况，经验做法在《河北日报》等媒体刊登。注重精神引领和典型培树，弘扬“开放、包容、崇德、尚美”海港精神，汇聚积极向上的正能量。坚持典型引路，表彰并树立为村集体积累30亿元资产、病倒在工作岗位上的归提寨村原党总支书记杨家琛和立志做10万件好事、身患癌症后依然坚持不懈的沈汝波等榜样标杆，开展“焦裕禄式”好党员、好干部及“平民偶像”评选，用身边事、身边人教育人、引导人，被中宣部授予全国基层宣讲工作先进集体称号。

2016年，区委常委会把学习列为第一议题，围绕贯彻习近平总书记系列重要讲话精神以及《关于新形势下党内政治生活的若干准则》《中国共产党党内监督条例》，多次举办各级干部专题培训班，严明政治纪律和政治规矩，在思想上、政治上、行动上同以习近平同志为核心的党中央始终保持高度一致。把学习宣传贯彻中共十九大精神摆上重要工作日程，推动中共十九大精神入脑入心、落地见效。组织开展学习宣传中共十九大精神“大宣讲”“大讨论”“大调研”活动，组建“专家宣讲团”“草根宣讲团”，累计宣讲1250多场次、刊发稿件600多篇、制作公益广告1400多块，打造建设大街、秦皇大街两条宣传示范街，在全区大兴学习之风、调研之风、实干之风，掀起学习宣传贯彻中共十九大精神的热潮。举办中共十九大精神宣讲报告会，邀请市委党校教授作专题辅导，帮助党员干部深入解读内涵、精准把握外延；发挥区委党校主阵地作用，连续举办6期专题培训班，分批次对全区科级领导干部进行集中轮训。发挥党委中心组理论学习的“风向标”和“领头雁”作用，紧紧抓住领导干部这个“关键少数”，组织理论中心组专题学习1000多次，深入学习领会习近平新时代中国特色社会主义思想内涵，树立“四个意识”，坚定“四个自信”。推进“两学一做”学习教育常态化、制度化，落实“三会一课”制度，确保中共十九大精神传达到基层，经验做法先后被《人民日报》《光明日报》刊发。

2018年，把学习宣传贯彻习近平新时代中国特色社会主义思想和中共十九大精神作为首要政治任务，深入开展“大宣讲、大调研、大讨论”活动，全年区委理论学习中心组专题研讨24次，组织开展基层宣讲2600多场次，增强“四个意识”、坚定“四个自信”、落实“两个维护”成为全区党员干部的思想自觉和行动自觉。全面贯彻落实新时代党的建设总要求，以党的政治建设为统领，推动全面从严治党向纵深发展。出台《关于加强新形势下意识形态工作的实施意见》，培树和宣传道德模范、最美人物等先进典型，沈汝波荣登2018年中国好人榜，并被追授为“全国最美退役军人”。

2019年，坚持把思想政治建设摆在首要位置，强化“四个意识”、坚定“四个自信”、落实“两个维护”，注重思想引领和导向带动，凝聚干事创业整体合力。将学习固定为区委常委会和政府常务会第一议题，围绕贯彻习近平新时代中国特色社会主义思想，及时传达习近平总书记系列重要讲话精神和省、市委最新要求。安排区委常委会学习议题14次、理论中心组集体交流研讨9次，推动掀起学习热潮，确保中共中央和省、市委决策部署第一时间落地见效。

把开展“不忘初心、牢记使命”主题教育作为提升党政班子思想建设、政治建设、作风建设的总抓手，牢牢把握根本任务和总体要求，以身作则、率先垂范。对照党章、党规找差距，着力聚焦“思想和成效”，高质量召开专题民主生活会，严肃认真开展批评和自我批评，带动全区科级以上领导班子查找、解决问题1800多个。加强正面舆论宣传，开展“我和我的祖国”歌咏比赛、“五星红旗飘起来”等活动，庆祝新中国成立70周年，激发全社会爱党爱国爱社会主义热情。

二、干部作风建设

聚焦“四风”，狠抓作风建设。认真落实和严格实施中央“八项规定”，是新一届党中央加强作风建设的切入口和动员令。区委高度重视，经过持续努力，中央“八项规定”精神深入人心，成为全区作风建设的代名词，所规范的内容大大拓展，由最初的改进考察调研、精简会议文件、规范出访活动等方面，不断向公车改革治理、腾退超标办公用房、清理裸官和吃空饷等诸多领域拓展延伸。扎实开展党的群众路线教育实践活动，对党内思想之尘、作风之弊、行为之垢进行一次大排查、大检修、大扫除，广大党员干部受到马克思主义群众观点的深刻教育，贯彻党的群众路线的自觉性和坚定性明显增强，“四风”问题得到有效治理，一大批多年积累的矛盾和问题得到有效化解，打通联系服务群众“最后一公里”，党的执政基础更加巩固。深入开展“三严三实”专题教育，贯彻从严标准，突出问题导向，坚持以上率下，组织开展集中学习、专题党课、专题研讨、查摆整改，不断巩固拓展作风建设成果。

2012年，认真执行中央“八项规定”要求，深入开展“正风肃纪”专项行动，围绕“十对照、十整治”主要内容开展自查自纠活动，88个领导班子及科级领导干部均填报领导班子和干部个人正风肃纪专项行动对照《自查表》，查找出的领导班子具体问题63个、干部个人具体问题41个，并逐条逐项深刻剖析。组织开展检查、清理、规范评比达标表彰活动和党政机关举办庆典、研讨会、论坛等活动，清理政府性集资、保证金和摊派项目活动；对全区各单位机关工作作风、服务意识、办事效率等情况进行日常监督；精简文件简报、简化公务接待，降低行政办公成本。全区下发的各种文件531份，同比下降14%；公务用车购置及运行费1494万元，同比下降13.4%；因公出访总费用38.5万元，同比下降37.8%；公务招待支出92.4万元，同比减少62.7%。在“三项专项治理”活动中，清理规范“吃空饷”问题人员383人，查处违规车辆113辆，清理超标办公用房面积6216平方米。

2013年，以贯彻落实中央“八项规定”为契机，深入开展“正风肃纪”“三项治理”等专项整治行动，严格“三公”经费检查和使用，加大对机关工作纪律的检查曝光力度，广大党员干部和机关工作作风明显转变；严格落实党风廉政建设责任制，大力推进巡查工作常态化，反腐倡廉工作取得新成效。

2014年，紧紧围绕落实中央“八项规定”，出台《区委常委会克服“四风”十二项承诺》和“十带头”“十杜绝”有关规定，通过媒体向全区公开，接受群众监督；加大作风整顿力度，以“零容忍”的态度抓作风转变，在明察暗访常态化基础上，对“四风”突出问题发现一起，处理一起，坚决不搞下不为例和法不责众。组织明察暗访150多次，对41家存在问题的单位和76名违规违纪人员进行曝光和处理。加大党风廉政建设和反腐败工作力度，以推动纪检巡查工作常态化为抓手，对区水务局等4家单位进行巡查，对存在问题进行纠正处理，在全区范围内营造良好的从政环境。全区会议数量同比下降41.8%，发文数量同比下降21.9%，各类领导小组和议事协调机构同比下降9.7%，评比达标表彰活动同比下降30%；“三公”经费支出同比下降27.2%；因公临时出国（境）批次人数同比下降100%；拍卖超编超标车辆11辆；调整清理办公用房9276平方米；清理“裸官”1人、党政领导干部企业兼职49人。

2015年，以专项整治为拳头集中发力。全区制定各类贯彻落实中央“八项规定”精神、纠正“四风”问题专项整治方案、严肃纪律规定等相关文件8个，组织开展元旦春节、中秋国庆等时段检查，在职公务员在民营企业参股任职专项清理，机关食堂“四风”问题专项检查，规范党员干部操办婚丧喜庆事宜，狠刹“四风”“3+2”专项整治及暑期落实中央“八项规定”精神、纠正“四风”大检查等专项整治活动。在明察暗访常态化基础上，逢节必抓、逢点必查、查实必惩，轮次、波次加力加码加压，让不良风气无所遁形。组织开展各类明察暗访活动150多次，查处违反中央“八项规定”问题12件，给予党政纪处分12人，对6名负有领导责任的同志进行诫勉谈话。

2016年，弘扬“开放、包容、崇德、尚美”的海港精神，开展多角度、大规模社会主义核心价值观宣传、践行活动；树立杨家琛、沈汝波等一批榜样标杆，开展“焦裕禄式”好党员、好干部和平民偶像的评选，在全区营造崇尚先进的浓厚氛围，被中宣部授予“全国基层宣讲工作先进县区”称号。加大常态化明察暗访力度，利用群众监督、突击抽查、定期走访等多种手段，组织开展各类明察暗访活动230多次，查处违反中央“八项规定”和“四风”问题人员21人次，给予党政纪处分15人次；对3名负有领导责任的同志进行诫勉谈话。

2017年，扎实推进“接力沈汝波，为民做好事”志愿服务品牌，全区网络实名注册志愿者人数位列全省第一；扎实推进“干部下基层·建功在一线”工作，3200 多名机关干部积极响应“全员到一线去，把工作做透”号召，驻村居、包楼栋，推动干部作风和精神风貌发生根本性变化，涌现出带病坚守在工作岗位上的交通局局长肖子平、连续 40 多个日夜坚守在暑期一线的金梦海湾管委会主任马治国、拄着拐杖坚守在创城一线的社区党委书记邓淑颖、带领党员群众常年坚持义务扫街的村党支部书记果群等一批想干事、能干事的优秀干部。沈汝波的事迹在《人民日报》头版报道，他们用新时代的担当诠释海港精神的深刻内涵。

2018 年，深入开展贯彻落实中央“八项规定”精神、驰而不息纠正“四风”专项行动，解决人民群众反映强烈的突出问题。全年立案 165 件，结案 159 件，党纪政务处分 155 人，留置 4 人，向公安机关移送案件 6 件。

2019 年，深入开展纠正“四风”和作风纪律专项整治，精简、整合微信群和 QQ 群，有效减轻基层负担，经验做法被中国新闻网、《秦皇岛日报》等多家媒体报道。印发《关于进一步精简会议文件的通知》，区委、区政府年发文和会议数量同比减少 30% 以上。出台《中共海港区委巡察工作实施办法》《十届区委村（社区）巡察工作规划（2019—2021 年）》等 12 项制度文件，对 4 家单位开展常规巡察工作，对 1 家国有企业、21 个问题类型村进行专项巡察，实现巡察制度化、常态化管理。持续整治群众身边腐败和作风问题、人防系统腐败问题、“私车公养”问题，运用监督执纪“四种形态”处理 469 人次。坚持以案为鉴，制作警示教育片《红线》《界线》，用身边事例教育党员干部，在全区引起广泛反响。全年处置问题线索 518 件，立案 185 件，党纪政务处分 147 人，从严治党的氛围全面形成。

三、反腐廉政建设

中共十八大在反腐倡廉方面提出新观点、新举措、新要求，第一次把反腐倡廉放在党的思想建设、组织建设、作风建设、反腐倡廉建设和制度建设五大建设的第四位；第一次在党代会报告中提出廉洁政治的目标，要求做到干部清正、政府清廉、政治清明；第一次在党代会报告中把党的纪律建设作为一个专门问题来阐述，进行要求。以习近平同志为核心的党中央以强烈的历史责任感、深沉的使命忧患意识和顽强的意志品质推进反腐倡廉。

习近平在党的十九大报告指出："当前，反腐败斗争形势依然严峻复杂，巩固压倒性胜利、夺取压倒性胜利的决心必须坚如磐石。"还指出："不敢腐的目标初步实现，不能腐的笼子越扎越牢，不想腐的堤坝正在构筑，反腐败斗争压倒性态势已经形成并巩固发展。"

海港区委认为：反腐零容忍的决心丝毫不能动摇，打击腐败的力度丝毫不能削减，必须以永远在路上的坚忍和执著，坚决打好反腐败斗争。因此，区委一直不忘初心、牢记使命，把反腐斗争作为全面从严治党的重要内容，反腐惩恶，正风肃纪，着力构建不敢腐、不能腐、不想腐的体制机制。

2012 年，区委把反腐倡廉建设摆在重要位置，严明党的政治纪律，加快推进惩治和预防腐败体系建设，建立健全反腐倡廉各项机制。印发《海港区 2012 年党风廉政建设和反腐败工作任务分工》，将区委、区政府领导班子成员承担党风廉政建设和反腐败工作的任务具体分解，主要任务分解为 50 项，明确责任领导 14 人，确定牵头单位 25 个。采取责任领导季度提示卡、责任单位半年工作调度及不定期组织督导检查等形式，党风廉政建设任务和责任做到有部署、有落实、有检查。

2013 年，严格落实党风廉政建设责任制，推进巡查工作常态化，反腐倡廉工作取得新成效。对区水务局等 4 家单位进行巡察，对存在问题的单位进行纠正处理，在全区范围内营造良好的从政环境。

2014 年，把查办案件作为重中之重，坚持“零容忍”，有腐必惩、有贪必肃。全年受理各类信访举报 153 件次、承办上级巡视组交办信访件 74 件次，初核案件线索 38 件，同比上升 46.2%；立案 34 件、结案 34 件，同比上升 54.5%，其中大要案 13 件，同比上升 160%；给予党政纪处分等 34 人，同比上升 54.5%，其中科级干部 10 人，同比增加 10 人。区纪委、监察局被授予“河北省纪检监察系统 2014 年度查办案件工作优秀集体嘉奖”，被评为“全市查办案件工作先进集体”。坚持明察暗访常态化，逢节必抓、逢点必查、查实必惩。全年组织明察暗访 150 多次，对 41 家单位 67 名违规违纪人员进行曝光和处理，对 4 名负有领导责任人员诫勉谈话。抓好常规廉政教育工作。建立谈心提醒教育试点“清风茶社”，谈心提醒教育领导干部 14 人。“清风茶社”工作模式得到中央、省、市纪委领导肯定并承办全市现场观摩会。

2015 年，增强办案工作力度，区纪委主要领导亲自批办督办重点案件，从时间统筹摆布上排在前列，从人力、物力、财力等保障方面予以大力倾斜，做到高度重视、集中力量、快查快结。年内，受理各类信访举报 431 件次、承办上级交办信访件 250 件次；初核案件线索 61 件，立案 33 件，结案 33 件，其中大要案 24 件，占 72.7%；给予党政纪处分 33 人，其中科级干部 14 人（12 人为单位党政“一把手”），占 42.4%，移送司法机关 1 人。加强廉政教育。举办反腐倡廉知识讲座 30 多场次，主要领导讲廉政党课 70 多场次。建立“廉政早提醒”短讯平台，定期为 791 名科级领导干部发送廉政短信，做到有重要节日必发、重要会议精神必发、重要政策文件必发；全年累计发送短信46期，3万多条次。

2016年，把监督执纪重心从“盯违法”向“盯违纪”转变、从“管少数”向“管多数”转变、从“被动查”向“主动防”转变，做到纪严于法，用纪律管住大多数。全区纪检监察机构处置问题线索333件，立案118件，结案122件，给予党政纪处分112人次，其中科级干部19人次；与市纪委合办“6·18”专案，“双规”1人。加强与公、检、法、司及审计、国土、规划等执法执纪部门的联系，纪律审查过程中涉及其他职能部门的问题协调联动，发挥各自职能，形成惩治腐败的“硬拳头”，受理审计、国土、计生等执法部门移交线索41件，向司法机关移送案件线索10件次。

2017年，继续坚持无禁区、全覆盖、零容忍，坚持重遏制、强高压、长震慑，坚持受贿行贿一起查，持续强化不敢、知止氛围，保持反腐败高压态势；聚焦中共十八大后不收敛不收手，问题线索反映集中、群众反映强烈，政治问题和经济问题交织的腐败案件。全年处置问题线索377件，立案审查调查165件，给予党纪政务处分155人，其中乡科级干部43人。对4人采取留置措施，移送检察机关起诉3人。深挖细查涉黑涉恶腐败和“保护伞”，围绕“一条主线、三条支线”，深化“一案三查”，加强与政法机关协作配合，形成惩腐打“伞”合力，研判线索57件，立案7人，查结2人，“双开”2人。查处基层“微腐败”各类问题1487件，立案118件，给予党政纪处分112人次。

2018年，深化国家监察体制改革试点工作，完成对12家单位的巡察，运用“四种形态”处理331人次，整改“一问责八清理”问题线索1988件、基层“微腐败”各类问题1487件，立案118件，给予党政纪处分112人次，全面从严治党氛围形成。

2019年，突出重点削减存量、零容忍遏制增量，对中共十八大后不收敛、不收手，特别是中共十九大后仍不知止、胆大妄为的，发现一起查处一起。全年共立案审查调查197件，给予党纪政务处分160人。始终将办案安全作为执纪审查工作的生命线，改建走读式谈话场所，做到设备完善、制度规范、保障有力，全年累计谈话310多人次，未发生任何安全事故。发送廉政提醒短信10万多条，通过“清廉海港”微信公众号推送廉政教育内容205条。召开全区政治性警示教育大会2次，播放自行拍摄的警示教育片《红线》《界线》，集中通报全区查处的53起典型违纪违法案例。举办“守初心倡廉洁”——庆祝建党98周年廉政文化演出，制作《违反中央“八项规定”精神120条》动漫片，展示廉政成果，弘扬清廉文化，倡导清风正气。整治群众身边腐败。聚焦群众痛点、难点、热点，严查问题背后的违纪违法和失职失责问题，全年处置问题线索184件，给予党纪政务处分67人次。坚持群众身边问题靠身边党组织解决，推动各级党组织解决故意刁难群众、入学难、老旧小区改造拆迁难等群众身边问题103个。推动解决燕海东里36栋楼房老化房檐脱落、康乐里小区污水外溢等一批群众关心的热点难点问题。深化“扫黑除恶”惩腐打“伞”，共立案14件，查处涉黑涉恶腐败和“保护伞”5人。

第五节　党政领导机构建设

一、党的代表大会（2013—2019年，召开党的代表大会1次）

中国共产党海港区第十次代表大会。2017年2月20日—21日，中共海港区第十次代表大会在市民中心大礼堂召开。大会应出席代表231人，实出席代表231人。大会听取冯国林代表九届区委所作题为《拼搏实干，激情担当，为打造“一流主城区和沿海经济增长极”而努力奋斗》的工作报告。《中共海港区纪律检查委员会工作报告》以书面形式提交大会审查。大会选举新一届区委委员40人，候补委员8人，新一届区纪委委员21人。选举冯国林、曹立新、涨潮海、周贤发、高骥恩、侯葵然（女）、王健、印洪、詹立军（满族）、张晶为区委常委；选举冯国林为区委书记，曹立新、涨潮海为区委副书记。大会选举产生出席市第十二次党代会代表37人。

二、人民代表大会（2013—2019年，召开人民代表大会1次）

海港区第十五届人民代表大会第一次会议。2017年2月26日—28日，海港区第十五届人民代表大会第一次会议在区文化中心大礼堂召开。大会应出席代表275人，实出席代表272人。大会听取和审议区政府代区长曹立新所作的《海港区人民政府工作报告》；区发展改革局局长陈占勤《关于海港区2016年国民经济和社会发展计划执行情况与2017年国民经济和社会发展计划（草案）的报告》（书面）；区财政局局长苏文胜《关于海港区2016年财政预算执行情况和2017年财政预算（草案）的报告》（书面）；区十四届人大常委会主任鲁栋所作的《海港区人民代表大会常务委员会工作报告》；区法院院长刘光明所作的《海港区人民法院工作报告》；区检察院检察长陈巍所作的《海港区人民检察院工作报告》。会议通过上述各项报告，并作出相应决议。大会选举齐香民为区人大常委会主任，刘凤奎、桑菊、韩国祥、杨丽萍为区人大常委会副主任；选举曹立新为区政府区长，印洪、孙毅、杨忠权、肖桂玲、陈永祥为区政府副区长；选举刘光明为区法院院长；选举陈巍为区检察院检察长；选举海港区出席秦皇岛市第十四届人民代表大会代表107人。

第六章　革命烈士名录

秦皇岛人民经受严峻的考验，涌现出一大批可歌可泣的英烈。尤其在抗日战争和解放战争中，他们踊跃参军支前，在战火硝烟的战场，前仆后继，英勇杀敌，百折不挠，视死如归，用钢铁般的意志和铮铮铁骨挺起中华民族不屈的脊梁，用血性保卫国家的完整和民族尊严，他们的事迹感天动地，光照千古！

2019 年，全区共有革命烈士 224 人，其中女性革命烈士 3 人；烈士中有中共党员 40 人，有共青团员 8 人。抗日战争时期牺牲的革命烈士 40 人，解放战争时期牺牲的革命烈士 100 人，朝鲜战场牺牲的革命烈士 30 人，社会主义建设时期牺牲的革命烈士 30 人；失踪的革命军人 7 人，牺牲时间地点不清的革命烈士 17 人。

表 2

2019 年海港区革命烈士英名录

姓名	性别	民族	出生时间	政治面貌	籍贯	参加革命时间	牺牲时间	牺牲地点	牺牲时所在单位	牺牲时职务	安葬地点
李殿平	男	汉族	1931	中共党员	东港镇王家庄村	1948		朝鲜	中国人民志愿军运输部汽车 3 团	班长	朝鲜
刘植田	男	汉族	1916		西港镇慕义寨村	1950. 12	1951. 10	朝鲜	中国人民志愿军公路工程第 2 大队	助理工程师	丹东中国人民志愿军烈士陵园
李银兴	男	汉族	1931	中共党员	西港镇慕义寨大队	1947. 9	1962. 5	松花江	9042 部队政治部 3 支队	指导员	殡仪馆公仆亭
赵志兴	男	汉族	1960. 7	群众	西港镇小乐安寨村		1996. 8	青龙满族自治县	西港镇小乐安寨村		秦皇岛市殡仪馆
赵亚东	男	汉族	1904	中共党员	北港镇	1936	1944. 10	天津塘沽敌监狱	东北抗日联军	军医（正营）	天津市塘沽万人坑
于德福	男	汉族	1920. 10	中共党员	北港镇小旺庄村	1941	1947	北港镇小旺庄村	小旺庄民兵中队	中队长	北港镇小旺庄村
蒋自春	男	汉族	1922. 11	群众	海阳镇海阳四村	1947	1948	北京市石景区	48 军 143 师	战士	
李景富	男	汉族	1911	中共党员	海阳镇侯庄	1933	1949	辽宁省锦州市	地下工作者		辽宁省锦州市
李庆太	男	汉族	1928. 5	中共党员	海阳镇南街	1948	1951	朝鲜	红旗区和平村营	教导员	朝鲜红旗区和平村
李庆太	男	汉族	1928. 5	中共党员	海阳镇南街	1948	1951	朝鲜红旗区和平村	中国人民志愿军	营教导员	朝鲜红旗区和平村
温丙林	男	汉族		群众	海阳镇温家洼村	1971	1972	山西省太原市	1758 部队		
李向利	男	汉族	1961. 1	群众	海阳镇海阳三村	1981. 3	1982. 12	新疆维吾尔自治区吐鲁番	36171 部队	副班长	望海陵园
刘尚清	男	汉族	1928. 2	中共党员	北部工业区腰站庄村	1950. 3	1969. 8	河南省	2959 部队	团长	石家庄烈士陵园

续表 2-1

姓名	性别	民族	出生时间	政治面貌	籍贯	参加革命时间	牺牲时间	牺牲地点	牺牲时所在单位	牺牲时职务	安葬地点
梁俊廷	男	汉族	1919	群众	杜庄镇大深港村	1942					
高瑞相	男	汉族	1921	群众	杜庄镇高新庄村	1945					
甘泉胜	男	汉族	1924	群众	杜庄镇甘庄村	1942	1942	石门寨镇上庄坨村	临抚昌联合县支队	战士	石门寨镇上庄坨村
张文利	男	汉族	1921.10	群众	杜庄镇杨家山村	1942.4	1942.4	青龙满族自治县	青龙县支队	战士	青龙满族自治县
石有林	男	汉族	1913	群众	杜庄镇焦庄村	1942.10	1942.11	石门寨镇蟠桃峪村	临抚昌联合县支队	战士	石门寨镇
祝玉田	男	汉族	1919	群众	杜庄镇祝庄村		1943.3	杜庄镇紫峰坨村	祝庄民兵	中队民兵	杜庄镇祝庄村
赵文兴	男	汉族	1922.3	群众	杜庄镇碑庄村	1943.5	1943.6	海阳镇代庄村	冀东12团	战士	杜庄镇碑庄村
王维金	男	汉族	1921.12	群众	杜庄镇大深港村	1941	1944	抚宁县台营镇	临抚昌联合县县支队	战士	抚宁区台营
甘玉田	男	汉族	1900	中共党员	杜庄镇甘庄村		1944	海阳镇海阳村	甘庄农会	主任	杜庄镇甘庄村
高洪福	男	汉族	1930.8	群众	杜庄镇焦庄村	1944	1944		红娘寺临抚昌联合县支队	战士	抚宁区
呼明文	男	汉族	1905.3	中共党员	杜庄镇王庄村		1944			排长	
王春元	男	汉族	1925.4	群众	杜庄镇王庄村		1944	杜庄镇祝庄村	王庄民兵	中队民兵	杜庄镇王庄村
王德江	男	汉族	1924	群众	杜庄镇徐家沟村	1943	1944	抚宁县台营镇	临抚昌联合县支队	战士	抚宁区台营镇
焦鸿芬	男	汉族	1898	群众	杜庄镇焦庄村	1942	1944.2	杜庄镇肖家港村	临抚昌联合县区小队	司务长	杜庄镇肖家港村
李少明	男	汉族	1915.8	群众	杜庄镇小部落村	1943.2	1944.2	抚宁县榆关镇聂口村	临榆县支队	战士	抚宁区榆关镇聂口村

续表 2－2

姓名	性别	民族	出生时间	政治面貌	籍贯	参加革命时间	牺牲时间	牺牲地点	牺牲时所在单位	牺牲时职务	安葬地点
王维余	男	汉族	1928	群众	杜庄镇上新庄村		1945	海阳镇	上新庄民兵中队	民兵	杜庄镇上新庄村
徐元柱	男	汉族	1905	群众	杜庄镇徐山口村	1944	1945	驻操营镇板厂峪村	冀东 12 团	战士	驻操营镇板厂峪村
娄国栋	男	汉族	1922	群众	杜庄镇赵庄村	1944. 8	1945	石门寨镇鸭水河	临抚昌联合县支队	班长	杜庄镇赵庄村
徐佑先	男	汉族	1913	群众	杜庄镇徐山口村	1943. 6	1945. 7	卢龙县	临抚昌联合县支队	战士	卢龙县
赵连生	男	汉族	1917	群众	杜庄镇赵庄村	1944	1945. 9	山海关区	临榆县支队	战士	山海关
马炳林	男	汉族	1925	群众	杜庄镇小部落村	1944	1945. 11	石门寨镇下平山村	临榆县支队	战士	杜庄镇小部落村
王庆贵	男	汉族	1917. 5	群众	杜庄镇长辛店村	1943. 3	1946. 11	吉林省四平市	第四野战军 19 旅 471 团	战士	吉林省四平市
徐恩德	男	汉族	1916	群众	杜庄镇徐山口村	1946. 8	1946. 12	抚宁县下庄管理区后营村	冀东 12 军分区 1 团 2 营	战士	抚宁区台营镇
王维臣	男	汉族	1925	群众	杜庄镇大深港村	1946	1947	驻操营镇半壁山村	临榆县支队	战士	驻操营镇半壁山村
黄福庭	男	汉族	1925	群众	杜庄镇黄庄村	1946	1947	杜庄镇徐山口村	临榆县支队	战士	杜庄镇黄庄村
于　满	男	汉族	1916	群众	杜庄镇焦庄村		1947	抚宁县	深河焦庄担架队	民工	秦皇岛开发区腾飞路街道深河村
王维长	男	汉族	1919	群众	杜庄镇上新庄村	1944	1947	驻操营镇半壁山村	临榆县支队	副班长	驻操营镇半壁山村

续表 2－3

姓名	性别	民族	出生时间	政治面貌	籍贯	参加革命时间	牺牲时间	牺牲地点	牺牲时所在单位	牺牲时职　务	安葬地点
李永田	男	汉族	1926. 2	群众	杜庄镇王庄村	1946. 8	1947	辽沈战役	第四野战军 9 纵队	战士	辽宁省
刘秃子	男	汉族	1920	群众	杜庄镇王庄村	1942	1947	抚宁县牛头崖镇都寨村	冀东 12 团	副班长	抚宁区牛头崖镇都寨村
徐希珍	男	汉族	1926	群众	杜庄镇徐山口村	1943. 5	1947		辽沈战役第四野战军	战士	辽宁省鞍山市
王殿财	男	汉族	1925. 10	群众	杜庄镇赵庄村	1943. 2	1947	辽宁省	第四野战军独立骑兵师	排长	辽宁省
刘庆元	男	汉族	1922	群众	杜庄镇紫峰坨村	1945. 1	1947	临榆县公安局	临榆县公安局	干事	杜庄镇紫峰坨村
张太福	男	汉族	1913	群众	杜庄镇上新庄村		1947. 6	杜庄镇上新庄村	上新庄民兵中队	中队长	杜庄镇上新庄村
韩风瑞	男	汉族	1926	群众	杜庄镇杨庄村	1946	1947. 10	杜庄镇小部落村	临榆县支队	班长	杜庄镇杨各庄村
黄井林	男	汉族	1920	群众	杜庄镇北新庄村		1947. 11	抚宁县台营镇渤河寨村	北新庄民兵中队	民兵	抚宁区台营镇渤河寨村
隋德贵	男	汉族	1905	群众	杜庄镇平山营村		1947. 12	唐山市	平山营村农会	主任	
贲增凡	男	汉族	1926	群众	杜庄镇大深港村		1948	抚宁县台营镇	大深港民兵爆破组	民兵	抚宁区台营镇
党作雨	男	汉族	1906	群众	杜庄镇大深港村	1947	1948	抚宁县驻操营镇半壁山村	临榆县支队	战士	抚宁区驻操营镇半壁山村
石风有	男	汉族	1922	中共党员	杜庄镇高新庄村	1939	1948	辽宁省锦州市	第四野战军	营长	辽宁省锦州市
韩名元	男	汉族	1922	群众	杜庄镇山前村	1947. 1	1948. 5		何里庄临榆县支队	班长	何里庄
韩名元	男	汉族	1922	群众	杜庄镇山前村	1947. 1	1948. 5	何里庄	临榆县支队	班长	何里庄
尹国瑞	男	汉族	1907	群众	杜庄镇徐家沟村		1948. 5	杜庄镇肖家岗村	徐家沟村农会	主任	杜庄镇徐家沟村

续表 2－4

姓名	性别	民族	出生时间	政治面貌	籍贯	参加革命时间	牺牲时间	牺牲地点	牺牲时所在单位	牺牲时职　务	安葬地点
康　亮	男	汉族	1894	群众	杜庄镇小部落村		1948. 8	石门寨镇黑山窑村	小部落村农会	主任	石门寨镇黑山窑村
赵国安	男	汉族	1925	中共党员	杜庄镇杜庄村	1944	1948. 9	抚宁县	临榆县大队	连队书记	杜庄镇徐山口村
皮广林	男	汉族	1920	群众	杜庄镇杜庄村	1946	1948. 9	辽宁省锦州市	9 纵队 27 师 81 团 9 连	班长	辽宁省锦州市
周永义	男	汉族	1921	群众	杜庄镇大深港村	1946	1949	驻操营镇半壁山村	临榆县支队	战士	驻操营镇半壁山村
徐仁文	男	汉族	1931	群众	杜庄镇杜庄村	1947. 12	1949	湖南省	13 兵团工程兵	班长	湖南省
甘泉长	男	汉族	1925	群众	杜庄镇甘庄村	1946	1949. 1	天津市	46 军 138 师 414 团	副班长	天津市
孙　星	男	汉族	1925	群众	杜庄镇长辛店村	1947	1950. 10	江西省	48 军 144 师	战士	江西省雩都县
李贵合	男	汉族	1931	群众	杜庄镇大道村	1949. 1	1950. 11	朝鲜	中国人民志愿军 38 军	战士	朝鲜
周永林	男	汉族	1931	群众	杜庄镇大深港村	1948	1951	朝鲜	中国人民志愿军 48 军 144 师 403 团	战士	朝鲜
赵春德	男	汉族	1931	群众	杜庄镇大道村	1944. 2	1951. 10	朝鲜	中国人民志愿军 67 军 201 师 603 团	班长	朝鲜
陈国奎	男	汉族	1928. 1	中共党员	杜庄镇杨庄村	1946. 7	1953. 3	朝鲜	中国人民志愿军 67 军 601 团	副排长	朝鲜
于志忠	男	汉族	1934. 7	群众	杜庄镇董家沟村	1950. 12	1953. 4	山西省临汾市	华北军区独立 1 团	副班长	山西省临汾市
杨淑琴	女	汉族	1937. 6	群众	杜庄镇杨家山村	1957. 7	1976. 7	唐山市	255 医院	护士	唐山机场

续表 2－5

姓名	性别	民族	出生时间	政治面貌	籍贯	参加革命时间	牺牲时间	牺牲地点	牺牲时所在单位	牺牲时职务	安葬地点
高喜明	男	汉族	1962. 6	群众	杜庄镇温泉堡村		1988. 3	杜庄镇	温泉堡村	民兵	杜庄镇温泉堡村
张文贵	男	汉族	1920	群众	驻操营镇板厂峪村	1943					
曹金贵	男	汉族	1928	群众	驻操营镇板厂峪村	1946. 3					
吴之武	男	汉族	1926	群众	驻操营镇吴庄村	1945. 8					
刘为成	男	汉族	1925	群众	驻操营镇义院口村	1947					
赵长富	男	汉族	1920	群众	驻操营镇义院口村	1947. 10				战士	
李国宽	男										驻操营镇板厂裕景区
杨　来	男										驻操营镇板厂裕景区
刘景阳	男	汉族	1920	群众	驻操营镇平顶峪村	1944. 7	1945	驻操营镇杨山岭村	临榆县第 2 区区小队	战士	驻操营镇杨山岭村
龚德元	男	汉族	1920	群众	驻操营镇张庄村	1945	1945	石门寨镇上平山村	抚昌联合县第 2 区	通信员	石门寨镇上平山村
厉德风	男	汉族	1921	群众	驻操营镇东山根村	1945. 2	1945. 8	辽宁省绥中县秋树沟	绥中县支队	战士	辽宁省绥中县秋树沟
张福贵	男	汉族	1909	群众	驻操营镇义院口村	1943	1945. 8	杜庄镇焦庄村	临抚昌联合县支队	战士	杜庄镇焦庄村
郝克谦	男	汉族	1920	群众	驻操营镇东王庄村	1944	1945. 10	辽宁省绥中县李家堡	绥中县第 5 区财粮	助理	辽宁省绥中县李家堡
孙万福	男	汉族	1922	中共党员	驻操营镇板厂峪村		1946	驻操营镇板厂峪村	板厂峪民兵	中队民兵	驻操营镇板厂峪村

续表 2-6

姓名	性别	民族	出生时间	政治面貌	籍贯	参加革命时间	牺牲时间	牺牲地点	牺牲时所在单位	牺牲时职务	安葬地点
张玉臣	男	汉族	1918.1	群众	驻操营镇板厂峪村		1946	抚宁县驻操营镇板厂峪村	板厂峪	中队民兵	驻操营镇板厂峪村
董秀春	男	汉族	1923.8	群众	驻操营镇黄土营村	1944.2	1946.10	辽宁省新金市千古吐	辽西专属	干部	辽宁省新金市千古吐
陆振西	男	汉族	1912.11	中共党员	驻操营镇板厂峪村	1946	1946.12	河北省滦县坨子头车站	独立团 2 营	战士	唐山市滦县
李久顺	男	汉族	1923	群众	驻操营镇黄土营村	1946.3	1946.4	石门寨镇付水寨村	临榆县支队	战士	石门寨镇付水寨村
梁春山	男	汉族	1919	群众	驻操营镇半壁山村	1946.10	1947	河北省乐亭县巩各庄	11 旅 31 团	战士	唐山市乐亭县
刘善亭	男	汉族	1914	群众	驻操营镇东山根村	1946	1947	抚宁县驻操营镇娃娃峪	临榆县支队	战士	驻操营镇龙泉庄村
许占福	男	汉族	1922	群众	驻操营镇东王庄村	1946.10	1947	河北省乐亭县巩各庄	11 旅 31 团 8 连	战士	唐山市乐亭县
柏耀忠	男	汉族	1926	群众	驻操营镇东王庄村	1946.10	1947	河北省乐亭县巩各庄	11 旅 31 团 3 营	战士	唐山市乐亭县
刘素霞	女	汉族	1924	群众	驻操营镇龚家楼村		1947	石门寨镇槐树店村	龚家楼妇救会	主任	驻操营镇龚家楼村

续表 2-7

姓名	性别	民族	出生时间	政治面貌	籍贯	参加革命时间	牺牲时间	牺牲地点	牺牲时所在单位	牺牲时职务	安葬地点
王保祥	男	汉族	1928	群众	驻操营镇平顶峪村	1946	1947	杜庄镇徐庄村	临榆县支队	战士	杜庄镇徐庄村
王槐林	男	汉族	1923	群众	驻操营镇平顶峪村		1947	大毛山村平顶峪		民兵	驻操营镇平顶峪村
邵来有	男	汉族	1922	群众	驻操营镇杨蒋山村	1945.3	1947	抚宁县西张庄烟筒山	冀东61团	战士	抚宁区深河
王正生	男	汉族	1925	群众	驻操营镇张庄村	1946.10	1947	河北省乐亭县巩各庄	11旅31团	战士	唐山市乐亭县
杨永春	男	汉族	1922	群众	驻操营镇张庄村	1946	1947	河北省乐亭县巩各庄	13旅31团	战士	唐山市乐亭县
骆中山	男	汉族	1920	群众	驻操营镇董家口村		1947.4	石门寨镇上庄坨村	董家口村担架队	民工	石门寨镇上庄坨村
温绍民	男	汉族	1924	群众	驻操营镇温庄村	1946.10	1947.4	杜庄镇甘庄村	临榆县支队	战士	驻操营镇温庄村
王殿祥	男	汉族	1926	群众	驻操营镇义院口村	1945.9	1947.4	抚宁县下庄管理区高庄村	临榆县支队	战士	抚宁区下庄管理区高庄村
王庆和	男	汉族	1923	中共党员	驻操营镇长城村	1945	1947.5	辽宁省绥中县红庙子	绥中县分队	排长	辽宁省绥中县
王庆增	男	汉族	1909	群众	驻操营镇平顶峪村		1947.5	驻操营镇平顶峪村	平顶峪村农会	民政委员	驻操营镇平顶峪村
杨庆和	男	汉族	1927	群众	驻操营镇平顶峪村		1947.5	驻操营镇查庄村	平顶峪村担架队	民工	驻操营镇查庄村

续表 2－8

姓名	性别	民族	出生时间	政治面貌	籍贯	参加革命时间	牺牲时间	牺牲地点	牺牲时所在单位	牺牲时职务	安葬地点
梁润芝	男	汉族	1921	群众	驻操营镇半壁山村	1921	1947. 7	抚宁县驻操营镇半壁山村	半壁山	中队战士	驻操营镇半壁山村
龚保长	男	汉族	1920	群众	驻操营镇龚家楼村		1947. 8	辽宁省绥中县	山神庙龚家楼	民兵中队长	辽宁省绥中县
龚停琪	男	汉族	1909	群众	驻操营镇庄河村		1947. 10	驻操营镇庄河村	庄河农会	主任	驻操营镇庄河村
王忠会	男	汉族	1921	群众	驻操营镇平顶峪村		1947. 12	驻操营镇张庄村	平顶峪民兵队	民兵	驻操营镇平顶峪村
狄西彬	男	汉族	1911. 10	中共党员	驻操营镇南关村	1939	1948	辽宁省建昌县	建昌县区小队	队长	辽宁省建昌县
张会川	男	汉族	1929	群众	驻操营镇张岩子村	1945. 8	1948	吉林省四平市	第四野战军	战士	吉林省四平市
刘庆珍	男	汉族	1919	群众	驻操营镇邹刘贺村	1946. 6	1948	辽宁省黑山县	辽西支队	战士	辽宁省黑山县黑山村
张相林	男	汉族	1919	群众	驻操营镇张庄村	1946. 2	1948	河北省乐亭县板桥	46 军 137 师 409 团 3 营	战士	唐山市乐亭县板桥
王　喜	男	汉族	1909	中共党员	驻操营镇邹刘贺村	1946. 11	1948	乐亭县巩各庄	46 军 409 团 3 营	班长	唐山市乐亭县
王保贵	男	汉族	1928. 5	群众	驻操营镇平顶峪村	1947. 10	1948. 4	抚宁县驻操营镇查庄村	冀东 12 军分区	战士	驻操营镇板厂峪村
董殿锋	男	汉族	1927. 2	群众	驻操营镇义院口村	1947. 11	1948. 6	驻操营镇半壁山村	临榆县支队	战士	驻操营镇义院口村
庞玉生	男	汉族	1927	群众	驻操营镇东山根村	1946	1948. 11	昌黎县城	46 军	战士	昌黎县
温庆玉	男	汉族	1915. 8	群众	驻操营镇黄土营村	1948. 2	1949. 10	北京市通州区定新庄	48 军	战士	北京市通州区定新庄

续表 2-9

姓名	性别	民族	出生时间	政治面貌	籍贯	参加革命时间	牺牲时间	牺牲地点	牺牲时所在单位	牺牲时职务	安葬地点
田　春	男	汉族	1923	群众	驻操营镇吴庄村	1948.10	1950	朝鲜	中国人民志愿军38军114师341团	战士	
任风柏	男	汉族	1931.2	群众	驻操营镇马家峪村	1946.11	1950.5	山东省济南市	山东省军区	战士	山东省济南市
陈庆云	男	汉族	1926	群众	驻操营镇东王庄村	1946.11	1951	朝鲜	中国人民志愿军67军201师	战士	朝鲜
张国兴	男	汉族	1930	中共党员	驻操营镇平房峪村	1947.12	1951.3	朝鲜	中国人民志愿军40军120师358团	班长	朝鲜
刘振元	男	汉族	1929.3	群众	驻操营镇张庄村	1949.3	1951.10	朝鲜金城	中国人民志愿军67军200师600团3营	战士	朝鲜金城
李永会	男	汉族	1929.3	群众	驻操营镇平顶峪村	1948.2	1951.11	朝鲜黑沙里战斗	中国人民志愿军步兵201师602团机炮连	排长	朝鲜
杜士杰	男	汉族	1923	群众	驻操营镇东部落村	1948.2	1952	朝鲜	中国人民志愿军	战士	朝鲜
杜连荣	男	汉族	1928.7	群众	驻操营镇甘城子村	1947.8	1953.2	朝鲜	中国人民志愿军	坦克驾驶员	朝鲜
王彼才	男	汉族	1929.9	中共党员	驻操营镇六瓦房村	1949.11	1953.6	朝鲜	中国人民志愿军67军200师600团	话务员	朝鲜
李保财	男	汉族	1924.2	群众	驻操营镇孟庄村	1949.7	1953.6	朝鲜十字架山战斗	中国人民志愿军67军200师600团	班长	朝鲜
王　贵	男	汉族	1921.2	群众	石门寨镇上平山村	1944.5					

续表 2－10

姓名	性别	民族	出生时间	政治面貌	籍贯	参加革命时间	牺牲时间	牺牲地点	牺牲时所在单位	牺牲时职务	安葬地点
杨国顺	男	汉族	1926.8	群众	石门寨镇北斜村	1945.5		吉林省四平市	冀东18团	战士	吉林省四平市
田义文	男	汉族	1928.1	群众	石门寨镇大傍水崖村	1945.7		失踪			
张德富	男	汉族	1924	群众	石门寨镇刘庄村	1945.8		失踪			
李　柱	男	汉族	1922	群众	石门寨镇黑山窑村	1946		失踪			
杨庆山	男	汉族	1925	群众	石门寨镇石岭村	1946					
阎成章	男	汉族	1926	群众	石门寨镇阎家峪村	1947					
戴文申	男	汉族	1932.6	群众	石门寨镇浅水营南村	1948		失踪	67军200师200团2营		
张保贵	男	汉族	1926	群众	石门寨镇下花野村	1948		朝鲜	中国人民志愿军	战士	
黄景云	男	汉族	1923.1	群众	石门寨镇北河村	1948.1		失踪			
刘汉生	男	汉族	1932	群众	石门寨镇潮水峪村	1948.2		失踪			
赵文吉	男	汉族	1925.10	群众	石门寨镇北斜村	1948.3		失踪			
刘占义	男	汉族	1926.1	群众	石门寨镇南林子村	1948.9				战士	
高明仁	男	汉族	1938.11	群众	石门寨镇响水村	1959			西藏昌都军分区	战士	
曹庚海	男	汉族	1919	群众	石门寨镇北斜村	1937.1	1941.12	杜庄镇平山营村	临榆支队1连	班长	杜庄镇平山营村
孟长有	男	汉族	1923	群众	石门寨镇柳条庄村	1942.3	1943.2	抚宁县榆关镇大米河头村	冀东12团	战士	抚宁区榆关镇大米河头村
何大祥	男	汉族	1915	群众	石门寨镇车厂村	1943.2	1943.5	石门寨镇柳江	青龙7区小队	战士	石门寨镇车厂村

续表 2－11

姓名	性别	民族	出生时间	政治面貌	籍贯	参加革命时间	牺牲时间	牺牲地点	牺牲时所在单位	牺牲时职务	安葬地点
侯维礼	男	汉族	1923	群众	石门寨镇石岭村	1943.3	1943.6	驻操营镇义院口村	临抚昌联合县支队	战士	驻操营镇义院口村
王　中	男	汉族	1922.12	群众	石门寨镇南刁部落村	1943.5	1943.12	抚宁县	临抚昌联合县支队	战士	抚宁区
常树休	男	汉族	1915.3	群众	石门寨镇上平山村	1943.7	1944	青龙满族自治县二道沟村	冀东 12 团	战士	青龙县二道沟村
王长顺	男	汉族	1920	群众	石门寨镇浅水营北村	1944	1944	抚宁县	冀东 12 团	战士	抚宁区
吴殿华	男	汉族	1921.10	群众	石门寨镇下平山村	1944	1944	抚宁县榆关镇鸭儿峪村	冀东 16 军分区	战士	抚宁区榆关镇鸭儿峪村
袁泽兴	男	汉族	1922.4	群众	石门寨镇黑山窑村	1943.11	1944.4	西张庄吴庄	临抚昌联合县支队	班长	西张庄吴庄
张玉安	男	汉族	1925.1	群众	石门寨镇黑山窑村	1943.1	1944.5	秦皇岛开发区西张庄烟筒山	临抚昌联合县支队	战士	西张庄烟筒山
马兴海	男	汉族	1921	群众	石门寨镇石门寨二村	1943.5	1944.8	抚宁县榆关镇龙腰村	冀东 12 团	战士	抚宁区榆关镇龙腰村
孙友生	男	汉族	1916	群众	石门寨镇车厂村	1943	1944.9	青龙满族自治县郎各庄	青龙 7 区小队	战士	青龙满族自治县
王徐田	男	汉族	1921.2	群众	石门寨镇上平山村	1943	1945	抚宁县留守营镇娘娘宫	临榆县基干队	战士	抚宁区留守营镇丁义庄村
杨玉柏	男	汉族	1921.5	群众	石门寨镇小傍水崖村	1943	1945	石门寨	临榆县支队	战士	石门寨
夏广吉	男	汉族	1918		石门寨镇浅水营村	1945	1945	抚宁县城	冀东 12 团	战士	抚宁县城

续表 2－12

姓名	性别	民族	出生时间	政治面貌	籍贯	参加革命时间	牺牲时间	牺牲地点	牺牲时所在单位	牺牲时职　务	安葬地点
王连仲	男	汉族	1920. 6	群众	石门寨镇南峪村	1945. 1	1945	抚宁县深河乡蚂蚁沟村	临抚昌联合县支队	战士	深河乡蚂蚁沟村
朱铁林	男	汉族	1920. 8	群众	石门寨镇	1943. 12	1945. 7	石门寨镇牛毛岭村			石门寨镇
刘景田	男	汉族	1905. 4	群众	石门寨镇付水寨村	1944	1945. 7	吉林省东丰县	24 旅 71 团 1 营 1 连	排长	吉林省东丰县
费殿安	男	汉族	1920	群众	石门寨镇石岭村	1935	1946	陕西省延安市		连长	陕西省延安市
深　才	男	汉族	1923. 8	群众	石门寨镇欢喜岭村	1943. 5	1946	抚宁县茶棚乡后白塔村	抚宁县支队	战士	抚宁县茶棚乡后白塔村
王占亭	男	汉族	1920	群众	石门寨镇秋子峪村	1946. 1	1946	杜庄镇方家河村	临榆县公安局	干部	杜庄镇方家河村
朱　福	男	汉族	1913	中共党员	石门寨镇北杨庄村	1943	1946. 2	抚宁县田各庄管理区	抚宁县支队	排长	石门寨镇秋子峪村
侯林甫	男	汉族	1927	群众	石门寨镇石岭村	1945. 8	1946. 6	石门寨镇北杨庄村	冀东 12 团	战士	驻操营镇义院口村
刘　先	男	汉族	1921	群众	石门寨镇黑山窑村	1944	1947	石门寨镇上庄坨村	临榆县支队	战士	石门寨镇
高金海	男	汉族	1922	群众	石门寨镇黑山窑村	1945	1947	抚宁县台营	抚宁县支队	战士	吉林省四平市
曹庚伦	男	汉族	1921. 5	群众	石门寨镇北斜村	1945. 5	1947	石门寨镇上庄坨村	临榆县支队	战士	石门寨镇上庄坨村

续表 2－13

姓名	性别	民族	出生时间	政治面貌	籍贯	参加革命时间	牺牲时间	牺牲地点	牺牲时所在单位	牺牲时职　务	安葬地点
杨铁林	男	汉族	1920. 1	群众	石门寨镇上庄坨村	1945. 5	1947	辽宁省	17 旅 51 团 2 营 4 连	战士	辽宁省
周景书	男	汉族	1923. 5	群众	石门寨镇夏家峪村	1945. 7	1947	石门寨	临榆县支队	战士	石门寨
刘中兴	男	汉族	1928	群众	石门寨镇赵庄村	1946. 2	1947	杜庄镇大深港村	抚宁县支队	战士	杜庄镇大深港村
刘景田	男	汉族	1928	群众	石门寨镇上庄坨村	1946. 5	1947	吉林省东丰县	临榆县支队	排长	吉林省东丰县
曹文才	男	汉族	1921. 7	群众	石门寨镇朱清峪村	1946. 8	1947	辽宁省朝阳市	第四野战军 3 纵队 8 旅	战士	辽宁省朝阳市
丁明德	男	汉族	1899. 2	中共党员	石门寨镇秋子峪村		1947. 7	石门寨镇秋子峪村	民兵中队	中队长	石门寨镇秋子峪村
杨进贤	男	汉族	1915. 3	群众	石门寨镇徐庄村		1947. 10	石门寨镇徐庄村	徐庄	民兵中队	石门寨镇徐庄村
曹振祥	男	汉族	1915. 7	群众	石门寨镇北峪村	1944. 6	1947. 10	杜庄镇平山营村	抚宁县支队	战士	杜庄镇平山营村
丁明海	男	汉族	1903. 2	中共党员	石门寨镇秋子峪村	1947. 10	1947. 12	石门寨镇秋子峪村	临榆县支队	中队长	石门寨镇秋子峪村
雷振伍	男	汉族	1921. 12	中共党员	石门寨镇浅水营南村	1943	1948	河北省隆化县	17 旅机炮连	排长	河北省隆化县西门外
张文奎	男	汉族	1928. 2	群众	石门寨镇北刁部落村	1944. 7	1948	辽沈战役	第四野战军	战士	辽宁省
李成印	男	汉族	1925	群众	石门寨镇槐树店村	1945. 6	1948	辽沈战役	第四野战军	战士	辽宁省
朱恩明	男	汉族	1914. 6	群众	石门寨镇韦子峪村	1946	1948	河北省滦县榛子镇	冀东 11 旅 30 团 3 营 7 连	战士	唐山市滦县榛子镇

续表 2－14

姓名	性别	民族	出生时间	政治面貌	籍贯	参加革命时间	牺牲时间	牺牲地点	牺牲时所在单位	牺牲时职务	安葬地点
吴廷山	男	汉族	1918. 1	群众	石门寨镇黑山窑村	1947. 1	1948	抚宁县坟坨管理区马家峪村	抚宁县大队	战士	抚宁区坟坨管理区马家峪村
李占英	男	汉族	1920. 5	群众	石门寨镇北庄坨村	1947. 5	1948	辽沈战役	第四野战军	战士	辽宁省
孙连贵	男	汉族	1921. 10	群众	石门寨镇黑山窑村	1945. 9	1948. 10	抚宁县	抚宁县支队	战士	石门寨镇黑山窑村
骆如成	男	汉族	1912. 2	群众	石门寨镇黑山窑村	1947. 1	1948. 10	抚宁县坟坨管理区马家峪村	抚宁县大队	战士	抚宁区坟坨管理区马家峪村
赵连喜	男	汉族	1918. 1	群众	石门寨镇付水寨村	1943. 10	1948. 11	石门寨	临榆县公安局	班长	石门寨镇付水寨村
刘汉才	男	汉族	1929. 6	群众	石门寨镇潮水峪村	1944. 10	1949	海南岛	128 师 384 团炮兵连	副班长	海南岛
张文元	男	汉族	1922. 5	群众	石门寨镇后村	1946. 2	1949	天津市	46 军 138 师 414 团	战士	天津市
祖成山	男	汉族	1927. 5	群众	石门寨镇王木庄村	1948. 5	1949	湖北省	游北独立大队	战士	湖北省
马承太	男	汉族	1923. 1	群众	石门寨镇北林子村	1948. 4	1949. 4	山西省太原市	66 军	战士	山西省太原市
宋小成	男	汉族	1924. 6	群众	石门寨镇浅水营北村	1949. 1	1949. 4	山西省太原	66 军 197 师 589 团	战士	山西省太原市
李树清	男	汉族	1925. 1	群众	石门寨镇北河村	1948. 1	1949. 5	失踪			
李树华	男	汉族	1915. 1	群众	石门寨镇北河村	1945. 5	1949. 8	河北省	42 军 126 师卫生部	班长	河北省
杨景和	男	汉族	1925	共青团员	石门寨镇半壁店村	1948	1950. 12	朝鲜	中国人民志愿军 66 军 198 师 592 团	副班长	朝鲜
王有林	男	汉族	1923. 9	中共党员	石门寨镇沙河寨村	1949. 5	1951	朝鲜	中国人民志愿军 63 军 189 师 566 团	班长	朝鲜

续表 2－15

姓名	性别	民族	出生时间	政治面貌	籍贯	参加革命时间	牺牲时间	牺牲地点	牺牲时所在单位	牺牲时职务	安葬地点
高庆春	男	汉族	1926	群众	石门寨镇响水村	1948	1951. 1	朝鲜	中国人民志愿军 150 师 450 团 2 营 4 连	班长	朝鲜龙仁郡
王宝堂	男	汉族	1933	群众	石门寨镇英武山村	1950. 1	1951. 10	朝鲜	中国人民志愿军 67 军 200 师 600 团	战士	朝鲜
周文奎	男	汉族	1925. 8	群众	石门寨镇沙锅店村	1949. 2	1952	朝鲜	中国人民志愿军 38 军	战士	朝鲜
揣德贵	男	汉族	1934	群众	石门寨镇揣庄村	1950	1952	朝鲜	中国人民志愿军	战士	朝鲜
刘永平	男	汉族	1931. 8	共青团员	石门寨镇山羊寨村	1951	1952. 7	朝鲜	中国人民志愿军 65 军 194 师 582 团	战士	朝鲜
张玉申	男	汉族	1923. 3	群众	石门寨镇南峪村	1944. 3	1952. 8	朝鲜汉江	中国人民志愿军 67 军 201 师 601 团	战士	朝鲜
刘继增	男	汉族	1923. 1	群众	石门寨镇沙锅店村	1948. 1	1952. 8	朝鲜	中国人民志愿军炮兵 532 团	班长	朝鲜
费殿福	男	汉族	1922. 1	群众	石门寨镇半壁店村	1948. 7	1953. 7	朝鲜	中国人民志愿军 68 军 203 师 608 团	副班长	朝鲜
张德奎	男	汉族	1927	中共党员	石门寨镇未庄村	1949. 4	1953. 7	朝鲜	中国人民志愿军 67 军 200 师 600 团	班长	朝鲜
李景山	男	汉族	1925	群众	石门寨镇秋子峪村	1946	1960. 9	辽宁省大连市	035 部队 036 支队 1 小队	副连长	辽宁省大连市

续表 2-16

姓名	性别	民族	出生时间	政治面貌	籍贯	参加革命时间	牺牲时间	牺牲地点	牺牲时所在单位	牺牲时职务	安葬地点
钟　政	男	汉族	1951.5	共青团员	石门寨镇老观峪村	1969.3	1971.11	涿州市	4796 部队	战士	河北省定兴县
于常福	男	汉族	1927.2	中共党员	石门寨镇北河村	1950.10	1976.7	唐山市	总参谋部第 57 研究所政治部	副科长	唐山市
黄福臣	男	汉族	1931.3	中共党员	山东庄	1948.12	1951.10	朝鲜金城南阻击战	中国人民志愿军 201 师 603 团 1 机连	通信员	朝鲜江原省金化县金城村
盖常海	男	汉族	1927.12	中共党员	山东省莱阳市	1945.11	1967.1	秦皇岛市	4610 部队	副主任	山东省济南烈士陵园
樊金策	男	汉族	1936.10	中共党员	河北省霸州市	1956.3	1968.10	秦皇岛市	4743 部队	助理员	河北省霸州市
贾国祯	男	汉族	1928	中共党员	河北省唐县	1942	1974	秦皇岛市	66 军 197 师	政委	华北烈士陵园
刘庚寅	男	汉族	1930.4	中共党员	河北省深泽县留王庄	1947	1976	唐山市	66028 部队	团政委	秦皇岛市
王子明	男	汉族	1930.12	中共党员	山东省宁津县	1947.6	1979.7	海港区	秦皇岛边防检查站	副站长	山东省宁津县
安　福	男	汉族	1927.7	中共党员	河北省行唐县	1945	1979.8	秦皇岛市	52861 部队	处长	
戴行汝	男	汉族	1928.9	中共党员	安徽省嘉山县	1943.7	1980.5	秦皇岛市	北京军区高炮 67 师	副政委	华北军区烈士陵园
郜维东	男	汉族	1967.3	共青团员	北京市	1986	1988.11	海军航空兵机场	37762 部队西分队	海军下士	长安陵园
雷　震	男	汉族	1971.1	中共党员	山西省西乡县	1990.12	1993.1	内蒙古自治区	内蒙古自治区呼伦贝尔盟森林警察支队	班长	秦皇岛市殡仪馆
董殿仓	男	汉族	1962.11	中共党员	天津市宁河县	1981.11	1995.8	海港区龙家营油库检修所	38562 部队	副教导员党支部书记	天津市宁河县烈士陵园

续表 2－17

姓名	性别	民族	出生时间	政治面貌	籍贯	参加革命时间	牺牲时间	牺牲地点	牺牲时所在单位	牺牲时职务	安葬地点
代令发	男	汉族	1953.3	共青团员	秦皇岛	1972.12	1973.7	北京猿人洞	909 部队	战士	秦皇岛市殡仪馆
王来有	男	汉族	1951	中共党员	秦皇岛		1976.2	海港区	河北省第四建筑公司	技术员	长安陵园
姚成喜	男	汉族	1954.4	中共党员	秦皇岛	1972	1977	秦皇岛	7355 部队	班长	长安陵园
文墨如	男	汉族	1942.4	中共党员	秦皇岛	1961.8	1980.1	海军工程兵第二工建处	工建处技术连海军工程兵第二工建处	政治处副主任	长安陵园
贾瑞春	男	汉族	1960.3	共青团员	秦皇岛	1979.12	1980.7	江苏省镇江市	江苏省镇江市船艇大队		秦皇岛市殡仪馆
张立金	男	汉族	1966.6	群众	秦皇岛	1983.12	1984.2	山东省青岛市	北航司令部管理处	战士	河北省唐山市丰南区
张东文	男	汉族	1968.4	共青团员	秦皇岛	1988.1	1989.5	海港区	秦皇岛市公安局海港分局	民警	长安陵园
冯越忠	男	汉族	1968.8	共青团员	海港区	1987.11	1989.10	海港区	秦皇岛海军办事处	上士班长	
廖静霞	女	汉族	1962.11	群众	海港区	1984.4	1994.12	海港区	秦皇岛火车站	售票员	望海陵园

大事记

1921 年

4 月 24 日，中华民国交通总长叶恭绰与中英公司代表梅尔思签订京奉铁路唐榆段双轨借款合同。借英镑 50 万镑（银元 200 万元）。

6 月，唐榆铁路双轨工程破土动工。

9 月，中国与比利时集资 250 万元，成立耀华玻璃公司，拟在秦皇岛建立玻璃厂。

1922 年

3 月 17 日，耀华玻璃厂破土动工，年底初具规模。

3 月 27 日，耀华玻璃公司召开第一次股东大会，宣布公司成立。

4 月 29 日，第一次直奉战争爆发，奉军驻屯秦皇岛。

6 月 8 日，奉军代表张学良赴秦皇岛与直军司令彭寿莘磋商和谈。11 日，直奉两军和谈受挫，在山海关发生激战。

6 月 18 日，直军全权代表王成斌、杨清臣，奉军全权代表孙烈臣、张学良在秦皇岛海面英国军舰“克尔留”号上签订“停战和约”8 条，附约 2 条，确定以山海关为限。双方自 19 日起撤退军队。

8 月，在清真街东侧修建清真寺，占地面积 3525 平方米。

9 月，中国劳动组合书记部派王尽美在秦皇岛鲜果市街老盐店（西前街）组建并领导秦皇岛矿务局工友俱乐部。

10月16日，秦皇岛码头工人向开滦矿务局提出增加工资和提高劳保待遇等6条要求遭拒绝。当天晚上，在机器厂西门外广场举行露天大会，王尽美到会讲话，号召工人团结起来，与资本家斗争。

10月23日，秦皇岛工人与唐山开滦五矿工人3万多人举行总同盟罢工，罢工工人包围英国经理齐尔顿的办公大楼。

10月27日，矿局勾结直隶省警务处处长杨以德，调集军警镇压，开枪打死、打伤请愿工人数十人，酿成开滦惨案。秦皇岛港工人发表《秦皇岛矿务局全体工人痛告国人书》。

11月10日，秦皇岛港经理处运输处处长李克碑（雷格比，英国人）带司机进厂拉车皮，妄图造成复工假象，被护厂工人纠察队制止，工人怒打李克碑，坚持罢工到底。

11月21日，开滦矿务局和直隶省警务处张贴布告，答应百元以下增资10%，发罢工期间7天工资。

1923年

2月中旬，山海关警察署抓走王尽美、杨宝昆、赵春生。中共秘密党小组组织400多名工人包围警察署，迫使其释放3人。

5月8日，驻天津美军提督带200多名荷枪实弹的士兵赴秦皇岛操练。

6月，唐山至秦皇岛铁路双线铺设工程竣工。

1924年

9月15日，耀华玻璃厂建成投产，生产出亚洲第一块机械制造的平板玻璃。当年生产玻璃15万标箱，出口玻璃8546箱。

9月15日，第二次直奉战争爆发。10月7日，奉军攻破九门口，直军13旅旅长冯玉荣退至石门寨后自杀。奉军攻克石门寨，占据海阳。10日，直军首领吴佩孚星夜赶往秦皇岛“亲立炮火下督战”，但败局已不能挽回。22日，直军将领冯玉祥发动“北京政变”。31日，奉军占领秦皇岛，直军战败，第二次直奉战争宣告结束。战争期间，直奉双方在海港区铁庄一带交战。

是年，长城煤矿公司贷款40万元，修建秦皇岛至上庄坨的窄轨铁路。全长26千米，南起长城路东端，经付家店、鹿头山、石门寨至上庄坨。

1925年

3月，耀华玻璃工厂建立玻璃规程11种管理制度。公司资本增至170万元。是年，玻璃出口东南亚各国，后又打入日本、美国市场。玻璃商标由阿弥陀佛改为双套金刚钻牌，延续至今。

6月中旬，上海“五卅”惨案发生后，秦皇岛组织各界在扶轮小学（秦皇岛市山海关区铁路小学）开会，组成“各界赤心救援团”。

6月25日，秦皇岛各界与全国一致行动，举行总示威。“各界赤心救护团”在火车站北足球场举行市民大会，讲演募捐，游行示威。同时，组织群众抵制日货。

是年，秦皇岛电灯公司成立。1930年开始供电。

是年，秦皇岛镇当年人口为14920人（不含山海关、北戴河）。

1926年

1月5日，日军借口“保护侨民”，调军舰至秦皇岛。

3月，中国军舰和运输舰各一艘借英舰暂离秦皇岛之机，停泊码头，数千名中国军队登陆，英舰闻讯后，立即返回，以武力驱逐中国舰和登陆部队。

是年，将原京榆御道改建成汽车路，为秦皇岛第一条公路。

1927 年

4 月 18 日，《秦皇岛港客运统一办法》公布，头等舱票价：秦皇岛—天津 20 美元；秦皇岛—上海 60 美元；秦皇岛—香港 90 美元。三等舱为头等舱票价的 1/4。

是年，柳江煤矿发电厂建成，投资 22 万元。

是年，秦皇岛天主教堂在道南建成。地址海安里 106 号。

是年，忠义普济学社（道会门）传入秦皇岛，会长曹申明。

1928 年

2 月，中国海员总工会派梁润广、徐士秀到秦皇岛筹办海员工会。

3 月，开滦秦皇岛经理处无理扣押童工，激起民愤。500 名童工包围劳工处，迫使经理处放出被押童工。

6 月，汤河以西建 4 号井，解决市区和港口用水问题。当年泵水 27. 5 万吨。

7 月 15 日，国民党军陆续占领冀东全境。

是年，世界红学会（道德会的一种）在秦皇岛成立分会，会长王振斋，地址东大庙。

1929 年

2 月 6 日，中共顺直省委确定秦皇岛党组织隶属唐山市委领导。

5 月 18 日，秦皇岛商民进行反对双重关税的斗争，300 家商号罢市 3 天，迫使当局撤销“常关稽查局”。

5 月 22 日，秦皇岛港口 6000 名工人因反对工务处长克瑞（英国人）裁减工人举行罢工，结果克瑞被开除，并给工人增加工资 10%。

5 月，柳江煤矿工人提出增资要求，因矿方拒绝，全矿罢工 3 天，工人们列队到山海关的县政府请愿，迫使资方答应增资要求。

6 月 5 日，长城煤矿工人举行大罢工，要求资方发还欠资。

7 月 15 日，长城煤矿工人再次罢工。1000 多名矿工乘车至秦皇岛西付店村，又步行到山海关临榆县政府请愿。翌日，矿工们冒雨游行。长城矿工罢工的斗争得到社会各界声援和捐助，其中，田氏中学捐款 200 元，支援罢工工人。至 8 月 15 日，矿方才答复还欠工人工资的条件。

是年，《临榆县志》出版。志载，临榆县划为 8 个区、37 堡、868 个村。山海关为中区，北戴河属二区辖；秦皇岛为特别区，不辖村庄，设区公所。

是年，建立临榆县立秦皇岛初级中学（今秦皇岛二中址），有学生 300 人。

1930 年

4 月，南山新电厂建立并开始运行。总发电能力为 2000 千瓦。

6 月 8 日，由程自光领导成立海员工会遭警察搜查，20 多名工人被捕。

6 月 15 日，在秦皇岛的开滦煤船“真盛丸”“三阳丸”上的船员进行反减薪斗争。

7 月，港航同盟在秦皇岛的海员举行罢工。

12 月，奉政府命令，秦皇岛升格为独立海关，以葫芦岛为分关隶属之。

是年，柳江、长城等煤矿工人联合举行大罢工。

1931 年

2 月 5 日，秦皇岛工人以徐志恒为首向工会写请愿书，开展增资斗争。

2 月 6 日—3 月 23 日，秦皇岛码头工人为要求增加工资怠工 40 多天。将破坏增资斗争的副经理朱捷三驱逐出秦皇岛。

3 月 21 日，耀华厂工人向厂方提出增资要求。5 月，成立“增薪运动怠工委员会”，决定每天怠工 2 小时。5 月 22 日，工人代表与资方在天津达成“劳资协定契约”协议。

9 月 10 日，日本水兵侵犯秦皇岛并登陆。

9 月 24 日，日本巡洋舰侵犯秦皇岛港域。

是年，大中华电影院建成（地址双兴街），原称庆丰大戏院，后改称亚洲电影院，1950 年改称人民电影院。

1932 年

2 月，国民党军队奉蒋介石“绝不抵抗”之命，撤至山海关以西，将秦榆铁路拆除，秦皇岛至东北的联系中断 5 个月。

9 月，中共党员贺仲莲、陶立中、贾廷杰、白铁石奉党组织派遣，自北平来秦，成立中共秦皇岛支部委员会。至 1933 年 1 月活动停止。

10 月 10 日，秦皇岛工人开展“清算装卸费”的斗争。原因是码头工人给柏兰德号船装煤时，发现少记 1000 吨装卸费。

10 月，长城煤矿工人在怠工委员会领导下进行反欠薪怠工斗争，并派工人代表赴省政府控告矿方无理拖欠工人工资问题，后欠资尚未发完，长城矿便倒闭。

是年，口外土匪头子张奎元率匪 1000 多人与白塔岭郭汝学（又名郭亚洲）成立“东亚同盟军”（俗称老耗子队）。到处绑票，抢掠百姓，奸淫妇女，无恶不作。

1933 年

4 月中旬，日军占领秦皇岛。

4 月 15 日，驻秦皇岛国民党军守军被迫撤退。

4 月 16 日，日本海军第 10 舰队登陆，占领秦皇岛。

5 月 4 日，秦皇岛日本警察查封柳江煤矿秦皇岛仓库和码头。

是年，耀华玻璃参加芝加哥博览会，并先后在国内产品展览会获奖。

是年，日军下令：铁庄附近公路两侧 50—100 米内禁种高秆庄稼。

是年，日本人强占渔场，成立“渔业组合”，在西盐务村建立冷库（光复后拆除），将全部鲷鱼运往日本。

1934 年

1 月，秦皇岛码头工人声援唐山五矿同盟大罢工，捐献面粉 80 袋。

7 月 1 日，中断较长时间的京奉铁路宣布通车。

10 月，满铁一批日本人在石门寨矿区进行调查。翌年 3 月，将柳江煤矿全部财产强行占领，成立所谓“中日合办秦记公司”，恢复停产 10 多年的柳江煤矿。

是年，日本侵略军派人在石门寨等地搞经济调查，猎取情报。

1935 年

3 月 10 日上午，日军以纪念“日俄战争 30 周年”为名，在平津及北宁路沿线榆关、秦皇岛、滦县、唐山等地分别进行巷战、野战演习。

5月，美国经济调查团参观秦皇岛港口。

9月9日，日本军事当局向秦皇岛海关税务局提出要求，将海关缉私船上所有机枪一律拆除，海关人员不得携带枪械，海关不得不屈服。

9月18日，秦皇岛海关缉私船被日本人强行扣押，并解除中国海关缉私人员的武装。

11月25日，伪冀东防共自治委员会在通县成立，辖冀东22县（含唐山矿区和秦皇岛港）。翌年1月1日，改成“冀东防共自治政府”。殷汝耕任行政长官，各县派1名日本顾问。秦皇岛宣告自治。

1936年

3月，秦皇岛港码头工人秘密组织“朋友会”，为中共领导下的抗日救国组织。

6月，数千名日军由秦皇岛登陆。

9月，日本旭玻璃公司收买耀华比利时方股权，耀华玻璃厂遂由中比合办变成为中日合办。

10月，日本东京拓植公司强行接管长城煤矿。

1937年

1月30日，伪冀东防共自治政府合并于华北临时政府，所辖22县除通县外，称河北省冀东道，道署设在唐山，临榆县归其属，秦皇岛归临榆县管辖。

10月，16艘日舰停靠秦皇岛港。

11月，每天平均有2艘日本运输船到港。

11月，日本特务组织——町田大佐部在秦皇岛南站附近原制药厂建立。下设四个分队，分驻山海关、石门寨、北戴河、留守营。1941年冬撤走。

是年，秦皇岛设立长途电话局。

是年，日军由铁庄附近各村抓走廉宗久等10多人，运往日本北海道下煤窑当苦力。

1938年

1月1日，秦皇岛客船通航日本，一等舱去若松50美元，去神户、大阪70美元，去横滨90美元。

3月28日，秦皇岛港以“朋友会”为主的工人宣布罢工。日方只得调满铁工人到港装卸货物。5月罢工胜利结束。

10月，抗日暴动队伍西撤，中途遇阻。李运昌一部回冀东，坚持游击战争。

11月3日，秦皇岛港工人提出打倒黄色工会口号，资方被迫为工人每月增资一元二角。

是年，佛教居士林在秦皇岛创办。主办人孙萌桐，林长石辅生。日伪时，与新民佛教会合并。国民党时，令其改为监理制，理事长刘子章。教徒近百人。地址为扶轮街慈善公所，1942年迁东大庙。1947年后教徒发展到95人，新中国成立后被取缔。

1939年

7月3日，日本海军在秦皇岛港设“海军武官室秦皇岛分室”。8月，又拼凑“秦皇岛航运组合”，加紧对中国资源的掠夺。

8月，日伪推行罪恶的“保甲制”，实行五家联保，十家连坐法，同时进行“清乡”、收枪活动。

秋，伪临榆县新民总会设立，并在秦皇岛、石门寨、驻操营、海阳等地设新民会办事处。

是年，日军在秦皇岛成立宪兵队分队，队长安野兵造，后为大内秀吉。该部还进行特务活动。

是年，由天津道首杨仲田到秦皇岛创办“大佛教”。到1950年有点传师11人，坛主17人，道徒千余人。新中国成立后取缔。

是年，王仲田由天津到秦皇岛创建“一贯道”。有道徒300多人。坛主贺春舫。地址在鱼市街。

1940年

10月15日，原日本“海军武官室”撤销，成立伪华北航业总合会秦皇岛办事处，主任藤木（日本人）。

11月，耀华玻璃公司与日本三菱公司签订协议，三菱公司成为耀华玻璃公司在华北地区的包销人。

是年，新民佛教会传入秦皇岛。有信徒500多人。

1941年

6月，伪临榆县政府组织各乡、镇“保甲自卫团”进行训练，极力强化保甲制度。

12月8日，英、美等国侨民从秦撤走。日军占领秦皇岛码头、煤场、车站和电台等重要设施，实行“军管理”。

冬，日本中西部队驻防秦皇岛，接替町田部，组织特务队，成员10人。地址在交通街万和祥货栈（今百货公司仓库）。

1942年

2月，冀东12团一营马骥部一、三连攻破榆关，歼敌300多人。

4 月，耀华玻璃厂工人为要求增加工资举行罢工。

5 月 18 日，八路军 12 团马骥部到临抚凌青绥地区开展游击抗日活动。

12 月，中共临抚青绥联合工作委员会和联合办事处成立，主任张化东。

1943 年

5 月，日军 2983 分队驻秦皇岛，接替中西部，仍驻交通街万和祥货站，兵员约 60 人。该部组织有 6 人的情报班，主要搜集秦皇岛周围八路军活动情况。

7 月，日本侵略军在秦港制造“洋灰案”，逮捕毒打工人。

7 月，临抚青绥联合办事处和迁卢抚昌联合办事处析置，成立临抚昌联合县，秦皇岛归其属。书记张化东，副书记彭来，县长计明达。

7 月，八路军 12 团一营改为七区队，下设 3 个连，为秦皇岛地区主力部队。

7 月，日军制造“洋灰案”，逮捕毒打秦皇岛港工人，工人奋起斗争，迫使日军释放被扣押的工人。

8 月，八路军七区队（马骥部）夜袭柳江煤矿，全歼驻守日军 40 人，伪矿警 100 多人，缴获机枪一挺、步枪 200 余支、炸药 2000 箱。

8 月，秦皇岛中学学生田春农（陆光）、李晋溥（杨大治）、张研田、关树槐 4 人在八路军东北情报主任任远（刘杰）组织下投奔解放区，参加革命工作。

10 月，日本侵略军在秦皇岛成立“日华亲善会”“善邻妇女会”，企图用怀柔伎俩掩盖其侵略本性。

1944年

1月29日，八路军临抚昌联合县大队一举拔掉日伪海阳据点，乘胜打下付家店据点。伪警备队长携械带眷投诚。

2月8日，八路军七区队再度攻打柳江煤矿，并将缴获的机器、炸药运送抚宁吕梁峪八路军兵工厂。

3月，日本武田特务队在秦皇岛成立，亦称滦东文艺社。地址在朝阳街永茂昌绸缎庄后楼上。该部受山海关武田特务队领导。

5月16日，八路军第三专属报告：除日伪控制较紧的山海关、秦皇岛外，摧毁伪大乡工作有新进展，变为抗日政权的占伪大乡总数的61%，变为两面政权的占15%。

6月，日军1482部队（亦称北支那派遣特别警备队）由顺德迁驻秦皇岛，队长松本满贞中佐。该部大肆进行特务活动，收集共产党情报，杀人抓丁，抢掠民财，无恶不作。

10月，八路军七区队一、二连在南大寺火车站西阻击日军列车一列，打死打伤日军数百人。

11月16日，住秦皇岛日本关东军及伪军与锦州伪军共3000多人，在抚宁平市庄连剿3天，杀抗日干部、民兵9人，烧民房448间。

1945年

1月6日，伪临沂县新民会秦皇岛办事处成立。主任吕建章。3月1日，改成新民会临榆县总会，秦皇岛设第二办事处，处长鲍宗杰。

1月，秦皇岛港码头工人捣毁慰劳日本侵略军的苹果，赵玉珍被日军活埋，工人举行怠工抗议，日军被迫释放被扣押在宪兵队的工人。

4 月，八路军冀东情报站扩建，站长路曦，工作人员有王钧、张占鳌、高德明、张布等，属中共冀东区委领导。

8 月 17 日，日本侵略军投降后，驻秦日 1482 特务张甘井率兵劫持秦港“辅平轮”，载战犯铃木等 20 多人仓皇逃往日本。

8 月 30 日，八路军冀热辽军区 16 军分区司令员曾克林所部在苏联红军支持下，收复山海关，成立临时临榆县政府，中共临榆县委亦同时成立，章真园任书记。

9 月 1 日，共产党临抚昌联合县支队长李成华，政委张新民与县委组织部副部长王哲民等人，进入秦皇岛，联络日军受降事宜，未果。

9 月 17 日，中共临榆县委、县政府成立。11 月 16 日，迁至兴城，后迁至锦州、朝阳、北票、赤峰等地。翌年 2 月，迁回到方家河，后迁温泉堡、王庄、北庄河、蚂蚁沟等村。下设 5 个区，书记章真园，县长刘兴国。

9 月 17 日，美国军舰载国民党军队在秦皇岛登陆。

10 月 2 日，美海军陆战队 1410 人在秦皇岛港登陆，除驻秦皇岛美国营盘外，分驻北戴河、昌黎车站。该部登陆后，解除日军武装，伪军当即换上肩章，向北宁路北窜扰，与八路军联络部队发生冲突，被八路军击溃。

10 月 13 日，美军军队和国民党军队进攻黄土坎村，被八路军击退。18 日，又分乘 4 辆汽车闯入海阳、深河一带骚扰百姓。

10 月 24 日，中共冀东区委派陈东、程平、安石、王巨峰等 6 人代表团，进入秦皇岛，与美军谈判接收问题，美军拒绝。

10 月 26 日，八路军 18 集团军参谋长叶剑英就秦皇岛一带美军进攻解放区一事，向驻华美军司令魏德迈提出抗议。

10月28日，美舰载国民党第92军第43师在秦皇岛登陆。

10月30日，国民党临榆县党部在秦皇岛正式办公。书记解希章。

11月3日，国民党东北保安司令长官杜聿明由天津抵达秦皇岛。

11月11日，美舰20艘载国民党军队4个师在秦皇岛登陆。蒋介石军队到达秦皇岛的兵力达6个师6万多人。

11月16日，中共临榆县委撤往东北，中共临抚昌联合县县委组织部部长王哲民任临榆县临时县委负责人。

11月19日，国民党政府代表王翼臣与日本代表白川一雄举行“秦皇岛港口接收仪式”。国民党政府经济部派王国柱接收港口。

11月，耀华玻璃厂以停薪留职为名解雇工人职员375人，经百天请愿斗争，于翌年2月全部复工。

1946年

4月26日，英舰7艘载国民党军队在秦皇岛港登陆。

4月，秦皇岛港码头工人抗议美轮“马瑞来”号船长殴打工人的卑劣行为。

4月，廉庄村地主廉俞成立自卫壮丁队，自任队长。

4月，国民党军统特务组织在秦皇岛成立，组织全称为国防部保密局唐山站秦皇岛组，组长曹申明，成员128人。

7月12日，国民党53军乘美军舰10艘由上海抵达秦皇岛。

7月中旬，国民党军下令：“山海关至秦皇岛铁路沿线两侧各5千米之内，禁种高秆庄稼，已种者立即铲除。”

9月上旬，秦皇岛地区各学校掀起“美军退出中国周”活动。

10月18日，秦皇岛工人因索要拖欠工资，遭资方拒绝，爆发砸抢面粉事件。

10 月 21 日，秦皇岛港码头工人拒装军火，迫使经理齐尔顿答复工人每人每月发 3 袋面粉的要求。

10 月 24 日，秦皇岛港码头工人发起“怠运怠工”斗争，反对国民党“抢运计划”，工人不供给轮船燃料，损破枪支，偷扔军火。

12 月 25 日，国民党在秦皇岛成立临榆县地方自卫武力经理委员会。负责办理全县境内所有地方自卫武力集团的薪饷、粮秣、服装、弹药等事宜。主任李超尘，总干事刘大捷。

12 月 29 日，为声援美军侮辱北京女大学生事件而引起的平津学生抗议行动，秦皇岛港工人与耀华玻璃厂工人 1.5 万人举行游行示威，抗议美军在华暴行，声援国民党统治区的学生运动。

12 月，秦港码头工人和耀华厂工人举行“反内战、抗征兵”大罢工，罢工持续 20 天，迫使国民党当局接受工人提出的条件：“不在工人中抓壮丁。”

是年，李姓安庄村民王荣先（当过日本特务）组织村壮丁队，兵员 50 多人，自任队长，绰号“吧狗子”。

1947 年

年初，国民党临榆县自卫总队（俗称大肚子队）成立。白光来兼总队长。翌年，改编为河北省保安第 10 团，白光来任团长。

1 月 30 日，中共临榆县地方武装一举缴获国民党安子寺乡民团的枪械，活捉大队长李东岩。

2 月 4 日，中共冀东 16 军分区司令员李道之所部 61 团和临榆县大队夜袭驻马坊村的国民党据点，俘敌 400 多人，打死打伤 9 人，缴获小炮 1 门，枪 313 支，军用物资 10 大车。

3 月，驻北宁路各车站、桥梁之美军撤退到秦皇岛。

5 月 23 日，中共临榆地方武装进入海阳和南大寺以东地区，直接威胁秦皇岛。

5 月 29 日，秦皇岛工人拒装国民党军火，破坏其军需计划。

7 月 23 日，中共临榆县地方武装建国飞行队捣毁驻范家店村的国民党据点。

8 月中旬，秦皇岛、山海关、石门寨、深河、榆关等地外围的据点全部被解放军及当地武装力量拔除。

8 月，为反对内战，抗议国民党征兵，秦皇岛港 100 多名工人砸毁镇公所。

9 月，冀东军区秦皇岛情报站成立，对外番号“角山支队”，下设 3 个情报小组和 1 个武工队。

10 月 14 日，中共临榆县地方武装建国飞行队袭击驻崔庄的国民党军据点，全歼国民党守军。

11 月 15 日，临榆县医院秦皇岛分院成立。系第一个公办医疗单位，秦皇岛市第一医院前身。

1948 年

1 月 5 日，国民党特务孙士河诱骗秦皇岛港工人抽签当兵，全港工人罢工 4 天，当局只好缓征。

3 月，国民党蔡各庄乡乡长夏重平（绰号吓一跳），下令在一天之内拆除北上营村全部房屋，17 户村民被迫沦落他村。

4 月，中共秦榆工委成立，书记王明德。下设临榆工委、秦皇岛工委。

6 月 14 日（农历五月初八），解放军与国民党军第 60 师在归提寨南 5 个村庄一带交战，双方都有伤亡，国民党军伤亡惨重，农民死5人，伤3人。

6月，秦皇岛的国民党军搜刮民脂民膏6亿元，在秦皇岛外围和北宁路滦县至山海关沿线各车站、桥梁要地修建子母碉和活动地堡。

7月15日，国民党中央第八军撤离秦皇岛。

8月，市场物价暴涨，五福布每匹价突破1亿元（法币）。

11月初，中共冀东区党委组成唐山、秦皇岛、塘沽3个市的军事管制委员会及市委、市政府的办事机构。冀东军区组成秦皇岛警备司令部。

11月23日，驻山海关的国民党第86军撤至秦皇岛，驻海阳、白塔岭等地之外围据点及北戴河附近的国民党军撤至秦皇岛，准备乘船逃往天津。

11月26日，驻山海关的国民党26师、新编50师、60师和河北保安十团逃至秦皇岛，后乘轮逃往天津。国民党53军最后一批逃离港口时，“长治号”驱逐舰炮击南山发电厂、码头等地，发炮弹30多枚，未击中要害。

11月27日，秦皇岛解放。秦皇岛市军事管制委员会派鲁廷等人为开滦秦皇岛经理处军代表，对港口实行军事管制。

11月27日，秦皇岛港劳工俱乐部工人谢天福打开国民党86军设在俱乐部内的临时监狱，救出受害者50多人。

11月，中共冀东区委决定，在秦皇岛山海关地区设立秦榆市，正式建立秦榆市委员会，书记田星云。

12月1日，秦榆市市政办事处成立，市长王植范。

12月2日，秦榆市军事管制委员会成立。军事管制委员会主任田星云。

12月3日至次年1月15日，在宽大政策感召下，291名国民党党员到市公安局登记。

12 月 15 日，秦榆市市政办事处撤销。秦榆市市政府成立，市长王植范。

12 月 27 日至次年 1 月 5 日，1500 名三青团员到公安机关登记。

1949 年

1 月初，秦皇岛市成立支援前线委员会，海港区各单位均成立支前小组。群众帮助部队缝补衣袜、做饭等。

1 月，市人民政府向无力营业的小贩及失业工人发放救济贷款。向城区 300 多户千余名失业工人和城市贫民发放救济粮 9000 多斤、棉衣 400 多件。同时，60 多名被收容的难民和国民党官兵领取物款后回家。

3 月 5 日，市教育局公布公立学校一律免费，市立中学和第一、二、三、四完全小学的学生人数由解放时的 1972 人增加到 3035 人。

3 月 10 日，接上级通知，开始使用人民币。

3 月 11 日，秦榆市改为秦皇岛市。辖海滨区、上庄坨矿区，市区设 3 个区，道南为一区，道北东片为二区，道北西片为三区。

4 月，全部废除保甲制，进行民主建政工作。

5 月 26 日晚，在秦皇岛港俱乐部召开庆祝上海解放大会。

7 月 1 日，全市 300 多名中共党员在大中华电影院集会，隆重纪念“七一”。至年底，市内 3 个区有中共党支部 75 个，党员 1462 人。

7 月，普降大暴雨，持续 1 个月有余。8 月初，秦皇岛受灾 844 户，受灾土地面积 262. 67 公顷，塌房 165 间。长城煤矿因井淹而停产。

8 月 13 日，秦皇岛市人民政府成立救灾委员会，在全市开展每人限半斤米运动，至月底，共捐款 42. 8 万元，献粮 1. 4 万千克。

8月，从元月开始试建居民组，20—50户建1个居民组，5—10个居民组为1个居民委员会。到8月底，全区建成居民组396个，居委会43个，每个居委会设办公人员1人。

8月，中共冀东区党委撤销，中共秦皇岛市委隶属中共河北省委领导。

9月25日，秦皇岛市召开第一届各界人民代表会议，第一次全体会议。经各党派、团体、机关、部队协商推荐代表119人，其中115名代表出席会议。王植范市长作关于解放以来工作的报告，会议审议通过了《处理劳资纠纷暂行办法（草案）》，成立市政建设、财政建设、房租研究、教育推进和中苏友协5个委员会，还听取提案审查报告。会议推选第一届各界人民代表会议常驻委员会主任及委员13人。

10月下旬，由于东北粮食禁运，市场粮价猛涨，斤米达0.5元，至11月中旬始见平息。

11月27日，秦皇岛市各界人民隆重集会，欢庆秦皇岛解放1周年。

12月2日，中共秦皇岛市委提出《秦皇岛市土地改革的意见》，决定对地主、富农、外侨、旧军阀的出租土地没收与征收归为国有；对地主、富农的浮财不动、底财不挖；对中农（包括富裕中农）坚决不动；对地主、富农依靠土地为生者，留给与普通中农相等的土地。

是年冬，郊区31个自然村开始土地改革，由各村农会领导。

是年，秦皇岛市公安机关摧毁“剿共情报组”，宣布解散国民党、三青团、青年服务社等组织，取缔“忠义普及学社”。全市进行登记的国民党员、三青团员3284人。

1950 年

1 月 19 日，市委发出《取缔反动道会门》的布告，决定取缔一贯道、大佛教、佛教居士林 3 个反动道会门，随即公安机关逮捕进行特务活动的道徒 5 人。到翌年 1 月，1546 名教徒主动到派出所登记。

1 月 25 日，32 个自然村由林榆县划归秦皇岛市，共 2576 户、12221 人。4 月 10 日设立郊区，7 月郊区改为秦皇岛市第四区。

4 月 10 日，市郊区（汤河区前身）区公所成立。7 月 11 日，改称第四区公所。

4 月，全区从年初开始出现市场物价大波动，大米、小米、红粮、面粉等由原价每斤 100 元左右上涨到每斤 220—260 元，市政府大量抛售食粮降低牌价，稳定市场，至 4 月中旬，市场粮价逐渐下降。

7 月 18 日，中共秦皇岛市委召开整风审干运动动员大会，王世煜作《关于整风审干政策和具体问题的报告》。966 名干部参加大会。整风审干运动至 10 月底基本结束，1333 名干部通过鉴定。

9 月，第一区、第二区合并称第一区，原第三区改成第二区。

10 月 1 日，在 2 万人参加的秦皇岛市各界人民庆祝国庆大会上，由于进行向美帝鸣枪示威时发生枪误，致使 4 人死亡、4 人受伤。

是年春天，完成土地还家，实现耕者有其田。

1951 年

1 月 19 日—30 日，遵照中华人民共和国和市政府关于取缔反动会道门的布告精神，全区到各公安派出所登记声明脱道的 1560 人，其中，一贯道 1337 人，大佛教徒 149 人，佛教居士林 57 人，其他道徒17人。登记人员中有道首49人，其中，一贯道点传师5人，坛主19人，大佛教盘主14人，理监事11人。

2月，全区开展镇压反革命运动。

4月28日，秦皇岛市第二届各界人民代表会议第二次全委会议期间，在市人民电影院召开控诉大会，以控诉“日本特务、行政警署犯罪分子欺压百姓的罪恶行径”为内容，掀起镇反运动新高潮。市区1429人参加会议，万余群众收听有线广播。

4月起，全区掀起“抗美援朝、反对美国武装日本、控诉美日蒋罪行”为主要内容的爱国主义教育运动和慰劳朝鲜人民军捐款捐物的群众活动。全区各行各业、各家各户都制定《爱国公约》和捐献计划，到年底全区人民捐献战斗机3架和大炮1门，捐款67亿元。

6月26日，秦皇岛市二届二次政治协商委员会作出《封闭妓院的决议》。即日内，市区18家妓院全部封闭，娼妓绝迹。

7月15日，市政府召开万人大会，为秦皇岛市参军的志愿军功臣周宝祥庆功。

7月15日，中共秦皇岛市委发出《关于在厂矿中深入发动群众，实现民主改革的指示》，并成立民主改革委员会。此工作首先在港务局、耀华玻璃厂、电厂、长城煤矿、铁路、搬运工会等单位进行试点，查出封建把头、潜伏特务、反动会道门教徒324人，其中，法办18人，群众管制69人。

8月10日，秦皇岛港工人超额完成为抗美援朝战争捐献“开滦职工”号飞机任务。

12月，宋庆龄副主席视察秦皇岛港，乘船眺望港口。

1952 年

1 月 10 日，全区开展反贪污、反浪费、反官僚主义运动，简称“三反”运动。

3 月 1 日，全区机关抽调干部利用业余时间，深入街、村挨户宣传《婚姻法》，组织婚姻法的巡回展览，剧团、幻灯组入村入户宣传。

4 月，全区掀起“五反”运动，即反行贿、受贿，反偷税、漏税，反盗窃国家资财，反偷工减料，反盗窃国家经济情报运动。

4 月，美军在朝鲜战场使用细菌武器，波及秦皇岛沿海及港口，全区广大群众掀起一场消灭细菌的战斗。

6 月，全区在事业部门干部中进行“三反”运动。

1953 年

2 月 28 日，中国日侨事务委员会和卫生部等部门作出东北三省日侨从秦皇岛港返国规定，即日成立“东北片日侨接待站”。3 月 22 日—5 月 20 日，有 7549 名日侨分 4 批登船返国。

5 月上旬至中旬，开展划乡工作。全区划成 11 个乡：西付店乡、黄土坎乡、向河寨乡、韩庄乡、西盐务乡、东盐务乡、邹吕庄乡、安子寺乡、孟营乡、公富庄乡、新店子乡。

8 月，第一区、第二区合并，称秦皇岛第一区，地址在新华大街 71 号。

11 月，国家开始对粮食实行计划收购与计划供应政策。在农村向余粮户实行粮食计划收购的政策（简称统购）；对城市居民和农村缺粮户实行粮食计划供应政策（简称统销）。实行由国家控制市场，对私营粮商、工商业进行严格管制，严禁私商经营粮食。在党中央统一领导下，由中央和地方分工负责，实行粮食管理政策。

12 月 6 日，全区居民粮食销售正式实行计划供应。

12 月 25 日，市委发出《关于实行粮油供应办法的指示》，决定从次年元旦起，实行《秦皇岛市食油供应暂行办法（草案）》。

1954 年

3 月 5 日—6 日，第一区召开手工业者代表会议。中心任务是贯彻国家在过渡时期对手工业进行社会主义改造的方针政策；通过坚决贯彻和执行师徒雇佣和劳资关系等 11 项协议的决议。

3 月 18 日，第一区首届人民代表大会在道南劳工俱乐部召开。出席代表 78 人。选举谭伯宇为区长，李玉娥、李文华为副区长。

4 月 21 日，中共中央主席毛泽东视察港务局、耀华玻璃厂，看望生产一线的工人、干部，鼓励工人和人民群众为建设祖国作出贡献。陪同毛主席前来视察的有中共中央办公厅主任杨尚昆、铁道部部长滕代远、轻工业部部长李烛尘、中共天津市委书记黄火青。

7 月 4 日，临榆县撤销。所辖 32 个村划归第一区管辖。

9 月 15 日，秦皇岛市第一批民用布票发行。棉纱实行统购统销，凭票供应。

是年，私人开设的医疗单位，由小联合到大联合，成立联合诊所。

是年，对棉布、煤炭、烟酒等私商进行全行业改造。

1955 年

2 月 9 日—11 日，中共第一区首次代表大会在私营企业俱乐部召开。大会作出《关于贯彻党的七届四中全会决议和增强党的团结的决议》。选举张建民为书记，车淑颖、董敬民为副书记。

3 月 25 日，秦皇岛市推销公债任务，全区人民纷纷购买，支援国家建设。

7 月，全区原供给制人员一律改为工资制。

8 月，市人民委员会发布《关于城市实行粮食以人定量与乡村“三定”到户的工作方案》。“三定政策”即与农民实行定产、定购、定销政策，一定三年不变。

9 月 13 日，全区 14 个单位开展肃清反革命运动。

1956 年

1 月 19 日，第一区改成海港区，第二区改成汤河区。

1 月，全区 442 户手工业者实现合作化。全区农村实现高级农业合作社。完成对农业的社会主义改造，私营工商业全部实现公私合营。“三大”改造（农业、手工业、资本主义工商业）任务全部完成。

4 月 14 日，《秦皇岛报》创刊发行。

8 月，全区开始工资改革。改革的主要内容：取消“工资分”制和物价津贴制度，实行工资制度；改进工人的工资等级制度，推行和整顿计件工资制、使技术升级成为正常制度；改进企业职员和技术人员的工资制度，对技术较高的给予 6%—30% 的技术津贴；提高低工资人员的工资，乡干部由补贴制改为工资制，现行工资高于新定工资的一律给予保留。4 月 1 日开始执行。

9 月 1 日，城市居民实行粮食定量供应办法。

10 月，秦皇岛市第一所少年业余体育学校和航海俱乐部成立。

11 月 7 日—9 日，召开海港区第二届人民代表大会。出席大会代表 128 人。选举范金城为区长，李文华、董建基、蒋林兴为副区长。

1957 年

1 月，市区海港铁工厂、新新布店率先进行公私合营企业民主管理试点工作。

4 月 21 日，第三中学学生张振桂在全国自行车比赛中，获女子 5000 米第一名，荣获“国家级运动健将”称号。

5 月，海港区认真贯彻执行市人民委员会制定的《关于私房社会主义改造方案》。

7 月 10 日，海港区认真贯彻执行市定粮食定量供应新办法。每人每月 28.12 斤（初期 27 斤，1956 年调整为 29.7 斤）。

8 月，国务院总理周恩来视察耀华玻璃厂和秦皇岛港。

1958 年

4 月 16 日，全区农村开展比干劲、比先进、比勤俭、比多快好省和反浪费、反保守的“四比”“双反”运动。

5 月 8 日，汤河区并入海港区。

8 月 1 日，由西医联合门诊部、新生、利民、大众、医工门诊所、联合镶牙所、接生站 7 个联合机构组成海港医院，为集体所有制单位。院址在西前街。

8 月 6 日，中共中央副主席朱德视察市商业局炼铁厂。

8 月 8 日，中共海港区委发出《关于大搞土法炼铁、炼焦的指示》。要求兴建土炉 400 座，产铁 4000 吨，其中，各乡兴建土炉 150 座，街道居民兴建土炉 200 座，区直各部门及学校兴建土炉 50 座。区党、政、居民苦干 1 个月，建成 10 吨焦炭窑 80 座，至 9 月炼出焦炭 800 吨。

10 月，海港区城市建立 2 个公社：海阳路公社、耀华村公社。

11 月 12 日，农村普遍开展公社化运动，全市 54 个高级社组成 4 个人民公社，其中汤河公社属海港区管辖。

12 月 24 日，驻操营公社搞“多种经济，大放卫星”，发动 600 多人砍伐树木 2 万多棵，砍伐面积达 333.33 公顷。

是年，海港区敬老院设在白塔岭村，有房屋 27 间，收养农村孤寡老人 65 人。

1959 年

2 月，秦皇岛与抚宁县合并。抚宁县所辖石门寨区、海阳区、驻操营区划归海港区管辖。1961 年 6 月，秦、抚两地分开，石门寨区、海阳区、驻操营区划归抚宁县管辖。

3 月，秦港乙码头建设开工。6 月 26 日，中国修建码头使用的最大钢筋混凝土沉箱在秦皇岛浇筑完成，9 月 29 日沉箱入秦港海域。

4 月 23 日，中共秦皇岛市委、市人委发出《关于开展节约粮食运动的指示》。要求凡城镇居民每人每天节约 1 两粮食。

5 月 9 日，海港区开始恢复社员自留地，人均 0.1431 亩。

7 月 18 日，海港区第三届人民代表大会在海员俱乐部召开。出席代表 237 人。选举季宁为区长，范金城、王捷仁、李善庆、李文华为副区长。

7 月 21 日，普降大雨。市郊 376 个村庄被淹，受灾户 12769 户，40 余人在洪水中丧生。农作物受灾面积达 1.27 万多公顷。市区街道行船，京山铁路因水灾交通中断 7 天。

9 月，耀华玻璃厂被评为全国平板玻璃生产红旗单位。

9 月，对猪肉、糖及肥皂等日用品开始实行凭票、证供应。

11 月 25 日，整风运动在全区铺开。

12 月 3 日，敌机先后数次在接近秦皇岛沿海和山区等地上空进行窜扰。

1960 年

年初，海港区建制改为城市公社。

4 月，白喉病流行，市区发病 504 人，死亡 37 人。

5 月 27 日，春旱严重，驻秦 1406 部队派出飞机，进行人工降雨试验。

6 月，海港区再次开展“三反”运动，即反贪污、反浪费、反官僚主义。

9 月 17 日，海港区第一座水厂——汤河水厂建成投产。

12 月 19 日，市委召开“吃饭大会”，即如何正确对待粮食低标准，用瓜菜代解决吃饭问题，度过灾荒。

1961 年

5 月 1 日，《秦皇岛日报》停刊。

7 月 11 日—13 日，中共海港区第二次代表大会在海员俱乐部召开。参会代表 93 人。大会选举高凯为书记，孟仲云（女）、董敬民、高久贵、李树栋、赵文选、王际奎为副书记。

7 月，海港区贯彻执行市委发出的《关于干部家属返乡工作的意见（草案）》。

8 月 4 日，市委召开“压缩非农业人口、粮食销量，核实人口以及粮食供应”的“双压”“双核”会议。工建交压缩工人 50%，学生压缩 50%，财贸职工压缩 10%，服务业和公社工业 1958 年后由农村招用的工人全部回农村。海港区认真贯彻执行。

11 月，秦皇岛实行对自行车、手表、糕点、酒等商品实行高价供应政策。

12 月 26 日，海港区第四届人民代表大会在海员俱乐部召开。出席会议的代表 257 人。选举孟仲云为区长，范金城、王捷仁、李善庆、刘海中、王汉书为副区长。

1962 年

2 月 22 日，撤销海港公社，恢复海港区人民委员会。

8 月 25 日，全国人大常委会委员长朱德视察秦皇岛港。

8 月，海港区北市场、长城路市场对外开放。农村恢复黄土坎集市。

10 月 10 日，市委发出布告，对粮食、棉花、油料市场管理作出决定："棉花必须卖给国家指定的收购部门，粮食和油料在征购未完成前不许上市，征购任务完成后，方能到指定市场公平交易。"海港区贯彻执行。

1963 年

3 月 24 日，雷锋事迹展览在海港区展出。至 4 月 12 日，全市有 3.5 万人观看展览。

3 月，市委向全市人民发出《关于进一步开展计划生育的指示》。

5 月，反对贪污盗窃、反对投机倒把、反对铺张浪费、反对分散主义、反对官僚主义的"新五反"运动，在党政机关干部中开展。

6 月，海港区人民武装部改归地方建制。

9 月 5 日，市委发出《关于在农村深入开展社会主义教育的意见》，结合农村"四清"运动搞好以阶级斗争为中心的社会教育运动。区委研究后作出执行计划。

9月7日，根据中央指示，开始给职工调整工资。

9月19日，中央发出《关于当前在城市职工群众中开展以阶级和阶级斗争教育为中心的社会主义教育》的文件，围绕“五反”（反对铺张浪费，反对贪污盗窃，反对投机倒把，反对分散主义，反对官僚主义）结合进行。全区城乡开展大规模社会主义教育运动。

10月9日—11日，海港区第五届人民代表大会在海港礼堂召开。出席代表149人。选举孟仲云为区长，范金城、阎秉枢、刘海中为副区长。

12月，根据上级指示，为全区集体所有制企业、事业单位的职工调整工资，调整面为职工总数的25%—40%，级差不得超过7元。

1964年

1月3日，市委召开“三级”（县、公社、大队）干部大会，明确全党当前任务是抓革命，搞好“四清”和“五反”。全区抽调大批干部，入村、企搞运动。

1月，工业战线掀起学习大庆石油会战经验，学习解放军，坚持“四个第一”，争当“五好企业”和“五好职工”竞赛活动。

2月19日，农业战线广大社员干部掀起学习山西省大寨大队和遵化县沙石峪经验高潮。

春，市区流行脑膜炎，发病1051人，死亡109人。

4月，国务院副总理聂荣臻、贺龙先后视察秦皇岛港。

5月12日，全区开展第二次全国人口普查工作。普查结果：全区人口为139208人。

7月3日，全国人大常委会副委员长刘伯承视察秦皇岛港。

9月14日，国务院副总理罗瑞卿视察秦皇岛港。

10月1日，朝阳街百货大楼落成正式开业。

1965 年

1 月 25 日，中共秦皇岛市委发出《立即宣讲中央关于〈农村社会主义教育运动中目前提出的一些问题〉（简称 23 条）的通知》。

5 月 18 日，中共秦皇岛市委发出《关于动员城市知识青年和闲散劳动力上山下乡参加农业生产的指示》，知识青年上山下乡动员工作广泛开展。

6 月 17 日，海港区第一批知识青年赴抚宁落户。7 月 14 日，第二批下乡青年到抚宁城关区、榆关区插队落户。

8 月 27 日，全国人大常委会委员长朱德、国务院副总理李富春视察秦皇岛港和玻璃纤维厂。

9 月，全区农村普遍进行社会主义教育运动，简称细线“四清”。

1966 年

1 月 4 日，海港区派干部参加市委成立的“四清”工作团。

3 月 9 日，海港区开展“一反三查”节约活动，即反浪费、查领导、查思想、查漏洞。

8 月 11 日，接到市委发出《关于认真组织学习中央“关于无产阶级文化大革命的决定”的通知》。

8 月 22 日，海港区机关无产阶级“文化大革命”正式开始。

8 月 23 日，大批臂戴红卫兵袖章的学生冒雨涌向街头“破四旧”，文物古董被砸烂，商号招牌被更改。

8 月 24 日，立于秦皇岛海边东山的明代石碑——“秦皇求仙入海处”石碑被推进大海。同日，室内天主教堂被捣毁，神父吓跑。

9 月，海港区派民工 200 人，修子牙河，翌年 7 月完工。

9 月，全区各机关、学校、医院等单位纷纷成立“文化革命领导小组”，简称“文革小组”，成员多数是一般工作人员，“文革小组”领导本单位的“文化大革命”运动。

11 月，火葬场落成典礼在海港区王岭火葬场礼堂举行。

年底，区委、区人委的“文革小组”及各单位的“文革小组”以执行资产阶级反动路线的罪名，遭批判后纷纷解体。之后，区直各单位及学校、工厂、医院纷纷成立造反组织，经过一段动乱后，全区形成观点对立的两大派群众造反组织。1967 年底，两派群众组织基本实现大联合。

1967 年

1 月，在上海“一月风暴”影响下，造反群众纷纷起来夺权，党政领导机关和基层党组织陷入瘫痪。

1 月，解放军介入地方“文化大革命”，海港区成立支地办公室。康德祥任主任。

3 月 8 日，解放军对海港区公安分局实行全面军管。

4 月初，城乡农贸市场一律关闭。

5 月，秦皇岛市红卫兵代表大会成立。

7 月 21 日，两派群众组织在市人民剧场发生大规模武斗。

8 月 11 日—13 日，海港区召开贫下中农代表大会。

1968 年

1 月 17 日，在“大联合”“三结合”的基础上，成立海港区革命委员会，军代表康德祥任主任，李玉娥、洑飞任副主任。

4 月，市公检法东山学习班开始，海港公安分局全体干警参加。历时 8 个月，学习班结束。

5 月 7 日，机关学习班开始，前段是肃“八五风暴”流毒，重点是整群众；后段是搞所谓“清理阶级队伍”，重点是整干部。参加学习班的全区干部 170 多人。

7 月 16 日—11 月底，全区中小学教师 800 多人集中在耀华小学办学习班，中心是搞所谓“清理阶级队伍，深挖阶级敌人”。

9 月 21 日，秦皇岛市召开万人大会，欢送 761 名知识青年下乡，接受贫下中农再教育。

10 月，秦皇岛市造船厂始造第一艘钢质挖泥船。

11 月，国办农村小学教师全部停发工资，改拿工分和补贴，并改为农村户口。至 1970 年，恢复吃商品粮。

是年，农村大搞阶级斗争，批斗五类分子，即地主、富农、反革命、坏分子、右派分子。

1969 年

1 月，秦皇岛海域出现严重冰冻，一般结冰厚度为 30 厘米，最厚冰凌达 80 厘米。

3 月，合作医疗普及全区农村大队。公社建卫生院，生产大队建卫生室，配备赤脚医生（即半农半医）。

10 月，海港区派民工 200 人修大清河，带队人陶庆庄。

1970 年

1 月 2 日，市区进行疏散城市人口工作。

1 月 3 日，各单位干部第一批“五七”战士赴农村集体插队落户。

2 月，落实毛主席亲自批发的中央《关于狠狠打击现行反革命活动的指示》，全区开展“一打三反”运动（即打击现行反革命，反贪污盗窃、反投机倒把、反铺张浪费)。

3 月 30 日，秦皇岛市渔轮码头建港指挥部成立，修建渔轮码头工程开工。

9 月，海港区派民工 450 人，修永定新河，带队人张连起。

10 月，郊区农业学大寨掀起高潮，新修梯田面积 1066.67 公顷，改造沙地面积 466.67 公顷，新打机井 106 眼，并大修水库堤坝，使水浇地面积达到 8400 公顷。

11 月，推荐工农兵上大学工作全面开展。

12 月 5 日，石门寨镇的东场沟和驻操营镇的平顶峪沟被确定为市三线建设基地。第一批迁入三线的有 18 个单位 2200 名职工。

1971 年

1 月 17 日—19 日，召开中共海港区第三次代表大会。选举康德祥为书记，李士祥为副书记。选出市第五次党代会的代表 120 人。

5 月 1 日，文化路百货大楼落成开业。

5 月，海港区人民武装部改为军队建制。

8 月 14 日，海港区公检法军事管制委员会改为公安军事管制小组。

8 月，海港区派民工 500 多人修潮白新河，年底结束。带队人陶庆庄。

10 月 1 日，文化路饭店落成开业，营业面积 1340 平方米。

10 月，传达中共中央关于林彪出逃的文件，随后按市委指示全区开展“批林整风”运动，后发展到“批林批孔”。

11 月 30 日，按照国务院关于调整部分工人和国家工作人员工资的通知，开始给 1966 年底以前参加工作的工资偏低的职工调整工资。

年底，海港区派民工近千人修石河水库。1975 年 7 月完工，带队人陶庆庄。

1972 年

10 月 30 日，河北大街、新一路、新北路改为河北大街；朝阳街、道德街、和平街、民主北街改为朝阳街；长城路、车站路改为长城大街；清真街改为民族路；大庙南街改为建国路；大庙西街改为新立街；民主东街改为民主街；市革委路改为人民路；建设路改为建设大街。

11 月 7 日，中共秦皇岛市委召开落实政策座谈会，对干部政策、群众政策、知识分子政策、“可教育好子女”政策以及查抄物资的处理遣返人员的处理、自杀人员的处理和“四清”遗留问题等作出具体规定。

12 月，海港区文化路立交桥破土动工，翌年 8 月底通车。

是年，参加“三支两军”的军队官兵，全部调回部队。

1973 年

1 月，市场供应紧张，自行车、手表、缝纫机实行凭票供应。

3 月 1 日，撤销军管，恢复海港公安分局，原公安干警相继归队。

8 月 10 日下午 3 时 40 分至 6 时，朱德委员长和夫人康克清视察秦皇岛港 8 号码头。

是年秋开始，海港区派民工 600—700 人，修区内干渠和河东防潮闸，历时 5 年，1978 年 4 月底完成。带队人陶庆庄。

是年，港口街道办事处建成美术二厂。生产的彩蛋、羽毛蝴蝶两种产品出口到瑞士、联邦德国、荷兰、美国、英国等国家和香港地区。

1974 年

11 月 4 日，秦皇岛港油码头首次开放。

11 月 6 日，日轮“日悠丸”号满载大庆原油，在秦皇岛油港启程返航。

11 月 19 日，秦皇岛市公共汽车公司成立。

12 月 27 日，新华社报道，中国第一条地下大动脉，大庆至秦皇岛输油管道投产，输油管道全长 1152 千米。

是年，海港制镜厂生产的镜片、木框镜出口到香港。

是年，拆除始建于新中国成立初期的津秦公路大、小汤河上的木桥 2 座，改建成秦皇岛市自行设计、自行施工的工字梁井架墩，微弯板式的大、小桥 2 座。大桥宽 9 米，长 150 米；小桥宽 9 米，长 50 米。翌年 6 月 6 日通车。

1975 年

6 月 9 日，海港区至山海关区的公共汽车首次运行。

8 月 1 日，朱德委员长视察海港区工艺美术一厂。工人把一幅为《三峡夕行》的精美贝雕画放在委员长的轿车里。朱德委员长回到住处发现此画，向陪同人员问明情况后，让夫人康克清次日退回致谢。

8 月 29 日，海港区基本建设工程处成立。是由全区社队 300 名农民组成的亦工亦农修建队。尔后，公社副业队、基建队相继进城。

10 月，市区 300 名居民食用外贸出口不合格熟赤贝中毒，经抢救全部脱险。

1976 年

1 月 8 日，国务院总理周恩来逝世，全区人民沉浸在非常悲痛之中，自动举行各种悼念活动。

6月15日，开通文化路一期工程竣工典礼大会召开。

7月28日，唐山发生强烈大地震，海港区立即组成抗震救灾医疗队，赴唐山灾区参加救灾。

7月30日，海港医院在灯光球场办起“抗震医院”，医护人员夜以继日地抢救地震受伤人员。

8月8日，海港区抗震救灾工作队赴唐山参加抗震救灾。

8月25日，建立郊区。海港区黄土坎公社、马坊公社、铁庄公社、白塔岭公社划归其管辖。

9月9日，中华人民共和国主席毛泽东逝世。从城市到农村，人们自动臂戴黑纱，胸佩白花，敬献花圈，设置灵堂，沉痛悼念领袖逝世。

9月18日，市委、市革委在人民体育场隆重举行伟大领袖和导师毛泽东主席追悼大会，参加群众5万多人。

10月23日，海港区10万军民隆重集会，热烈庆祝粉碎“四人帮”（王洪文、张春桥、江青、姚文元）的伟大胜利。全区人民纷纷上街游行，召开庆祝大会，随之开展批判“四人帮”罪行活动。

1977年

7月14日，海港区一夜之间发生40户237人煤气中毒。死亡3人，严重中毒11人，经抢救脱险。

10月1日，按国务院文件，给40%的干部和职工调整工资。

是年，海港医院建成门诊楼和住院楼。

是年，城市街道办事处更名为人民公社。将5个办事处更名为5个公社再划分为8个公社，即：开滦路公社、耀华公社、长城路公社、港口公社、友谊路公社、建设路公社、河东公社、新华公社。

1978 年

1 月，耀华街道办事处医用玻璃厂研制成功“盖玻片”“载玻片”。

2 月，全市职工住房实行补贴租金 2/3 的新办法。

2 月，齐凤山不再担任区委书记、区革委会主任职务，田悦边任区委书记、区革委会主任。

4 月 28 日，全国五届人大批准的《发展国民经济十年计划纲要》中，将秦皇岛港列为五大重点港口之一，纳入国家八年计划建设的 120 个大型项目之内。

4 月，秦皇岛市图书馆成立，地址在阜兴街。1985 年 10 月图书馆新馆落成，地址在迎宾路南端东侧，占地面积 0.96 公顷，建筑面积 5856 平方米，设 6 个阅览室，460 个座位，藏书 5.46 万册。

5 月 1 日，全市民用建筑推行“六统一”，即“统一规划、统一投资、统一设计、统一施工、统一分配、统一管理”。

6 月 6 日，经中共中央批准，秦皇岛市为有控制的对外开放点。

8 月 8 日，市革委作出关于划定外国人在秦活动范围的决定。

9 月，市政维修管理处由市城建局划归海港区管理。其前身是 1962 年成立的市政维修队。

10 月 12 日，经中共秦皇岛市委批准，在中学撤销红卫兵组织、恢复共青团组织；在小学撤销红小兵组织、恢复少先队组织。

11 月，全区有城市卫生院 5 处，即长城路卫生院、海阳路卫生院、清真街卫生院、清真街产院、牙科诊所。

12 月，港口街道办事处心电图纸厂研制成功“单导心电图纸”，填补华北地区空白。

是年，海港区只管城市区，辖港口街道、耀华街道、新华大街街道、海阳路街道、河东街道（新生路）、建设大街街道、友谊路街道、长城大街街道。

是年，给工作成绩突出的职工升级，升级面2%。全区行政事业单位职工1379人，升级28人；企业999人，升级20人。

是年，为“文化大革命”期间受不公正待遇的人落实政策，平反昭雪，恢复名誉。清查“文化大革命”运动中的“三种人”（造反起家的人、帮派思想严重的人、打砸抢分子）和犯有这样那样错误的人，依情节轻重，按上级政策予以处理。

是年，恢复集市贸易活动，市场开放。

1979年

1月，市政府决定部分蔬菜、副食、饮食、照相、理发、浴池、旅馆等行业19个中心店、85个门店下放到海港区。1982年3月，市政府将除食杂知青商店、洗染厂、知青饭店等老集体企业以外的大部分商业收回。

2月，给36名“四类分子”摘掉帽子，改正错戴错管6人，为517名地、富子女新定成分，为171人改正出身。对1966年后戴着帽子死亡的“四类分子”中符合摘帽条件的23人也宣布摘掉帽子。

4月，田悦边不再担任区委书记职务，李志明任区委书记。

7月16日—21日，全国射箭比赛在国家训练基地举行。

8月1日，人民公园由敞开式改为封闭式管理，实行购票进园，票价5分。年接待游客约30万人次。

10月1日，坐落在民族路中段、护城河南岸的人民电影院建成投入使用。

10月，海港建筑工程队成立，为区城建局所属集体企业，由建设大街街道、港口街道、新华大街街道的修建队组成。1984年6月，改称第二建筑工程公司。

10 月，按国务院文件精神，给全区 40% 干部、职工调整工资，全区干部 1240 人中 623 人升级。

11 月，秦皇岛市开始发放第一批个体营业执照。

是年，将京沈公路山海关至秦皇岛段，津秦公路秦皇岛至北戴河段，改建加宽为 12—23 米的水泥路面。

是年，秦皇岛市被国家命名为“甲级旅游城市”。

1980 年

4 月 19 日，中共中央主席、国务院总理华国锋视察秦皇岛港和耀华玻璃厂。

6 月 6 日，河北省远洋运输公司成立，航线开通 6 条。秦皇岛—香港班轮、国内—日本、国内—朝鲜、国内—曼谷、国内—香港—日本及秦皇岛—香港集装箱运输。

7 月 17 日，海港区天主教、基督教、伊斯兰教 3 个活动点正式开放。

8 月 5 日—15 日，全国硬地网球比赛在国家训练基地举行。

12 月，市液化气储气站建成投产。储备能力 89 吨，担负着海港区内民用液化气供应任务。1981 年 1 月 1 日，城市居民开始使用液化气，供应 700 户，每户按月凭本供 10 公斤，每公斤 0. 27 元，年供应量 761 吨。

是年，全年到秦皇岛港船只 1520 艘次，其中油轮 612 艘次。

1981 年

1 月 1 日，城市居民开始使用液化气。

3 月 7 日，“五讲”（讲文明、讲礼貌、讲秩序、讲团结、讲卫生）“四美”（语言美、心灵美、行为美、环境美）文明礼貌活动在全区全面展开。

3月9日—13日，海港区第六届人民代表大会第一次会议在区革委会礼堂召开。出席代表146人。选举宋荫亭为人大常委会主任，张喜明、曹洪宾、车淑颖、祁呈祥、李善庆为人大常委会副主任；田悦边为区长，阎秉枢、刘海中、王友会、董锡同、严成功为副区长。会议决定废除区革命委员会名称，恢复区人民政府名称。

5月，全市在商业系统推行经济责任制，层层签订利润承包合同。

7月1日，友谊路立交桥正式通车。位于友谊路与老京山铁路交叉处，桥体由主体箱涵和南北引道及附属设备组成，为钢筋混凝土框架结构。

8月，全国帆船锦标赛在训练基地海域拉开帷幕，历时9天。

11月，在划小生产队的基础上，农村开始实行多种不同形式的生产责任制。

是年，对中小学教师、卫生医疗和体育系统1978年底以前参加工作的固定职工调整工资，一般升一级，其中工作成绩显著贡献较大、工龄较长、工资偏低的升2级。全区升2级的125人。

是年，马坊公社邵岭大队扩建冰窖，可贮物2500吨，同时办起冰棍厂，成立水果装卸队，带动全村经济发展。全年总收入达28.7万元，人均570元，收入居市区农村大队之首。

是年，国家体委秦皇岛训练基地建成，坐落在白塔岭以南滨海处。设有室内篮球场、健身房、网球场等。

是年，建成海港区东浴场。位于东山公园（秦皇求仙入海处景区）南侧海面，东起新开河口，西至航标灯塔，全长500米。浴场内设太阳能男女淋浴室各1个，更衣室4个，为敞开式管理，盛夏期间接待游泳爱好者和游人 20 万人次。

1982 年

3 月，全国第一个“文明礼貌月”活动在全区开展。组织青年学雷锋，做好事，把开展“治理脏、乱、差”和“五讲四美”活动作为中心任务。

7 月 13 日—16 日，中共海港区第四次代表大会在区政府礼堂召开，参加会议代表 206 人。选举李志明为区委书记，田悦边、宋荫亭、董锡同为副书记。选举出席市第五次党代会的代表 39 人。

7 月，进行第三次全国人口普查。普查结果，全区总户数 68210 户，总人口 230543 人，其中，男 120955 人，女 109588 人；城镇人口 173462 人，农业人口 57081 人。

10 月，全区农村开始实行生产责任制，原生产大队、生产队解体。

10 月，经国务院和中央军委批准，秦皇岛市为甲级对外开放城市。

12 月 27 日，为“文革”中被遣返人员落实政策，经公安机关审批，撤销遣返规定。

是年，对国家机关、党派、团体、科研、社会福利、环境保护、环境卫生等事业单位和中小学、卫生、体育系统中，1981 年未列入调整工资范围的人员进行工资调整。全区升 1 级的 1077 人，升 2 级的 24 人。

是年，“五讲、四美、三热爱”活动（讲文明、讲礼貌、讲卫生、讲道德、讲秩序，心灵美、语言美、行为美、环境美，热爱祖国、热爱人民、热爱中国共产党）在全区城乡广泛深入开展，人人争做有理想、有道德、有文化、有纪律的社会主义新人。

1983 年

1 月 1 日，国营工业、商业、建筑、交通等营利企业实行第一步利改税。

3 月 13 日，国务院批准，秦皇岛市为省辖市，抚宁县、昌黎县、卢龙县、青龙县划归其管辖，实行“市管县”体制。秦皇岛市辖 4 个县、3 个区（海港区、北戴河区、海关区）。

3 月，海港区城肥管理所党支部书记冯根源代表本单位出席全国城建系统园林环卫先进集体和先进个人代表会，受到国务院副总理万里的接见。

3 月，秦皇岛军分区成立，驻邵岭村北营房。

7 月 1 日，《秦皇岛日报》复刊，开始每周三刊，1984 年 1 月 1 日改为每周六刊，全国发行。《秦皇岛日报》的报头是 1956 年 9 月 2 日朱德题写。

7 月 31 日，邓小平视察秦皇岛港。

8 月 10 日，中共中央总书记胡耀邦陪同意大利贵宾参观秦皇岛煤码头一、二期工程。

9 月 23 日，国务院总理赵紫阳、副总理田纪云视察耀华玻璃厂。

12 月 20 日，党和国家领导人万里、胡启立、李鹏、吕正操、王兆国等参加京秦铁路提前铺轨祝捷大会后，视察秦皇岛煤码头一、二期工程。

12 月，李志明不再担任区委书记职务。

是年，全区农村普遍实行家庭联产承包责任制，土地承包期 15 年不变。

是年，海港区进行新中国成立后首次换发、补发《革命烈士证书》工作。

1984年

1月28日，晚9时，驻操营北部熊顶盖山起火。经7个多小时鏖战，扑灭山火，保住万亩山林。

1月，李贤任区委书记。

1月，海港区恢复一级财政，成立区财政局，各乡建立财政所，实行核定收入任务和支出指标，确定“金额分成和超收分成比例”的财政体制。

2月21日，市商业局所属41个商店、145个门市部移交给海港区管理。接管后设百货公司、烟酒公司、饮食服务公司、蔬菜公司（兼管食品调味厂）。

3月，按照中央政策，农村政社分开，废除公社名称，成立乡政府，全区建立5个乡，即黄土坎乡、马坊乡、铁庄乡、白塔岭乡、归提寨乡。

3月，工业管理权下放，秦皇岛市属各局所管的11个厂移交到海港区管理。即：美术一厂、美术二厂、雕刻厂、橡胶厂、制鞋厂、自行车制件厂、蓄电池厂、三瓷厂、第二印刷厂、铸锅厂、第二五金厂。

4月23日—26日，政协海港区委员会第一次会议在市商业局俱乐部召开，出席会议委员52人。选举杨景林为区政协主席，李树栋、曹洪宾、刘海中、孙宝仁为副主席。

4月23日—28日，海港区第七届人民代表大会第一次会议在区政府礼堂召开，出席会议代表177人。选举李志明为区人大常委会主任，严成功、李云武、陈文英、计志平、谢煜为人大常委会副主任；张大光为海港区政府区长，周重光、张宝林、张志远、彭树清为副区长；刘世久为区人民法院院长；田宝崑为海港区人民检察院检察长。

5 月 4 日，国务院正式决定，秦皇岛为全国 14 个沿海对外开放城市之一，实行对外开放。

5 月 14 日，由马坊乡邵岭村投资兴建的秦皇岛市第一家民办大型商场——燕滨商场正式开业。商场总投资 150 万元，坐落在迎宾路繁华地段。

7 月 14 日，位于文化北路东侧的市妇幼保健院落成开诊。

7 月 18 日，海港区第一家合资经营企业——海港制镜厂，经省外贸厅批准成立。

7 月 27 日，秦皇岛市第一辆农民客运汽车驶进海港区，为抚宁县杜庄乡徐守保等 4 户农民经营。

7 月，秦皇岛火车站东站正式建成通车。位于市区东部南李庄村南，是京秦双线电气化铁路的终点站，是与煤码头工程配套，以接卸晋煤和锦西原油为主的港口站（工业站）。1982 年动工兴建，年运输能力 3000 万吨。

7 月，海港区接管除秦皇岛市第一中学以外的市属各中学。

7 月，市郊区撤销建置。铁庄乡、马坊乡、黄土坎乡、白塔岭乡、归提寨乡及所辖 64 个村划归海港区管辖。

8 月 1 日，由市第一运输公司与黄土坎乡、铁庄乡 64 家个体运输户组成的联营汽车队成立，为全市第一家打破所有制界限的经济联合体。

8 月 3 日，国家主席李先念视察秦皇岛港和耀华玻璃厂。李先念主席夫人林佳媚视察海港区妇幼保健工作。

8 月 6 日，全国第一条微同轴电缆在海港区到北戴河区之间铺设。

8 月 8 日，国务院副总理姚依林、经贸部部长陈慕华、国家计委主任宋平等人，视察秦皇岛港煤码头、耀华玻璃厂及秦皇岛新火车站。

8月21日，国务院总理赵紫阳视察秦皇岛港煤码头二、三期工程施工现场和秦皇岛新火车站。

8月24日，全市第二步利改税工作会议召开。会议决定国营企业从10月1日起实行利改税。

9月8日，海港区第一家室内集贸市场开业。位于老火车站东侧，面积1257平方米。

9月28日，秦皇岛北站正式落成通车，改名为秦皇岛站，原秦皇岛站改名为秦皇岛南站。该车站于1982年3月动工兴建，占地面积35.6万平方米，建筑面积2.4万平方米，可供1800人同时候车。

10月6日，马坊乡邵岭村1984年人均收入3994元，特举行记者招待会。全国88个新闻单位的记者出席。

10月27日，国务院特区办公室发出通知，同意海港区西部建立秦皇岛经济技术开发区。具体位置是：东起大汤河西岸，西至京山铁路新线和小汤河，南起津秦公路，北至丁天桥。面积2.4平方千米，拟先期开发0.62平方千米。

11月15日起，全市国营单位开始招收合同制工人。

是年，西浴场建成。位于汤河入海口以西海面，东起汤河口，西至山东堡村，全长2500米。场内设大型太阳能男女淋浴室各1个，更衣室8个，综合服务间10间，平台面积500平方米，绿地面积1.57万平方米，年接待游客60万人次。

1985年

1月24日，秦皇岛电视台成立，6月1日开机试播。初时台址在北戴河海滨，后迁至海港区文化北路23号。

1 月 25 日，市属海港运输公司等单位移交给海港区管理。

1 月 30 日，市第一人民医院首例断臂再植手术成功。

3 月 1 日，经市政府决定，辖区蔬菜市场全部放开。

3 月 4 日，秦皇岛市人民警察学校在白塔岭乡山东堡村建立。

3 月 25 日，海港医院院长韩子刚作为特邀代表，参加在武汉召开的全国卫生工作研究会议，作大会发言。

4 月 15 日，秦皇岛民航正式通航。机构设在山海关，与军用飞机场合用，秦皇岛民航站设在海港区。航线有：沈阳—秦皇岛—北京，北京—秦皇岛—石家庄—南京—上海，每周往返 3 班次。

4 月 25 日，位于海港区西部大、小汤河之间的秦皇岛经济技术开发区举行开工典礼。

4 月，城区 8 个街道调整划分为 10 个街道，增加西港路街道和燕山大街街道。

4 月，开始重点建设 2 条商业街：河北大街汤河桥至海阳路口段，民族路建设大街路口至自来水公司段。采取统一规划、统一设计、统一建设、统一安排网点的办法。

5 月 25 日，全市第一家由农民集资兴建的宾馆——燕山宾馆举行开业典礼。燕山宾馆位于民族路北端，是由马坊乡西盐务村农民集资兴建的。

8 月 26 日，区制镜厂与香港和记实业有限公司合资建立“秦和塑边镜实业有限公司”。总投资 120 万元，港方 30 万元，产品 70% 由港方销售。合作期限为 10 年，厂址在海港区。

9 月 2 日，燕山玻璃总厂三熔车间煤气炉午间发生爆炸，8 人遇难。后经海港区法院开庭审理，原分厂厂长、总厂厂长、设备科长指控犯有玩忽职守罪，被判处有期徒刑。

10 月 1 日，中央顾问委员会副主任王震为渤海铝业有限公司题写厂名“渤海铝业公司”。

10月3日，全国重点院校东北重型机械学院分校——燕山大学开学，首届录取大学生597人，研究生96人。校址位于白塔岭乡山东堡村，1984年5月破土动工。

10月4日，秦皇岛市海关学校开学。是由海关总署领导的一所中等专业学校，首届从全国10个省、自治区招收新生193人。

10月5日，市教育局收回1984年7月划给海港区管理各中学的管理权。

11月1日—3日，中共海港区第三次代表大会在区政府礼堂召开，参加会议代表307人。选举李贤为五届区委书记，张大光、张文奎、温贵云为副书记。选举出席市第六次党代会的代表19人。

12月15日，京秦双线电气化铁路全线竣工通车。是晋煤外运的重要通道。

是年，国家机关和事业单位建立新的工资制度。工资由基础工资、职务工资、工龄工资、奖励工资4部分组成，体现按劳分配原则。

1986年

3月7日，区医用玻璃厂生产的“三菱牌”盖玻片获国家中医药管理局优质产品奖。

3月28日，区制镜厂与香港和记实业有限公司合资的“秦和塑边镜实业有限公司”正式投产。年产塑边镜120万件，可创外汇300万元。

4月14日—16日，政协海港区第一届委员会第三次会议召开，出席会议委员95人。增选葛云生、王庆善为政协副主席。

4月14日—17日，海港区第七届人民代表大会第三次会议召开，出席会议代表246人。增选韩应臣为区人大常委会副主任。

4月29日，根据中共中央、国务院、中央军委〔1986〕5号文件规定，海港区人民武装部改为地方建置。

5月4日，首次实行“夏时制”。

5月17日，秦皇岛市第一台由瑞典引进的万门程控交换机一期工程完成。开通6000门市内直拨电话、330线国内国际直拨电话。

6月1日，按照国务院下发的《国营企业实行劳动合同制暂行规定》的相关规定，即日起企业劳动合同制工人实行社会保险事业统筹办法，改职工退休养老金由企业自行支付向统筹转化。

6月15日，东白塔岭村“海滨大厦”落成开业，建筑面积7200平方米。

6月16日，海港区敬老院新院址落成。位于小李庄以南，秦山公路北侧。占地面积1.3万平方米，建筑面积1800平方米。

7月25日，国务院副总理田纪云视察马坊乡邵岭村办的燕滨商场。

8月27日，迎宾路小学落成。建筑面积4450平方米，有24间教室，可容纳学生1000多人。

9月18日，海浪花市场正式开业。市场以经营者集资为主建设，政府适当补助。市场总体结构为全封闭式上、下两层，总建筑面积8140平方米。“海浪花市场”牌匾为市委书记白芸生所题。

9月20日，1984年12月动工兴建的秦皇岛市图书馆开馆。

9月23日，全国第一条多功能垃圾处理船“环卫一号”在秦皇岛港正式交付使用。

10月9日，海港区老龄大学举行开学典礼。开设书法、保健、绘画、园艺等课程，有学员123人。

11月1日，科威特国家石油化工公司董事长兼经理努里，捐资兴建清真寺。

12 月 5 日，通过清理核查，“文化大革命”运动中的“三种人”和犯有严重错误的人得到处理。1 人被定为“打砸抢”分子，16 人被确定为犯严重错误，分别给予党纪或政纪处分。

12 月 7 日，第十一届亚洲运动会海上运动场在海港区汤河口西海上动工兴建。为全国唯一能接待国际帆船、帆板比赛的海上运动场。

是年，海港区获“全国计划生育工作先进集体”称号。自行车厂生产的前叉子被河北省评为优质产品。

1987 年

1 月，燕山大学的 H 形波纹钢科研项目获布鲁塞尔国际发明金奖。

4 月 22 日，海港区政府决定改变港城、北方、秦东 3 个建筑公司的隶属关系，划归区建委直接领导。将港城建筑公司改为第三建筑工程公司，北方建筑公司改为第四建筑工程公司，秦东建筑公司改为第五建筑工程公司。

4 月 24 日—27 日，海港区政协第二届委员会第一次会议召开。出席会议委员 85 人。选举王际奎为区政协主席，李树栋、葛云生、王庆善、尚连奎、曹洪斌、吴幼发为副主席。

4 月 25 日—29 日，海港区八届人大第一次会议在秦园宾馆召开。出席会议代表 163 人。选举张大光为区人大常委会主任，李云武、韩应臣、郑顺礼、谢煜为人大常委会副主任；周重光为区政府区长，杨文波、张志远、李彦良、彭树清为副区长；刘世久为区人民法院院长，田宝崑为区人民检察院检察长。

5 月 24 日，区长周重光、副区长彭树清到道南宾馆拜访天津市市长李瑞环。李瑞环应市长顾二熊的邀请到秦访问。

7月25日，区长周重光、副区长李彦良走访并慰问老山前线将士家属，赠送慰问品。

8月15日，中阿化肥有限公司总经理穆罕默德·穆格斯将1000美元赠给海港区清真寺。

8月30日，海浪花食品综合市场破土动工。位于海港区中心商业区，由2座单体4层楼房组成，中间由2座过街天桥连接，总建筑面积为1万平方米，总投资约1000万元。翌年9月末竣工。

9月12日，市老干部活动中心竣工剪彩。活动中心坐落在海港区康乐里，总建筑面积2648平方米，投资151万元，设有阅览、图书、书画、游艺、保健、健身等各种场室。

11月3日，在旧址重建的海港区清真寺举行竣工落成典礼。新建清真寺总建筑面积960平方米，可容纳300人作礼拜。全部投资17.5万美元，是由科威特国际伊斯兰慈善基金会捐赠。参加落成典礼的除200名穆斯林外，还有全国伊斯兰教协会和省、市有关领导，科威特市政事务大臣古奈姆等外宾。

11月9日，日本“大宇”号货轮满载2.5万吨河沙从秦皇岛港起航，驶向日本川崎港。是秦皇岛市也是中国北方首次向国外出口河沙。

12月6日，大秦铁路引入秦皇岛港煤三期铁路线上的特大桥——柳村大桥全线架通。大桥共27孔，全长670米。

12月23日，日处理污水能力为4万吨的海港区东部污水处理厂竣工。此污水处理厂由中国市政工程华北设计院设计，天津市市政工程公司施工，投资1096万元。是市政建设、煤港二期和京秦电气化铁路工程的配套工程，在保护环境、防止污染和缓解区域水资源紧张方面都将发挥积极作用。

12 月 26 日，黄土坎乡富营村与中国化工进出口总公司河北省分公司合资兴建的海港区有机化工厂建成，并进行试生产。

1988 年

1 月 21 日，白塔岭乡西白塔岭村投资 103 万元兴建的全市第一家“卫生筷子厂”正式投产。

2 月 2 日，全国第一家铅焊管助焊黑漆和汽轧润滑油专业生产厂——白塔岭乡东白塔岭村“京塔油脂化工厂”落成投产。

2 月 6 日，国务院批准在秦皇岛市建设年产量 3 万吨的腈纶工程，即秦皇岛腈纶厂，位于黄土坎乡中心庄北，102 国道南侧。

2 月 16 日，秦皇岛市第一座游泳馆落成，举行开馆典礼。

3 月 19 日，马坊乡西盐务村办燕山啤酒厂生产的“秦雪”牌啤酒被农牧渔业部评为优质产品。

3 月 23 日，区委、区政府决定调整街道设置，将耀华街道和港口街道合并，称海滨路街道；将新华大街街道、海阳路街道和长城大街街道合并，称文化路街道。10 个街道调整为 7 个。

3 月 28 日，秦园医院正式开诊。此医院由马坊乡园艺村投资兴建，是全市第一家农民开设的医院，内设床位 403 张，聘请离退休的医务工作者临床开诊。

6 月 11 日，国家“七五”重点建设项目大秦电气化铁路三期煤码头电气化工程破土动工。

6 月 23 日，海港区二建玻璃钢保温管投入生产，填补省内空白。该管主要用于油田原油露天输送管道和供暖工程、热煤输送管道等。

6 月 28 日，秦皇岛至香港的定期班轮正式开通。此轮专门从事直达香港和经香港中转世界各国的杂货和集装箱运输，载重量为 1.09 万吨。

8月，文化路街道残疾人牛文生研制的木工钻床获国家“专利”。

9月6日，全市第一家电视机生产厂——铁庄乡电视机厂投产。该厂在北京东风电视机厂帮助下建成，总投资120万元，生产17寸黑白电视机。

9月19日，由国家商业部对沿海开放城市统一投资、统一命名、统一标志、统一服务、统一会歌的“秦皇岛华联商厦”成立。商厦位于辖区中心地带，建筑面积1.3万平方米，5层楼高。

10月27日，区政府决定：将置于南山的明代成化十三年（1477年）立的刻有“秦皇求仙入海处”7个大字的赑屃座石碑，列为区级文物。

10月25日，国际帆船联合会副主席亨德森参观在建亚运会海上运动场工地。

12月2日，文化里幼儿园扩建工程竣工，投入使用。

12月20日，市地方铁路由石岭至青龙县山神庙延伸工程竣工通车，延伸工程全长12千米。海港区与青龙县开通铁路客货运输。

1989年

1月9日，秦皇岛—日本集装箱航线正式开通，装载120多个集装箱的“石嘴山”号货轮成为首航使者。

3月5日，全市第一家无线寻呼系统——126寻呼台开通使用。

3月26日，秦皇岛市区市话号码由5位升为6位。

5月29日—31日，秦皇岛市首届青少年帆船、帆板比赛在海上运动场举行。海港区刘见昕获男子平底板第一名，莫丽华获女子平底板第一名，石磊获乐观型帆船第一名。

6月20日，革命英雄纪念碑在河北大街路北、汤河东岸落成。碑高19.48米，寓意秦皇岛1948年解放。

6月22日，全国帆船锦标赛和全国帆板优秀选手赛在海上运动场举行。13个省、市的114名运动员参加角逐。

7月8日，燕山大学举行本科毕业生毕业典礼，结束驻区高校不能培养本科生的历史。

7月15日，西港路农贸批发市场正式开业。是海港区第一个由工商部门与农村联营的农贸市场，占地面积1万平方米，货棚面积1100多平方米，内设餐馆、住宿、存车、理货等服务设施。

7月17日，装有3754吨原油的秦皇岛输油公司输油站一号储油罐因雷击起火，损失原油3700吨。秦皇岛市和锦西、锦州、唐山等地消防人员历经9个小时扑灭大火。

8月1日，全国羽毛球双打混双比赛在国家体委秦皇岛训练基地举行。

8月10日，全国人大常委会副委员长严济慈视察秦皇岛热电厂的筹备工作。

8月10日，全国人大常委会副委员长赛福鼎·艾则孜视察秦皇岛港和第十一届亚运会海上运动场。

8月24日—29日，邓绥宁偕夫人常逸梅、女儿邓亚雯由台湾到秦皇岛探亲。邓先生1948年赴台，曾任台湾中国文化大学历史系教授。28日，特意考察“秦皇求仙入海处”。

9月17日—24日，第五届亚洲帆船锦标赛在海上运动场举行。10个国家和地区的运动员经过7天角逐，中国队获金牌4枚。

11月15日，区人大常委会批准周重光辞去区长职务，徐淳任代区长。

11月26日，秦皇岛港吞吐量首次突破6000万吨大关，跃居世界最大的能源输出港。

12月27日—29日，中共海港区第四次代表大会在区政府礼堂召开，出席会议代表120人。选举王瑞东为区委书记，徐淳、温贵云、杨佐祥为区委副书记，张全兵为区纪委书记。

是年，海港区进行第一次土地详查。全区总人口306810人，土地总面积约为1.28万公顷，人均土地面积约0.63亩。其中，耕地面积4453.33公顷，约占土地总面积的34.8%；园地面积813.33公顷，约占6.4%；林地面积280公顷，约占2.2%；居民点及工矿用地面积5373.33公顷，约占42%；交通用地面积513.33公顷，约占4%；水域面积593.33公顷，约占4.6%；未利用土地面积760公顷，约占5.9%。

1990年

1月1日，从即日起，全区实行退休养老社会保险，退休养老基金由用工单位和劳动合同制工人缴纳。

1月1日，秦皇岛市第一座机械化垃圾楼在海港区文建里建成投入使用。

3月6日，省委书记邢崇智视察海港区学雷锋活动。在市委书记顾二熊、副书记朱桂英陪同下，看望孤寡老人马明福夫妇和安娘老人。邢崇智称赞团区委组织的学雷锋综合包户活动，并题词："推广海港区的经验，把学雷锋活动更扎实地开展下去。"

3月30日，区人大常委会规定，3月30日为区、乡两级人民代表换届选举日。全区设121个选区，用提名方式推荐候选人，采用差额无记名投票方式进行选举，结果选出区第九届人民代表大会代表203人。

4月23日晚7时，"引青济秦"工程试通水，水被注入汤河水厂和海港水厂，全区居民可以喝到青龙河水，有效缓解城市用水紧张状况。

4月23日—27日，政协海港区三届一次会议在交通局礼堂召开，出席会议委员103人。选举温贵云为区政协主席，葛云生、李乐为、吴幼发、马秉顺、高耀荣、崔明勋为副主席。

4月25日—29日，海港区第九届人民代表大会第一次会议在秦园宾馆举行，出席会议代表203人。选举张大光为区九届人大常委会主任，张志远、韩应臣、郑顺礼、谢煜为人大常委会副主任；徐淳为区政府区长，吴开达、李彦良、彭树清、李秦生、李家齐为副区长；孙盘柱为区人民法院院长；李晓伶为区人民检察院检察长。

4月，首部《海港区志》出版。内容包括本区上自清光绪二十四年（1898年）下至1985年共87年的自然和社会的历史。全书70万字，印数1000册。

6月5日，第十一届亚运会秦皇岛海上运动场通信工程通过邮电部、亚运会通信指挥分部等部门的全面验收。

6月9日，海阳路东段金三角地带旧城改造工程开始，拆迁339户、28家商店、2家机关，拆除房屋1097间、面积1.2万平方米，修建街心游园、商业用房、绿地和停车场。

6月18日，海港区南山立交桥建成通车。是三向互通式立交桥，一方通向东山浴场，一方通向开滦路和海滨路，一方通向港务局甲、乙、丙、丁码头，桥长1764米，1988年动工，1990年5月竣工。结束该地段港口铁路运输和市区交通平面交叉、互阻的历史。

8月4日，金三角市场落成开业。坐落在海阳路、文化路、河北大街交汇处，是现代化综合性全封闭式市场，建筑面积1.2万平方米，可容纳120个固定门店和700个临时摊位。

8月16日，全国政协副主席谷牧到海港区视察城市改造工程，听取文化路一条街、海上运动场、亚运村、秦皇岛火车站、海浪花市场建设情况汇报。

9月11日—15日，全国第三届城区体育工作研讨会在海港区体委召开。

9月15日，位于海港区海阳路金三角的鑫园广场落成。是一座街心游园，占地面积5200平方米，园内有花坛、喷泉等设施。

9月17日，海港区在亚运村海上广场举行“亚运之光”火炬传递活动。手擎火炬的队伍沿主要街道接力前进，全区约10万人参加火炬传递活动。

9月20日—30日，第十一届亚洲运动会帆船帆板赛在秦皇岛举办。20日，开幕式在亚运村隆重举行。比赛在海上运动场举行。帆船帆板比赛在北京召开的第十一届亚运会提前两天开幕。亚洲13个国家和地区的运动员、教练员参加比赛。共设7枚金牌，中国队获2枚。

10月13日，全国第一条地下液氨长距离运输管道——中阿化肥配套总公司液氨长输管道工程通过市级验收。总长82.5千米，管道口径137毫米，年输送能力10.5万吨。

12月3日，海港区东山“秦皇求仙入海处”石碑遗址附近发现9件卷云纹瓦当和绳纹板瓦残块，1件网纹、米格纹残砖。经专家鉴定，属秦汉时期建筑遗物。

12月6日，1990年第四次全国人口普查数据公报显示，全区人口331332人（1990年7月1日零时为标准），比1982年第三次全国人口普查时增加100789人。

12月20日，秦皇岛热电厂举行开工典礼。位于海港区东部工业区，占地面积22.84公顷，装机容量为4台25万千瓦机组，年发电能力68亿千瓦时。

12月22日，海港区老干部活动中心——德寿宫落成启用。建筑面积450平方米，投资50万元。地址在市体育场西南侧。

1991 年

4 月 22 日，海港区召开紧急会议，传达国务院《关于调整粮油统销价格的决定》的精神。通知规定从 5 月 1 日起调整粮油销售价格。面粉、大米、玉米面平均每公斤上涨 0.20 元，各种植物油平均每公斤上涨 1.35 元。4 月粮油按原价供应。

5 月 18 日，燕山大世界商场开业。海港区西盐务村兴办，坐落在建国路与燕山大街交叉路口西南侧，建筑面积 1 万平方米，投资 1200 万元。

6 月 25 日，“引青济秦”应急工程全线竣工。工程全长 80 千米，分东西两线，西线由青龙河桃林口拦河坝至洋河水库，东线由洋河水库到市区；东线工程于 1989 年 10 月 1 日动工，1990 年 4 月 18 日竣工通水，西线工程于 1990 年 5 月 5 日动工，1991 年 5 月 19 日竣工通水，整个工程历时 600 天。

6 月，王瑞东不再担任区委书记职务。

6 月，徐淳不再担任区委副书记、区长职务，宋福庆任区委副书记、代区长。

8 月 3 日，区医用玻璃厂生产的抗辐射卫星盖片通过省科委鉴定，达到 20 世纪 80 年代初国际先进水平，填补省内空白。

9 月 23 日，经中共河北省委批准，温贵云任中共海港区委书记。

10 月 7 日，由近百名干部组成的农村社会主义教育工作队进驻海港区 5 个乡 32 个村。工作队以社会主义思想教育为主线，以经济发展为中心，以整顿基层领导班子为重点。

10 月 21 日上午 9 时，“秦皇求仙入海处”举行开工典礼。该景点即东山公园，占地面积 13.33 公顷，整个建筑物仿秦代建筑风格，形成秦代古园林建筑群。整个工程分三期进行，总投资约 3000

万元。

11 月 2 日，秦皇岛—龙口客货混装轮定期航线首航典礼仪式在秦皇岛港 2 号码头隆重举行。秦皇岛结束无海上客运的历史。

11 月 14 日，国家重点工程、晋煤外运的大动脉——大秦铁路二期工程胜利接轨。

11 月 22 日，秦皇岛市药用包装厂动工兴建。是海港区技术改造项目，投资 1360 万元，建筑面积 3196 平方米，年生产 5000 万套药用塑料包装瓶，设备由美国引进，为国家医药管理局“八五”期间重点项目。

12 月 5 日，综合治理“四河”誓师大会在工人文化宫举行。“四河”系指位于海港区境内的大马坊河、小马坊河、护城河和新开河。工程包括截住污水、清理淤泥，河底硬化，护坡砌石、河岸绿化等项目工程。海港区组成以区委副书记、代区长宋福庆为首的治理四河指挥部。全区广大干部、职工积极参加，有钱出钱、有力出力、有物出物。

12 月 30 日，海港医院中医门诊楼落成。总投资 150 万元，建筑面积 2642 平方米。内设中医门诊、普通病房和老干部病房。

是年，海港区获全国“农村普及自来水”金牌奖及“全国双拥模范区”称号。

是年，全区开展基本农田保护工作。区政府制定《基本农田保护区实施办法》，确定基本农田保护区 589 块，面积 3512. 24 公顷。其中，一级保护区面积 2093. 19 公顷，二级保护区面积 1101. 59 公顷，三级保护区面积 317. 46 公顷；粮食保护区面积 2334. 93 公顷，蔬菜保护区面积 493. 23 公顷，林果面积 609. 45 公顷，油料面积 74. 63 公顷。保护区面积占总耕地面积的 82. 6%。

1992年

1月，东港里教师住宅楼落成，45名教师喜迁新居。

2月2日，区委、区政府发出《关于全区农村开展奔小康活动的意见》的文件。文件提出小康村14条标准。

2月13日，秦冠弧度镜有限公司举行开工典礼。是海港区制镜厂与香港冠鸿玻璃镜业合资企业，总投资321万元，年产各种规格弧度镜片720万片，年创产值530万元，利税184万元，创外汇50万美元。

4月22日—25日，海港区九届人大三次会议在马坊乡政府六楼会议室召开，出席会议代表175人。补选宋福庆为区长。

5月1日，重建后的五道桥农贸市场开业。此市场原址因治理护城河而拆除，故在新二街重建。占地面积1500平方米，投资20万元，设400个摊位。

5月8日，海港区检察院副检察长刘景勤被最高人民检察院通令嘉奖。

5月23日，海阳蔬菜水果批发市场正式开业，是全市第一家立足本地、面向东北开放的区域性蔬菜水果批发市场。

5月，海港区最大的食品市场——火车站食品市场开业，建筑面积1600平方米，投资45万元，地址在火车站西侧100米处（北环路北侧）。

6月3日，“秦皇求仙入海处”举行开园典礼暨望海大会开幕式。全国人大常委会副委员长彭冲为开园剪彩。复建的秦皇求仙入海处占地面积19公顷，设秦阙门、秦碣门刻辞、祈寿殿、群仙祠、秦宫缩影、秦皇仙境等33个景点，结束海港区没有旅游景点的历史。4日—7日举行望海大会，4天共接待游客11万人次。是望海大会中断22年后，重新恢复的首届活动。

6月23日，海港区纸制品包装厂与韩国斗物产株式会社合资兴建“亚光纺织服装有限公司”在天开大厦二楼举行合同签字仪式。公司总投资700万美元，其中韩方投资520万美元。产品8%销往国外。

6月，铁庄乡张庄村栽培的无公害西红柿获得成功。利用高标准全日光温室进行无土营养液膜栽培，有计划地使用氮、磷、钾等元素，果实不受农药、细菌等病害侵扰。

7月1日，护城河夜市开业。全国人大常委会副委员长赛福鼎·艾则孜和全国政协副主席马文瑞为其剪彩，市、区党政领导出席剪彩仪式。夜市位于文化路护城河至民族路桥护城河北侧，设摊位257个，经营工业品、服装、百货、文化用品等500多个品种。

7月29日，省委书记邢崇智在副市长张树仁陪同下到海港区视察耀华玻璃机械厂、燕山啤酒厂和东兴技术研究所。邢崇智欣然题词：“抢抓机遇，加快发展。”

7月29日，“引青路”正式通车。南起归提寨，北至大小乐安寨。是区内第一条民办公助的乡村柏油路，全长7千米，投资68.5万元，其中群众集资21万元。省委书记邢崇智题写碑名。

8月19日，国家主席杨尚昆冒着高温视察耀华浮法玻璃生产线和治理“四河”的现场。

8月24日—30日，全国帆船锦标赛、全国帆板锦标赛在秦皇岛海上运动场扬帆竞航，拉开秦皇岛国际游艇俱乐部举办大型赛事的序幕。河北、辽宁、浙江、海南、广东等省市代表队的230多名帆船帆板运动员，在男女470级、莱塞级、女子欧洲级、芬兰人级、飞行荷兰人级帆船项目和帆板项目展开激烈角逐。

9月1日，粮价放开。根据省政府指示，全区从即日起取消对城镇居民平价供应粮油，实行敞开供应，粮油价格相应提高，职工每人每月补贴4元，粮票、粮本、储备粮暂挂。

9月3日，海港区召开粮食局转轨变型暨承包动员大会。决定三分之一职工承包经营粮油；三分之一职工从事粮食深加工；三分之一职工从事第三产业。

9月7日，区饮食服务公司与香港嘉宇投资有限公司合资兴建“华嘉房地产实业开发有限公司”举行签字仪式。公司注册资金772.23万美元，其中港方占70%。

9月10日，药用塑料包装自动化生产流水线在海港区药用包装厂投入生产。此项目是纳入国家“八五”技改专项规划的重点项目。总投资1360万元，年可生产药用塑料包装袋（瓶）5000万支；年可创产值900万元，利税400万元。

10月20日，天桥西市场扩建工程竣工。扩建面积1200平方米，为全封闭高顶棚建筑。

10月25日，秦皇岛市肉禽蛋批发交易市场正式开业。

10月28日，全国第一家煤炭专业市场——中国秦皇岛煤炭交易市场宣告开业。

11月13日，国务院特区办批准秦皇岛经济技术开发区扩区，海港区白塔岭乡的孟营村、孙庄村、前进村整建制划入开发区。

11月28日，秦皇岛市明光玻璃制品有限公司投产。白塔岭乡滨海实业公司（前道西村）与韩国新流通株式会社合资兴建，总投资550万元，注册资金350万元。主要生产玻璃灯具，产品全部销往国外。合同期20年。

12月4日，海港区第十届人民代表大会换届选举选民登记工作圆满结束，登记的选民共25.4万人。

12月5日，省委、省政府公布“河北乡镇百颗星”名单，马坊乡和黄土坎乡榜上有名，马坊乡名列第 35 名，黄土坎乡名列第 39 名。

12 月 8 日，商业服务楼以南、文化中路以东、海港医院以北、民族路中心线以西面积 16.5 万平方米的土地出让给新加坡美裕集团，用以商贸、住宅和综合房地产开发。

12 月 19 日，海港区获“全国城市计划生育工作先进集体”称号。是海港区继 1985 年之后第二次获此殊荣。

12 月 24 日—26 日，中共海港区第五次代表大会在马坊乡政府礼堂召开。出席大会代表 122 人。选举温贵云为区委书记，宋福庆、吴开达、刘玉萍为区委副书记，王振生为区纪委书记。

1993 年

1 月 12 日，燕滨购物中心举行开业剪彩仪式。购物中心由马坊乡邵岭村燕滨实业总公司投资兴建，营业面积 1 万平方米。

2 月 5 日，全市有 13 个乡镇的乡镇企业产值超过 1 亿元，其中，马坊乡、铁庄乡、黄土坎乡、白塔岭乡榜上有名。

2 月 14 日—17 日，政协海港区四届一次会议在区政府礼堂举行。参加会议委员 100 人。选举田伯翔为区政协主席，李乐为、高耀荣、崔明勋、刘晓暄为区政协副主席。

2 月 15 日—20 日，海港区第十届人民代表大会第一次会议在马坊乡政府六楼会议室召开。出席会议代表 189 人。选举郭家琦为区人大常委会主任，张志远、韩应臣、张全兵、马秉顺为区人大常委会副主任；选举宋福庆为区政府区长，李家齐、李秦生、黄荣、孟庆森、董江为区政府副区长；选举李晓伶为区法院院长；刘景勤为区检察院检察长。选举出席秦皇岛市第九届人民代表大会代表 112 人。

4月5日，秦皇岛市市属大专院校首届研究生班在市电大成立。

5月10日，由海港区房屋建设开发公司和意大利理查德·干伯雷尼贸易公司合资兴办的秦皇岛海洋房地产置业有限公司成立。此家合资企业总投资3480万元人民币，注册资金1740万元人民币，其中，海港房屋建设开发公司投入人民币696万元，占总投资40%，意方投入180万美元，占总投资60%。

5月11日，经河北省体改委批准，全省最大的股份制商业企业——秦皇岛商城股份有限公司组建，股本金总额为1.42亿元。1993年2月16日，秦皇岛商城破土动工，商场部分于1996年5月1日开业，营业面积1.86万平方米。

6月18日，以秦始皇东临碣石求仙的历史传说为背景，以有关史料记载和考古发现为依据建成的秦皇求仙入海处二期工程，举行竣工典礼；国内第一块复建的秦碑——碣石刻石在秦皇求仙入海处揭幕。全国政协副主席赛福鼎·艾则孜和国家旅游局局长刘毅、省政协主席李文珊、副省长王幼辉为秦皇求仙入海处二期工程竣工剪彩，为碣石碑揭幕。秦皇求仙入海处二期工程总投资2500万元，总面积1.3万平方米，设“战国风情”等4大景区、40多个景点和7个游乐项目。

6月24日，海港区第二届望海大会在秦皇求仙入海处举行。此届望海大会本着弘扬民族文化，发展旅游事业，促进经济发展的思路兴办。其间，举行经济技术信息发布和商贸活动，与新加坡、韩国、中国台湾、中国香港和国内的客商签订十几项经济技术合作项目。活动历时1周。

6月24日—30日，1993年全国帆船帆板锦标赛在秦皇岛海上运动场举行。

7月1日，中港路建成通车。由黄土坎乡集资260万元兴建，北起秦山公路中心庄路口，南至西向河寨村，总长3.5千米。

7月30日，煤气工程点火试生产一次成功。

8月6日，市广播电视局举行有线电视台试播典礼仪式。

9月20日，中央电视台《正大综艺》节目外景摄制组到海港区采访。摄制组给秦皇求仙入海处以很高评价。

9月22日，秦皇岛—上海空中航线开通。

10月11日，在全国首次十大杰出检察官和优秀检察官评选中，区人民检察院检察长刘景勤在19名全国优秀检察官中名列第三。

10月29日—30日，澳大利亚海洋海底世界水族馆有限公司董事比尔和约翰·劳伦斯到海港区洽谈海底世界水族馆项目。副区长董江及有关部门负责人陪同客人考察秦皇求仙入海处、西浴场和市区环境，双方就合作开发海港区旅游资源，建设海底世界水族馆项目进行洽谈。签署合作备忘录。

11月18日，全市规模最大、品种最全的五金、家电、化工专业商场——秦皇岛五交化大楼开业。

11月23日，全市最大的全封闭现代化商品批发市场——亚泰批发商厦建成开业。是秦皇岛第一家大型批发市场，总投资2000万元，总面积2.3万平方米。

12月1日，市热力总公司一台20吨锅炉在海港区团结里小区投入使用开始供暖。为全市集中供暖中最大的锅炉，供热面积可达19万平方米。

1994年

1月22日，位于河北大街西段的北方最大的专业批发市场——渤海湾商品批发市场剪彩开业。

1月29日，海港一建公司经理杨占良被评为“全国优秀集体建筑企业家”。

2 月 5 日，国家“八五”重点工程、河北省“龙虎计划”项目之一的市电子玻璃厂薄板玻璃生产线熔窑点火一次成功。薄板玻璃的生产，将逐步替代进口产品，填补全国工业生产的空白。

2 月 5 日，秦皇岛新开河港隆重举行首航式。新开河港宣告正式开港。

3 月 1 日，按照国务院的统一部署，全区即日起实行新的工时制度，职工平均每周工作 44 小时，即隔周有一次双休日。境内各级各类学校，一律实行每周五天半工作制。

5 月 27 日，海港区马坊乡、黄土坎乡、铁庄乡被省政府命名为“1993 年度百强乡镇”；海港区第三建筑公司、燕山啤酒厂被省政府命名为“1993 年度百强乡镇企业”。

6 月 11 日，海港区第三届望海大会在秦皇求仙入海处举行。本着旅游文化搭台、经贸唱戏的宗旨，组织商贸和经济技术洽谈活动。大会历时 5 天，接待游客 4 万人次，门票收入 6.4 万元。

6 月 24 日，海阳路改造工程举行通车典礼。

7 月 4 日，副市长张树仁会见日本富山市北野制作株式会社社长北野一夫先生，陪同考察海港区铁庄乡北方镜业公司。初步达成合作办厂的意向。

7 月 13 日，秦皇岛—釜山集装箱班轮航线复航。秦皇岛港务局在第五公司的丙码头举行复航仪式。

8 月 2 日，国务院副总理李岚清参观视察秦皇岛港、秦皇求仙入海处景区等地。

9 月 26 日，海港区职工文化活动中心竣工。坐落在区政府院内，建筑面积 2400 平方米。

10 月 6 日，首届不包分配大中专毕业生择业洽谈会在军转培训中心举行。

是年，海港区与海军后勤部驻秦办事处被评为“全国军民共建先进单位”。

1995 年

1 月 15 日，零时，秦皇岛市电话号码由 6 位升为 7 位。

3 月 15 日，国家人事部全国博士后管委会正式下发文件，批准燕山大学机械工程学科建立博士后流动站，填补河北省内高校没有博士后流动站的空白。

4 月 2 日，省内首条航线秦皇岛—石家庄航班开通。飞机航线是：呼和浩特—石家庄—秦皇岛—大连。

4 月 18 日，海港区正式对原抚宁县海阳镇、姚周寨乡、拦马庄乡实施管辖权，共 66 个村，总面积 109.71 平方千米。至此，海港区辖 7 个街道 292 个居委会和 7 镇 1 乡 127 个行政村，总面积 220.27 平方千米。

5 月 1 日，按照国务院统一部署，全区即日起实行每周 5 天工作制。

5 月，海港区法院被授予全国档案管理工作先进单位，国家档案局和中央档案馆向区法院颁发铜牌和荣誉证书。

7 月 1 日，新兴里市场改造工程破土动工，10 月 10 日竣工。总投资 200 多万元。改造面积 4000 平方米，新建商品房 50 多间。改建后台案 400 多个。

7 月 16 日，燕山大学学生崔海东为救溺水青年英勇献身。11 月 1 日，经河北省人民政府批准追认崔海东为革命烈士。

8 月 18 日，海港区拦马庄乡通港路正式竣工通车。通港路由拦马庄至鹿头山，全长 4.72 千米，变土路为柏油马路，总投资 140

万元。

9月19日，沿海公路秦皇岛段全线贯通，全长90千米的沿海通道成为全区又一条经济腾飞的黄金走廊。

9月23日，私立渤海中学举行新校舍落成典礼，为市区第一家有校舍的私立中学，校舍占地面积1.58公顷，建筑面积8000平方米，房地产投资600万元。

11月23日，由市玻璃厂开发生产的空心玻璃微珠，通过河北省科委组织的专家鉴定，处于国际先进水平。

是年，海港区第一建筑公司、第三建筑公司晋升为国家建筑资质一级企业。

1996年

1月3日，海港区并乡建镇工作会议召开。全区原有的7个乡1个镇合并成5个镇，即海港镇（马坊乡、铁庄乡合并）、东港镇（黄土坎乡）、北港镇（姚周寨乡、拦马庄乡合并）、西港镇（白塔岭乡、归提寨乡合并）、海阳镇。

3月28日，海港区人民武装部正式划归中国人民解放军建制。

4月29日，秦皇岛—旅顺—烟台海上客运航线通航。

4月30日，由海港区北港镇徐庄村自筹资金40万元建成的农民医院正式开业。共设20张床位，聘请市区10名离退休医生临床开诊。

6月9日，全市最大的微利销售市场——供销大厦廉价商场挂牌开业。商场经营面积2700平方米，商品近万种，由厂家直供，平均加价率不超过8%。

6月20日—23日，海港区第五届望海大会暨海港区经济技术协作洽谈会在秦皇求仙入海处举行。大会期间，举办海港区“八五”

成就回顾展、首届“秦皇杯”书法绘画大赛等活动。签订合同、协议10项，协议引进资金2000万元。

7月1日，贯通石家庄与秦皇岛的23/24次特快旅游列车开始运行。

7月23日，秦皇岛至香港集装箱航线举行复航仪式。

7月，海港区检察院被省检察院记集体一等功。

8月1日，海港区范围内由市教委管理的第二中学、第四中学、第六中学、第七中学、第八中学、第九中学、第十中学、第十一中学、第十二中学、第十三中学、第十四中学的初中，正式下放海港区管理。

8月16日，海港区凯华肉鸡养殖一场竣工剪彩。

8月19日，海阳蔬菜水果批发市场蔬菜配送中心开业。

8月19日，西港镇小乐安寨村5位村民奋不顾身救助1名溺水者，年仅36岁的村民赵志兴献出宝贵的生命。30日，省政府正式批准赵志兴为革命烈士。

9月5日，市委、市政府召开见义勇为英雄人物表彰会议。表彰奋不顾身、舍己救人的小乐安寨村民赵志兴、赵志宝、王利民、赵建平、安永胜英雄群体。市长赵铁练主持会议，市委书记陈来立讲话。要求在全市范围内迅速掀起学英雄、树新风的热潮，形成一个崇尚英雄、学习先进、见义勇为、助人为乐的社会风气。

9月28日，用于汽车风挡玻璃夹层的PVB膜片由秦皇岛嘉华塑胶有限公司研制成功并投产。产品达到国际同类产品的先进水平。结束中国完全由美国、日本进口产品的历史。

9月28日，海港区三金塑胶有限公司生产的防腐阀门在全国星火计划实施10周年暨农业技术攻关成果博览会上，获国家星火计划优秀奖。

10月1日，秦皇岛市肿瘤医院落成开诊。总投资1200万元，开设病床120张，设有肿瘤放疗、手术、化疗、康复、功能检查5大中心。

10月16日，海港区冶金设备厂研制生产的CV型连续式高速飞剪机通过省级鉴定。高强度预应力机架和高速齿轮箱为分体式，以板式结构代替启动式，属国内首创。

11月16日，市第一医院新病房楼竣工并投入使用。工程总投资3000多万元，开设病床600张，设20个病区22个专业。治疗、抢救等设施居全省先进水平。

12月17日，全区出售公有住房动员大会在区职工活动中心召开。

是年，海港区人民法院被省高级人民法院命名为全省“十佳”法院，被省委、省政府授予精神文明建设先进单位，被最高人民法院记集体一等功；海港区计生局被省政府评为1996年计划生育工作先进单位。

1997年

1月16日，市委、市政府在文化路街道办事处举行城市最低生活保障金发放仪式。市区有关领导将保障金发到58户111名贫困居民手中。全区城市人口可享受保障金的人数2135人，每人每月120元。

2月25日，全区人民怀着悲痛心情，收听、收看邓小平追悼大会实况转播。

3月1日，秦皇岛有线广播电视台自办电视新闻节目《有线新闻》正式开播。

3月6日—9日，海港区十届人大第五次会议在区政府礼堂召开。出席会议代表222人。会议接受郭家琦辞去区人大常委会主任和韩应臣辞去副主任的请求，选举温贵云为区人大常委会主任；李兴华为区人民检察院检察长。

5月1日，全市第一家旧货市场在海港区道南开业。

5月15日，秦皇岛商城与华联商厦通过合资合并的方式实现强强联合，组建秦皇岛华联商城股份有限公司，企业总资产达到4.17亿元，成为全市最大的商业零售企业。

6月7日，挂有“海洋置业号”的北京—秦皇岛间游209/210次特快列车首发北京。海洋置业集团是秦皇岛的一家民营企业，为扩大自身知名度，树立企业形象，不惜重金买断209/210次列车冠名权，在全省尚属首家。

6月7日—10日，海港区第六届望海大会暨第二届艺术节隆重举行。以迎接香港回归和迎接中共十五大胜利召开为主旋律，渲染喜庆、祥和、热烈、安全的节日气氛。为时4天的望海大会，迎来各地游客6万多人，门票收入6.43万元。

6月10日，全市出租车起租费一律从10元降至5元。

6月29日，秦皇岛—西安—昆明航线开通，首航式在山海关机场举行。

7月4日，全市首家由村集体投资兴建的农民公园——海龙公园在海港区海阳镇落成，占地面积1.6公顷。

7月9日，由上海海运集团公司开辟的上海—烟台—秦皇岛海上旅游专线首航开通。

7月10日，全国铁路第一座转体斜拉桥——大里营斜拉桥成功完成转体，使秦皇岛火车站西疏解工程的最大难题得以解决。

7月30日，秦皇岛军分区举行海港区预备役军官授衔仪式，705名预备役军官被授予军衔。

8 月 22 日，燕滨实业公司在新西兰奥克兰市开办的“成吉思汗烧烤店”获国家外经贸部批准，是秦皇岛市首家乡镇企业到境外兴办的非贸易性企业。

8 月 25 日，省委在海港区召开乡镇政务公开现场观摩会。参观东港镇、海阳镇、西港镇、中心庄村及部分镇基层所（站）的政务公开情况，给予高度评价。

8 月 30 日，海港区被评为全国征兵工作先进单位，受到国防部通报表彰。

8 月 30 日，秦皇岛市燕滨实业公司被农业部评为全国文明乡镇企业，市内乡镇企业首次在全国获此殊荣。

11 月 15 日，秦皇岛市第一家外商独资的大型商业企业——新加坡企业家投资兴建的秦新百货有限责任公司开业。

12 月 7 日—8 日，在国家建设部召开的 1997 年中国建筑工程“鲁班奖”（国家优质工程奖）颁奖会上，海港区第三建筑工程公司承建的秦皇岛秦新花园综合楼工程获此奖项，是河北省唯一获此奖项的工程。

1998 年

2 月 16 日—20 日，政协海港区五届一次会议在区政府礼堂召开。出席会议委员 124 人。会议选举张志远为区政协主席，李乐为、王世祥、杨景刚、高兰英、阎致中为区政协副主席。

2 月 17 日—22 日，海港区十一届人民代表大会一次会议在区政府礼堂召开。出席会议代表 204 人。会议选举温贵云为区人大常委会主任，张全兵、刘晓暄、周林为区人大常委会副主任；选举宋福庆为区政府区长，静大成、王振生、董江、冯志永、安宝忠、柴志国为区政府副区长；李晓伶为区法院院长；李兴华为区检察院检察长。

2 月 26 日，区委、区政府发出《关于表彰海港区第三建筑工程公司获 1997 年度中国建筑工程“鲁班奖”的决定》。

3 月 11 日，区委、区政府发出《关于表彰、奖励高峰德等同志见义勇为事迹的决定》。对高峰德、董月英、安春梅 3 人不畏强暴、不怕牺牲、敢于同违法犯罪分子做斗争的先进事迹予以表彰，各发奖金 500 元。

3 月 16 日—18 日，中共海港区第六次代表大会在区政府礼堂召开。出席大会代表 160 人，列席 63 人。选举产生中共海港区第六届委员会委员 23 人、候补委员 4 人。选举产生中共海港区纪律检查委员会委员 11 人。

3 月 18 日，中共海港区第六届委员会第一次全体会议在区政府礼堂召开。选举产生中共海港区第六届委员会常务委员 10 人；选举王树柏为区委书记，选举宋福庆、刘志刚、李家齐等为区委副书记。

3 月 28 日，全市首家全部由下岗职工经营的金桥商场开始试营业。商场设 450 个摊位，面积 2700 平方米。试营业当天租出摊位 360 个。

4 月 20 日，建行秦皇岛分行开始办理个人住房贷款业务。贷款比例不超过购房总价的 70%，金额不超过 20 万元，贷款期限最长不超过 20 年。

4 月 27 日，秦皇岛港 10 万吨级航道工程开工建设。是国家重点建设项目煤三期、煤四期码头的重要配套设施。航道长约 17 千米，深 16. 5 米，宽 200 米，疏浚工程量 1824 万立方米，是全国沿海港口一次性施工最深、最长的航道工程。

4 月 27 日，东港镇中心庄村党支部被评为全国农村基层组织建设工作先进党支部。村支部书记张元发出席在北京召开的全国农村基层组织建设经验交流暨表彰会。

4月28日，第十中学学生路伟、市第九中学学生韩铁一在1998全国初中数学竞赛中获一等奖。

4月29日，第七中学学生刘晗在全国中学生外语口语竞赛中获一等奖。

7月2日，秦皇岛教育学院师专部揭牌，招生纳入国家计划，结束秦皇岛无师范专科学校的历史。

7月21日，新澳海底世界项目开业典礼在西海滩隆重举行。原国家旅游局局长韩克华、省人大常委会副主任龚焕文、省对外开放办主任师荣耀、市长赵铁练等领导应邀出席典礼。此景点占地面积2公顷，建筑面积1.2万平方米，总投资1.2亿元。

7月22日—26日，全国人大和全国政协领导人布赫、曹志、宋健、陈俊生等先后视察新澳海底世界。

9月5日，秦皇岛市热电连网集中供热工程引进芬兰技术和设备签字仪式在北京举行。工程通过新建27处热力站将发电产生的蒸汽处理后进入热网供热。2000年9月28日，一期工程投产运行，结束秦皇岛市只用锅炉采暖的历史。

9月9日，由大连开往秦皇岛的“木兰”号集装箱抵达秦皇岛港集装箱专用码头，当日下午从秦港返航大连，标志着秦大集装箱航线正式开通。

9月28日，秦皇岛市一项大规模的基础设施建设项目——热电联网集中供热工程破土动工。该工程是省、市重点工程，分3年实施，总投资3.2亿元，采用大口径供热管道预热一次性补偿的敷设方式，在国内尚属首次。一期工程完成一次管网主干线13千米、支干线7.75千米，敷设二次管网12.1千米，建23座热力站和1座热网调度中心，完成投资2.3亿元，实现供热面积258万平方米。

10月15日，海港区石英砂厂产权转让签字仪式在石英砂厂举行。该厂是海港区产权转让的第一家区直工业企业。

11 月 13 日，秦皇岛市历史上规模最大的旧城改造工程——秦皇小区开工建设。工程投资约 10 亿元，规划占地面积 44 万平方米，总建筑面积 50 万平方米。

11 月 24 日，全区 88 家乡镇企业全部完成改制工作。其中，出售企业 8 家，置换公有资产 1049.6 万元；改成股份制、股份合作制企业 56 家，吸纳股金 1348 万元；租赁 24 家。

12 月 2 日，秦皇岛经温州至广州的空中航线正式开通。

12 月 31 日，全区列入改制计划的区直企业 37 家，完成改制 30 家，改制面达 81%。吸纳股金 664 万元，置换公有净资产 2700 万元；妥善安置改制企业职工 2.8 万多人，安置补偿费用 860.1 万元。

是年，按照中央精神，土地承包期再延长 30 年，至年底，对上一轮土地承包到期的 15 个村及时完成延包 30 年的承包合同签订，发放耕地承包合同和农村土地承包经营权证书。

1999 年

4 月 7 日，秦皇岛市纺织行业第一家由职工个人入股组建的公司——秦山工贸有限公司成立。公司注册资本 52.5 万元。

4 月 8 日，全市首批廉租房工程——东环里廉租房动工建设。占地面积 8.68 公顷，一期建设面积 2 万多平方米，可解决 330 户特困户住房困难。

4 月 16 日，位于海港区港城大街与红旗路交叉口的新世纪公园一期工程开工建设，投资 3000 万元，占地面积 11.07 公顷。设计功能为区域性开放型公园，该工程 9 月 26 日竣工。是河北省最大的城市街心公园。

4 月 25 日，由海港区旅游开发总公司与新加坡劳特第八私人有限公司联合开发的新澳海底世界二期工程开工。工程总投资 1 亿元人民币，建冬季表演馆、夏季表演馆。

5 月 5 日，省长钮茂生在市委书记王建忠等陪同下视察海港区大石园林有限公司。钮茂生对公司领导班子的创业精神和市场意识给予充分肯定，鼓励该企业进一步开拓进取，努力成为非公有制企业的排头兵。

7 月 1 日，全国人大常委会副委员长何鲁丽参观新澳海底世界。

7 月 5 日，海港区旅游开发总公司将所持的新澳海底世界部分股权有偿转让给澳大利亚澳利达有限公司。

7 月 8 日，西港派出所被国家公安部授予“1998 年度人民满意派出所”称号。

7 月 17 日，海港区第一建筑工程公司承建的燕山大学图书馆，获 1998 年度国家建筑业工程最高奖——鲁班奖。

7 月 23 日，郑州—秦皇岛旅游专列开通。

7 月 26 日，全国人大常委会副委员长布赫参观新澳海底世界。

8 月 27 日，秦皇岛—大连海运客货混装航班开通。

9 月 10 日下午 4 时 50 分，建树里小学 50 名教师乘坐的一辆大客车在青龙祖山景区外 1500 米处坠崖，造成 6 人死亡，18 人重伤。市、区有关部门立即投入伤员抢救及死难教师善后工作。

10 月 25 日，海港区省级粮食储备库扩建项目破土动工。该项目总投资 160 万元，总建筑面积 1420 平方米。工程完工后，海港区省级粮食储备库储量可达 2. 2 万吨。

11 月 1 日，在全国“双学双比”领导小组召开的表彰大会上，海港区网匠庄村的苏秀华获全国“双学双比”先进能手称号，是秦皇岛市唯一获此殊荣的妇女。

11 月 21 日，坐落在海港区的京秦高速公路管理处正式成立。

11 月 23 日，国家科技部批准海港区为全国科技工作先进区。

12 月 4 日，燕山大学为 30 名燕山大学·都灵大学工商管理硕士（美方授予毕业证和学位证书）举行毕业典礼及学位授予仪式。标志着燕山大学及河北省在国际合作办学方面迈出坚实的第一步。

12 月 18 日，海港区法院被命名为“全国法院模范集体”称号，荣记集体一等功。

是年，海港区铝合金电镀轮毂经专家鉴定，质量达到国际同类产品先进水平。

是年，海港区被国家“双拥”办、民政部评为“全国爱心献功臣行动先进区”。

2000 年

1 月 12 日，区委、区政府在区政府礼堂召开技术创新暨科技工作表彰大会。市科委副主任刘建军宣读国家科技部《关于批准海港区为全国科技工作先进区的通知》《关于表彰 1998 年度全国科技工作先进个人的决定》。区委书记王树柏、区长宋福庆作为全国科技兴县工作先进个人受到表彰。

1 月 12 日，在全国“双拥”模范城命名大会上，区民政局获“拥军优属先进集体”。

2 月 2 日，秦皇岛四季青超级市场——天客隆超市开业。四季青超级市场是一家以超市、农贸市场、批发市场为窗口，集农工贸进出口为一体的大型企业集团。

4 月 28 日，中国首条高速铁路客运专线——秦沈高速铁路客运专线秦皇岛段开工。设计时速 160 千米以上。

4 月 25 日，海港区文化路中段东侧“雨来散”1.6 公顷国有土地以每公顷 2475 万元拍卖，出让年限 50 年。秦皇岛市金和房地产开发有限公司中标。

4 月 25 日，秦皇岛至北京国家一级特快干线邮路正式开通。

6 月 20 日，海港区第五次人口普查结束。普查结果，全区总人口为 475307 人（2000 年 7 月 1 日零时为标准），比 1990 年第四次人口普查增加 143975 人。

7 月 1 日，耀华玻璃集团北方玻璃集团有限公司投资 1.5 亿元，引进美国、日本、德国、比利时等国家的先进设备。1999 年 8 月，动工兴建的第三条浮法玻璃生产线竣工投产，标志着秦皇岛市的浮法玻璃产品质量又上一个新档次。

7 月 20 日，省长钮茂生到海港区视察城市建设工作，参观部分旅游景点。

7 月 30 日—31 日，全国政协副主席阿沛·阿旺晋美、国家计委主任曾培炎先后参观新澳海底世界。

8 月 1 日，海港区法院荣膺“全国法院模范集体”称号庆功大会在政府礼堂隆重召开。最高法院副院长姜兴长代表最高法院向区法院颁发奖杯和奖金。

8 月 5 日，全国政协副主席周铁农到海港区参观新澳海底世界。

8 月 5 日，文体中心一期体育馆工程启动。市体育馆位于市区西部西白塔岭村，占地面积 7.46 万平方米，预计总投资 1.35 亿元。

8 月 20 日，被列为市农业项目 1 号工程的海阳农副产品批发市场二期工程破土动工，总投资 800 万元，占地面积 10.67 公顷。

8 月 28 日，由原河北职业技术师范学校和原秦皇岛煤炭工业管理学校合并而成的河北科技师范学院揭牌。

8 月，海港区迎秋里小学三年级学生许笑男在第七届中国（北京）国际手风琴艺术节上获儿童 A 组手风琴比赛第一名。

9 月 1 日，中共中央总书记江泽民为燕山大学亲笔题词：“办好燕山大学，培养高素质人才。”

9 月 15 日，区外语实验学校举行建成开课典礼。是全市第一所以外语教学为特色的学校，学校位于秦皇小区，前身为秦皇岛市第六中学。

9 月 28 日，海港区热电联网集中供热项目一期工程投产试运行。11 月 5 日，正式供热。标志着秦皇岛市结束只用锅炉采暖的历史。

11 月 1 日，铁路秦皇岛站实行计算机全国联网售票。

12 月 19 日，国家旅游局景区等级评审组到海港区对新澳海底世界进行测评，新澳海底世界被评为 AAAA 级旅游景区。

是年，海港镇被农业部、体育总局、中国农民体育协会评为第五批全国亿万农民健身活动先进镇；区法院被最高人民法院评为 2000 年度全国法院思想宣传工作先进单位。

2001 年

1 月 5 日，在北京举行的全国法院系统人民满意的好法院、人民满意的好法官表彰大会上，区法院被最高法院命名为 2000 年度人民满意的好法院。

1 月 15 日，海港区被省委、省政府命名为市场建设工作先进单位。

2 月 16 日，港城大街东西延伸工程东段正式开工。工程分东、西两段，西段东起海阳路，西至西环路；东段西起建国路，东至东港路。全长 3370 米，总投资 1.5 亿元。

3 月 6 日，热电联网集中供热二期工程正式开工。二期工程计划完成一次网支干线 11 条，新增供热面积 218 万平方米。

4 月 27 日，海港区八一里小区 0.3 公顷土地被拍卖，秦皇岛市东方房地产有限公司以每公顷 1575 万元的价格取得开发权。

5 月 1 日，取消《市镇居民粮食供应转移证明》。城镇居民户口在全国范围内迁移、农业户口转为非农业户口、城市新出生人口均不再办理粮食关系，人口死亡也不再办理粮食关系注销手续。

5 月 15 日，人民广场工程正式开工。工程北起建设大街，南至护城河，东起人民路，西至红旗路、海阳路，规划总占地面积 48 公顷，总投资 11 亿元，其中公益性基础设施投资 3 亿元。整个工程分为地下、喷泉、雕塑、照明、道路、公园扩建等 8 个子工程。

5 月 31 日，北环路、东环路、港城大街、白塔岭 4 个新建街道正式挂牌办公。

7 月 16 日，省长钮茂生到海港区视察河北大街道路改造工程。代区长邢留逮陪同。

8 月 14 日，迎秋里实验学校学生许笑男在第八届中国（北京）国际手风琴艺术节比赛中获儿童 A 组比赛第一名。

8 月 16 日，在 2001 年全国乡镇企业财务会计年报资料进行的“中国乡镇企业排行”中，海阳农副产品批发市场在中国最大经营规模乡镇企业 1000 家中排名第 248 位，在全国商业行业最大经营规模乡镇企业 100 家中名列第二名。

9 月 6 日，秦皇岛在全省率先开通广电宽带网，标志着秦皇岛市广电业由传统的广播、电视向信息产业迈进。

10 月 24 日，海港区新征里经济适用住房工程开工建设。位于新征南里小区，占地面积 3.73 公顷，总建筑面积近 4 万平方米，总投资 6000 万元，解决 408 户职工住房问题。

11 月 9 日，海港区被国家体育总局评为“2001 年度全国群众体育先进单位”。

2002 年

1 月 31 日，海阳农副产品批发市场总经理王广慧、海港区第三建筑工程公司董事长杨广俊被农业部评为“第四届全国乡镇企业家”。

2 月 4 日，海港区被国家科技部列为通过 1999—2000 年度“全国科技进步考核的县区”。

3 月 10 日，海港区三期热电联网集中供热工程开工。工程供热面积 100 万平方米，预计 8 月底完工，11 月 5 日正式供热。

3 月 27 日，全区续修地方志工作会议在区政府礼堂召开。区委副书记、常务副区长静大成作重要讲话，市地方志办公室主任孙继胜应邀出席会议并讲话。

4 月 1 日，市区公交车 IC 卡电子收费系统正式启用，旧式公交车月票与市民告别。新使用的 IC 卡分为 4 种：A 卡为普通零票卡，B 卡为职工月票卡，C 卡为学生月票卡，D 卡为纪念卡。

4 月 15 日，港城大街西延伸路桥正式竣工通车。工程于 2001 年 4 月 22 日开工，分一路一桥两项。该工程东起海阳路，西至西环路，路宽 60 米，双向 6 车道，公共汽车停车点采用港湾式设计。新建汤河桥长 153 米，宽 42 米，采用 5 孔布置方式，上部箱梁为单箱 4 室结构，肋板式桥台，桥面为钢筋混凝土铺装层，汉白玉栏杆，人行道用大理石铺砌。是全市第一座预应力钢筋混凝土等截面连续箱梁桥，其技术在省内城市桥梁中处领先地位。

6 月 20 日，东港路拓宽改造工程竣工通车。工程于 1 月 20 日破土动工，为东港路北环路至港城大街段，全长 2515 米，双向 8 车道。港城大街东延伸道路工程竣工通车。工程于 2001 年 9 月 1 日开工，西起东环路，东至东港路，道路全长 970 米，规划红线宽 60

米，总投资5900万元。

6月20日，省长钮茂生在市委书记王建忠、市长营瑞亭、区长邢留逮陪同下到海港区秦皇求仙入海处景区进行全面视察，登上“秦皇号”游船详细了解游船的运营情况。

6月20日，人民广场正式对外开放，成为市民休闲、集会、娱乐、健身场所。广场新建部分占地面积11.6公顷，总投资1.6亿元。

6月29日，由海港区旅游开发总公司、中港集团天津船舶工程有限公司、澳大利亚奥吉达有限公司投资建造的“秦皇号”海上观光豪华游船首航成功。填补全市海上观光旅游项目的空白。

8月，秦皇岛海阳农副产品批发市场被省政府批准为省级重点龙头企业。

9月1日，海港区被河北省教委列为11个课改实验区之一，海港区小学、中学由“五四”学制改为“六三”学制，同时进行课程改革，启用新教材。

9月25日，华运建筑装饰材料批发市场被中国建材工业经济研究会列为河北省第一家“全国绿色建材市场”试点单位，是日举行授牌仪式。

9月，海港区法院长城法庭被最高人民法院、司法部授予“全国法院系统指导人民调解工作先进集体”，庭长赵莉被授予“全国法院系统指导人民调解先进个人”称号。

10月16日，市党政联席会议原则同意《市开发区扩大区域范围方案》，将海港区海阳镇管辖的杨庄户、许庄、计新庄、王校庄、烟台山、约合庄6个村划归秦皇岛经济技术开发区管辖。31日，开发区扩区工作领导小组第一次会议又将海港区西港镇的邢庄、海阳镇的西张庄和凤凰店3个村划归秦皇岛经济技术开发区管辖。9个村土地总面积1266.76公顷，其中耕地面积842.35公顷。

10月17日，海港区被民政部授予“全国民政工作先进区”，是全市唯一获此荣誉的县区。

10月25日，热电联网三期工程通过技术质量验收。为期4年多的海港区热电联网集中供热第一阶段工程全部完工。

10月29日，东港镇被中央文明委授予“全国创建文明村镇工作先进单位”称号。

11月2日，海港医院综合病房楼工程奠基，此工程为省、市重点建设项目。

11月22日，国家重点工程——海港区污水处理厂项目签约。该项目占地面积6.28公顷，总投资1.15亿元，设计污水处理能力12万吨/日，采用A/O工艺进行二级处理。项目已列入国务院批准的《渤海碧海行动计划》和《海河流域水污染防治规划》。

是年，海港区重点完成乡村“四线三河”和城区“五路一园”（四线：高速公路及东西出口、102国道、205国道、龙源大道；三河：大汤河、小汤河、沙河；五路：河北大街、建设大街、红旗路、西外环路、北外环路；一园：汤河公园）绿化工程，共植树94万株，栽种草坪面积29万平方米，新增园林绿地面积68万平方米。人均园林绿地面积15.4平方米，绿地率13.53%.

是年，海港区被体育总局评为“全国全民健身周先进单位”；团区委被团中央评为“全国乡村青年文化节活动先进县（市、区）”；建设大街街道办事处被司法部评为“全国司法行政系统人民调解工作先进单位”；区法院法警大队被最高人民法院评为“全国人民满意法警大队”。

2003 年

1 月，秦皇岛市调味厂获国家首批食品生产许可证，具备食品质量安全市场准入资格。

2 月 18 日—20 日，全国苗木交易会暨第三届河北省春季造林苗木招标调剂会在奥体中心举办。北京、天津、山东等省市的 200 多家林木种苗生产商参加大会。

2 月，区法院长城女子法庭、建设路小学分别荣获全国、省级“巾帼文明示范岗”称号。

3 月 13 日—17 日，政协海港区六届一次会议在区政府礼堂召开。出席会议委员 150 人。选举王振生为区政协主席，高兰英、张瑞华、赵长泰、肖长祥为副主席。

3 月 14 日—18 日，海港区十二届人民代表大会一次会议在区政府礼堂召开。出席会议代表 191 人。选举静大成为区人大常委会主任，周林、李兴华、王海英、郭万海为人大常委会副主任；选举李学民为区政府区长，杨学功、南云、张增振、高栋、郑新、张浩为区政府副区长；选举赵立祥为区法院院长；选举薛向东为区检察院检察长。选出出席市第十一届人民代表大会代表 114 人。

3 月，区法院长城女子法庭获“全国指导人民调解工作先进集体”称号。

4 月 16 日—17 日，中共海港区第七次代表大会在市工人文化宫举行。出席大会代表 172 人，列席 79 人。选举产生中共海港区第七届委员会委员 29 人，区纪律检查委员会委员 15 人。选举邢留逮为区委书记，李学民、岂福庭、鲁栋、马辉为区委副书记。在区纪律检查委员会全体会议上，选举鲁栋为区纪委书记。

4 月 20 日，区委决定，从 4 月下旬至 7 月中旬，在全区开展

“树正气、讲团结、求发展——学习贯彻中共十六大精神，转变思想观念、转变工作作风，促进思想解放、促进正气弘扬、促进环境优化、促进率先开展干部教育活动”（简称学、转、促干部教育活动）。

4月22日，区委办、政府办印发《关于进一步做好非典型肺炎防治工作的紧急通知》，要求全区各单位、各部门要充分认识做好“非典”防治工作的重要性和紧迫性，按照“沉着应对，措施果断；依靠科学，有效防治；加强合作，完善机制”的总体要求，切实抓紧、抓实、抓好非典型肺炎的防治工作。

4月28日，由海港城建市政发展有限公司建设的河北大街（建国路—文化路段）拓宽改造工程获河北省建设厅、河北省建筑业协会颁发的2002年度河北省建筑工程“安济杯”奖，被评为省级优质工程。河北大街是市中心城区东西向干道，始建于20世纪70年代。该段道路改造工程于2002年3月1日开工，6月25日竣工。该段路作为全市第一条高标准沥青混凝土道路，成为市区城市景观新亮点。

5月1日，市区内取缔机动、人力、客货运三轮车。

5月2日，海港区发现第一例输入型非典型肺炎患者，区防非办对患者采取相应的隔离、治疗和消毒措施。

5月7日，海港区发现3例非典型肺炎患者，区防非办对患者给予相应的隔离、治疗和消毒措施。

5月10日，经区委研究决定，在区级领导干部中深入开展“五个一”（即每位区领导联系一个农村贫困户、一个特困职工、一个重点项目、一个民营企业、一个改制企业）活动，并形成制度，坚持经常，以确保“学、转、促”干部教育活动取得实效。

5月26日，北港镇腰占庄村、缪庄村、晒甲会村、杨庄村、石庄村和海港镇涂庄村6个行政村建制划归秦皇岛北部工业区管理委员会管理，总面积约10平方千米。

5月28日，建设大街道路改造工程竣工通车。该工程由海港区市政工程管理局负责建设，东起老京山铁路立交桥西，西至海阳路，全长3250米，沥青混凝土路面，道路红线宽60米，双向6车道，中间增设公交车港湾停车站，主要路口拓宽为8车道；道路绿化覆盖率达30%。总投资1.05亿元，2002年10月20日开工。

6月3日，海港区最后1名非典型肺炎患者治愈出院。

6月28日，“求仙号”游船首航仪式暨海港区民俗艺术展示大会在秦皇求仙入海处举行。“求仙号”游船是由区旅游开发总公司和中港集团天津船舶工程有限公司合资建造，总投资650万元。游船长49.8米，宽10.2米，分上下3层，是中国北方最大最豪华环抱型海上观光游船。

7月7日，燕山大街改造工程全面竣工通车。改造工程于3月20日开工，西起西港路、东至建国路，全长3352米，道路红线宽50米，双向6车道，总投资3960万元。道路路面首次推广沥青盖被做法，比新建沥青路面造价低40%，是秦皇岛市第一条采用沥青混凝土盖被的方式建设并设置渠化路口的道路。

7月14日，海港区政府积极响应市政府“太阳城”二期拆迁号召，第一个进行拆迁，搬至区青少年活动中心办公。

7月16日，港城大街东港路至兴电路路段改造工程通车。改造工程于1月动工，全长970米，将原新开河桥西两侧各加宽14.5米，新建道路红线宽60米，双向6车道，两侧分设绿化隔离带、6米宽非机动车道和4米宽人行道。

7月，区委常委议警会决定，为海港公安分局、区法院、区检察院、区司法局的973名政法干警投保意外伤害保险，共约8万元。

8月1日，秦皇岛—北京—各地的虚拟航线正式开通。每天1架国航飞机早7时从秦皇岛起飞，晚8时从北京返回。

8 月 18 日，海港区社会服务呼叫系统——光彩热线开通。通过高科技手段为社区居民提供家政、维修、教育、医疗、防盗、报警、商品配送服务。此种社区服务模式在全省尚属首创。

8 月，东港镇被评为“全国文明村镇”。海港区地税局被税务总局授予“全国税务系统文明单位”。

8 月，海港医院引进第一台大型无创功能检测设备——ECT，填补市内空白。ECT 对冠心病的诊断、心脏病人心室功能的判定、恶性肿瘤的全身转移情况、肾脏病人的肾功能和尿路引流情况都能做出精确检测。

9 月 9 日—14 日，“海三建设杯”第 16 届亚洲成年女子、第 35 届亚洲成年男子举重锦标赛在市奥体中心体育馆举行。国际奥委会委员、国际举联主席阿让夫妇及 15 个国家、地区的运动员、官员 200 多人参加开幕式。经激烈角逐，中国队 9 破 1 平世界纪录、2 破亚洲纪录，夺得 32 枚金牌，中国女队获得团体第一名，中国男队获得团体第二名。

9 月 10 日，从是日至翌年 6 月 20 日，实施东港路二期、港城大街东延伸、河北大街西段、海滨路、迎宾路、文化路南段、文昌路及奥体中心周边道路、友谊路、和平大街、西港路、建设大街东段 11 条道路和道路所属 7 座桥梁改造工程。道路全长 24.5 千米，总投资 15.2 亿元。

9 月 11 日，市十四中学举行教学楼落成暨新学期开学典礼。900 多名师生用上新教室。

9 月 14 日，区委决定从 11 月初至 12 月底，集中两个月，在全区农村普遍开展“讲科学、讲文明、全面建设小康社会”教育活动（简称“两讲一建”教育活动）。

9 月 28 日，建国路道路改造工程通车。6 月 10 日开工，南起河北大街、北至北环路，全长3.57千米，道路红线宽50米，主车道双向4车道，宽14米，绿化带宽5米，人行道宽5.5米，工程总投资8000万元。

10月8日，全国第一条快速客运专线——秦沈客运铁路专线正式开通。全长404.64千米，总投资157亿元，是一条以客运为主的双线电气化铁路，设计速度200千米/小时。

10月8日，东盐务小区经济适用住房一期工程竣工。2002年10月开始动工建设，占地面积3.67公顷，总建筑面积5.3万平方米，绿化面积近1.6万平方米。物业办公室、居委会办公室、警务室、会议室、健身场、幼儿园和小商业网点等设施一应俱全。

10月31日，海港区将农村卫生院上划到区卫生行政部门统管。

11月1日，港务局中小学校移交海港区教育系统统一管理方案通过，在区政府进行简短的交接仪式。

11月15日，全区从各镇和区直部门选派264名干部与33名市下派干部自带行李进驻50个村。集中2个月，在全区农村开展“驻千村、访万户、帮民富、解民忧，推进农村小康建设”活动。

12月20日，金原广场建设项目一期工程全面竣工。工程总占地面积7.08万平方米，分两期建设，一期工程为大型商业区，2001年3月15日破土动工，总建筑面积14.6万平方米。

12月22日，海阳农副产品批发市场被中国商业联合会、中国肉类协会、中国蔬菜流通协会授予“2003年全国菜篮子放心工程优秀企业”称号，是全省唯一获此殊荣的企业。

12月31日，海港镇燕山啤酒厂生产的“秦雪”牌啤酒、泰德管业有限公司生产的“泰德”牌金属软管、“泰德”牌波纹膨胀节被评为“河北省中小企业名牌产品”。

12月，农业部对全国农产品加工流通企业进行的划型中，海阳农副产品批发市场和燕山啤酒厂被确认为全国中型农产品加工流通企业。

是年，临河里小学四年级学生李欣格获全国小学生英语奥林匹克大赛第一名。

2004 年

1 月 8 日，通过公开招聘选任的社区居委会干部正式上岗。经过资格审查、笔试、面试、体检、公示 5 个阶段，从 894 名报名者中择优录用 190 人，其中，大专以上学历的占 85%，平均年龄 29 岁。

1 月，海港区被科技部评为“2001—2002 年度全国科技进步县区”。

4 月 7 日，海港镇被全国总工会评为“全国新建企业工会组建工作先进单位”；区司法局被司法部评为“2003 年度全国人民调解宣传工作先进单位”。

4 月 26 日，区委宣传部被省委宣传部评为“2003 年度社会舆情工作先进单位”。中共中央政治局常委李长春、省委副书记赵世居对区委宣传部上报的社会舆情《当前报刊征订发行工作中行业报刊摊派征订有禁不止》一文作重要批示。

4 月 28 日，全区开始全面兑付种粮农民补贴资金。全区 95 个村的 2.3 万户农民可获直补资金 34 万元。

4 月，海阳农副产品批发市场总经理王广慧获由中华全国总工会颁发的全国“五一劳动奖章”。在省委、省政府召开的河北省全国“五一劳动奖章”获得者、省劳动模范命名表彰大会上受到表彰。

5 月 22 日，区委召开第二期“驻千村、访万户、帮民富、解民忧，推进农村小康村建设”活动动员大会。市、区、镇的 222 名干部将进驻全区的 5 个镇和北部工业区的 68 个村。

5月27日，海三建设工程股份有限公司入选河北省百强民营企业。

6月3日，海港区市政工程局负责施工的迎宾路改造工程竣工并全线通车。它是全市2004年11条道路改造工程中第一条竣工通车的道路。改造后的迎宾路为双向6车道，实现机动车、非机动车及人行道的分离。

7月3日，海港区顺利通过国家林业局2004年造林实绩综合核查验收。

7月30日，全国人大常委会委员长吴邦国到海港区北部工业区耀华工业园视察。

9月6日，区法院新审判大楼正式启用。2002年4月破土动工，地址位于港城大街与东环路交叉口东南侧，占地面积约1.89公顷，总建筑面积为2万平方米，其中，审判办公大楼地上9层（局部结构11层），总高度46米，建筑面积1.73万平方米，有房间213间；附属设施用房3层（地上2层，局部地下1层），建筑面积2760平方米。

9月27日，全区118个行政村全部实现村村通油路（水泥路），在全市率先完成村村通工程，实现农村公路网络化。

9月，区民政局被评为“全省民政系统行风建设工作先进单位”；临河里小学获“2004年第十九届全国青少年科技创新大赛一等奖”。

10月6日，省运会海港区火炬传递仪式在新世纪公园举行。

11月26日，海港区在海港镇西盐务村举行撤村建居揭牌仪式。西盐务村委会变更为西盐务居民委员会，沿用580年的西盐务村称谓变成历史。海港镇张庄村、范家店村、百姓王庄村也同时换牌。标志着全区村改居工作进入实质运行阶段。

12月，海港区低保超市一年帮助7942户困难家庭办理“低保户购物特价卡”，为困难群众提供23.88万元的日常生活物品零利润销售，服务低保群众1.92万人次。

2005年

1月，海港区检察院被最高人民检察院评为“全国先进检察院”。

2月2日，区委召开保持共产党员先进性教育活动动员大会。区委书记邢留逮、市委督导组组长赵平分别作重要讲话。区委副书记马辉宣读《中共海港区委关于在全区深入开展保持共产党员先进性教育活动的实施意见》，区委常委、组织部部长赵卫宣读《中共海港区委保持共产党员先进性教育活动领导小组关于第一批先进性教育活动的实施方案》。

3月，长城法庭在最高人民法院、中央人民广播电台共同主办的评选活动中，荣登“中国十佳人民法庭”之首。是全省唯一获此殊荣的基层法庭。

3月，文化路街道河涧里社区获全国“万家社区读书活动”先进单位称号。

5月1日，开通新澳海底世界——秦皇求仙入海处——山海关（哈动力码头）的海上交通旅游航线。

7月4日，市委决定：邢留逮不再担任中共海港区委书记、常委、委员；张经华任中共海港区委委员、常委、书记。

7月14日，举行海港医院综合病房楼落成庆典仪式。区委书记张经华致辞。新建综合病房楼共21层，占地面积1236平方米，建筑面积2.71万平方米，投入资金7089万元，床位500张。

8月3日，中共中央书记处书记、中央纪委副书记何勇在省委副书记、纪委书记张毅和市长菅瑞亭，市委副书记、纪委书记李向东等有关领导的陪同下，视察海港区东盐务廉政文化示范小区。

8 月 29 日，文化路街道团结里社区和河东街道工人南里第二社区被团中央、民政部、建设部、工商行政管理总局命名为“全国青年文明社区”。

10 月 14 日，区委、区政府召开获国家级先进政法单位表彰大会。区检察院被最高人民检察院评为“全国先进检察院”，区司法局被司法部评为“全国司法行政基层建设工作先进单位”，区法院长城法庭被最高人民法院评为“全国十佳人民法庭”并名列榜首。区委书记张经华代表区委、区政府向受到表彰的单位表示祝贺。

10 月，东港镇、东港镇中心庄村获“全国文明村镇”称号。青云里小学被命名为“全国少年集邮活动示范基地”。

12 月 9 日，燕山实业公司与华润雪花啤酒（中国）投资有限公司正式签约，组建合资企业华润雪花啤酒（秦皇岛）有限公司。

12 月 22 日，秦皇求仙入海处景区被评为国家级 AAAA 级景区。

12 月 30 日，召开全区政府机构改革动员大会。区委书记张经华作重要讲话，区委副书记、纪委书记鲁栋宣读《秦皇岛市海港区人民政府机构改革方案》，区委副书记马辉代表区委宣读新组建和调整单位领导班子成员的名单，区委常委、政府常务副区长杨学功宣读《海港区政府机构改革工作实施意见》及《补充意见》。

2006 年

1 月 1 日，城市区居民最低生活保障标准由每人每月 182 元提高到 210 元。

1 月 12 日，召开全区第七届村委会换届选举动员大会。

2 月 21 日，海三建设发展股份有限公司承建的奥体中心体育场工程获建设部、中国建设协会颁发的鲁班奖。

3月16日，省委书记白克明到海港镇小高庄村视察文明生态村创建工作。

4月2日，文化路街道红旗里社区被中残联授予“全国残疾人工作先进社区”称号，是全市唯一获此殊荣的社区。

4月14日，建设大街街道秦皇社区被体育总局授予“全国群众体育先进单位”。

4月15日，张桥庄生活垃圾填埋场建设项目开工，区领导张经华、于春海、鲁栋、王殿忠、张国林、陈小虎等参加开工仪式。9月23日，垃圾填埋场正式填埋生活垃圾。

4月18日，海港区第十二届人大常委会第二十五次会议通过，同意接受李学民辞去区政府区长职务的请求，决定任命于春海为海港区政府副区长、代理区长。

4月26日—28日，海港区人大十二届四次会议在国贸饭店召开。于春海全票当选海港区区长。

5月18日，东港路进港南山立交桥工程竣工。南山立交桥桥梁全长1080.7米，面积2.4万平方米，是秦皇岛市最大的立交桥。至此，东港路全线贯通。

5月29日—31日，中共海港区第八次代表大会隆重召开，出席会议代表208人。选举区委委员36人、候补委员7人；选举张经华、于春海、鲁栋、王殿忠、张建忠、何发江、申哲、赵卫、高栋、张国林、杨东明为常委；选举张经华为区委书记，于春海、鲁栋、王殿忠为区委副书记。

6月19日—23日，第21届亚洲女子篮球锦标赛在市奥体中心体育馆举行。中国、日本、新加坡、印度等国家和地区的13支代表队，分成A、B组进行单项循环赛。中国女篮获得冠军。

7 月 1 日，即日起，百岁老人每月长寿补贴由 50 元提高到 100 元。

7 月，秦皇岛—杭州旅游包机航线开通。填补秦皇岛通往浙江及华东地区空中旅游航线的空白。

8 月 1 日，文化路街道红旗里社区被中国残疾人联合会授予“全国残疾人工作先进社区”称号。

11 月 28 日，天桥市场获“中国四星商品交易市场”称号。

12 月 1 日，文化路街道办事处获“全国和谐社区建设示范街道”称号。

12 月 18 日，海港区被民政部、卫生部、中国残联命名为“中国残疾人社区康复示范区”。

是年，大汤河改造工程获 2005 年“中国人居环境范例奖”，成为河北省唯一获此殊荣的城市。

2007 年

1 月 5 日，第五届中国老年旅游联合体年会暨老年业务洽谈会在海景大酒店召开。25 个省市自治区、50 个城市、78 家旅行社的 100 多人参加会议。

1 月 8 日，海三建设工程发展有限公司董事长杨广俊当选“爱心中国——第二届中华慈善人物”，赴人民大会堂参加颁奖典礼。

1 月 15 日，港城大街东延伸工程第一标段跨龙联铁路第一片重 50 多吨的 T 形梁吊装成功。

1 月 31 日，新一街社区获中央文明办、国家文化部授予的“2006 年度全国文化先进社区”。

1 月，鲁栋获“全国纪检监察系统先进个人”；石建军获“农业部项目执行先进个人”。畜牧局获“农业部利用世行贷款发展肉牛项目执行先进单位”。海阳农副产品批发市场获得中国检验认证集团质量认证有限公司颁发的《绿色市场认证证书》，是全省第二家国家级“绿色市场”。

2月27日，燕山大学博士生导师杜凤山等人研究开发的“无缝钢管减轻产品工艺优化及其质量控制”项目获得2006年度国家进步二等奖。

3月15日，天威保变（秦皇岛）变压器有限公司二期工程试车投产，标志着世界一流的超特大型变压器生产基地和出海口基地在秦皇岛正式建成。

3月6日，省委书记白克明到海港镇小高庄村视察，对全区创建文明生态村工作给予高度评价。

3月，区委、区政府发出《关于在区级党政领导干部中深入开展“十个一”活动的安排意见》。决定在区级党政领导干部中开展“十个一”（每位区级领导干部联系一个镇街、一个村、一个社区、一个城乡中小学校、一个重点项目、一个重点城建工程、一个民营企业、一个特困家庭、与一个民主党派人士交朋友、与一个民营企业家交朋友）活动。

4月5日，市政府下发《关于对90—99岁老人发放高龄保健补贴的通知》。从2008年1月1日起，向90—99岁老人每人每月发放高龄保健补贴30元。

4月18日，秦皇岛—石家庄夕发朝至列车开行。7月6日开始，实行对开，每天1班。

4月18日，秦皇岛市首次采取以楼面地价方式出让国有土地所有权，8家房地产开发公司分别对金梦海湾项目的8个地块进行竞拍，竞拍总成交额29.8亿元。

4月24日，召开全区新型农村合作医疗工作动员会。6月1日起，将实行新型农村合作医疗体制。

4月26日，全区选举日。106个选区同时选举海港区第十三届人民代表大会代表。

4月26日，秦皇小区居民田金芳爱国拥军先进事迹报告会在石家庄河北会堂举行。副省长宋恩华宣读省委、省政府、省军区《关于授予田金芳“爱国拥军模范”称号的决定》，省委常委、宣传部部长聂辰席向田金芳颁发荣誉证书，省军区政委张彦欣讲话。

4月28日，秦皇岛至深圳航线首航。每周2班，周二、周六航行。机型为B737-300。

4月，大汤河园林绿化二期改造工程“绿荫里的飘带”获得美国景观设计师协会颁发的“专业设计荣誉奖”，为世界同行瞩目的设计大奖。

5月1日，秦皇岛—石家庄—成都航线恢复航行，每周3班，周二、周四、周六飞行，机型为A319。

5月15日，总投资1.5亿元的泰德管业科技有限公司正式投产。

5月15日—17日，区政协七届一次会议在秦皇岛大酒店举行。选举何发江为区政协主席，张素珍、南云、肖长祥、廉国会为区政协副主席。

5月16日—19日，区十三届人民代表大会第一次会议在国贸饭店举行。选举鲁栋为区人大常委会主任，王海英、张景魁、陈永山、赵立祥为区人大常委会副主任；选举于春海为区政府区长，高栋、张国林、陈小虎、赵长泰、张立红为区政府副区长；选举李顺武为区法院院长；薛向东为区检察院检察长。

5月25日，全区市属改制企业实行属地管理工作会议在区法院召开。常务副区长高栋宣读《海港区接收市属企业改制后实行属地管理实施方案》。市属改制企业主管部门与区有关部门签订移交协议，对71家市属改制企业全面接收。

6月1日，全区新型农村合作医疗启动仪式在海港镇卫生院举行。

6月5日，全区对种粮农民粮食直补及综合直补工作全面展开。

6月20日，海港区天然气转换工程正式实施，10月30日全部完成。103万用户告别人工煤气时代，开始使用清洁高效、无毒环保的天然气。

7月5日，秦皇岛图书馆新馆正式对公众开放。

7月7日，文化广场落成庆典在市文化广场西侧举行。

7月7日，洋洋古玩城开业。由洋洋投资集团投资2000多万元兴建，营业面积1万多平方米，拥有封闭大厅3层，有店铺100多家。

7月29日，秦皇岛市第一次降落俄罗斯直达旅游包机。

7月29日，"欢乐中国行——魅力秦皇岛·海港区"在中央电视台3套节目（CCTV－3）播出。节目同时以秦皇望海求仙、亲密接触海洋明星、时尚游船、魅力港城等为主题，倾情盛赞魅力海港区、美丽秦皇岛。

7月，文化路地道桥泵站改造工程正式竣工通过验收。改造后的文化路地道桥泵站最大排水能力4300立方米/小时，比改造前提高1700立方米/小时。汛期文化路地道桥积水淹车状况彻底改善。

7月，区林业局局长王洪泉被国家绿化委授予"2006年度全国绿化奖章"。

9月1日，在秦皇岛市城市区实行70岁以上老年人乘坐市内公交车免费。

10月28日，秦皇岛—石家庄—西安航线正式开通。航线由深圳航空公司执飞，每周三、五、日通航。

11 月 1 日，港城大街东延伸道路工程竣工通车。工程 2006 年 7 月 1 日正式开工，2007 年 10 月 31 日全线竣工。工程全长 5.5 千米，总投资 5 亿元。

11 月 29 日，耀华玻璃集团将整体迁到北部工业区。

2008 年

1 月 1 日，秦皇岛市城市区有线电视整体转换工作正式开始，至 5 月 14 日结束，市民可收看到 96 套标准清晰度电视节目、2 套高清晰度电视节目及数套调频广播节目。

1 月 3 日，海政里经济适用住房在广电中心举行公开销售摇号仪式。通过公开摇号确定经济适用住房购房人的方式，在全省尚属首次。

1 月 4 日，秦皇岛港至西非杂货班轮航线正式开通运营。是秦皇岛港开通的首条至非洲的杂货班轮航线。

1 月 24 日，市电视台数字电视转播车建成使用仪式在广电中心广场举行。

1 月 31 日，中共中央总书记、国家主席、中央军委主席胡锦涛亲临秦皇岛港视察电煤抢运工作。

3 月，区委宣传部被中宣部授予“全国舆情信息工作先进单位”。全国仅 4 家县区级单位获此殊荣。

4 月 8 日，国际奥委会北京奥运会协调委员会主席维尔布鲁根莅秦考察奥运赛区筹备工作，奥足赛秦皇岛赛区领导小组组长、市长朱浩文会见维尔布鲁根。

4 月 14 日，海港区燃气低压管网改造工程全面启动。整个工程计划分 3 年实施完成，需改造低压管网 292 千米，总投资 8024 万元。

4 月，全区实施十项工程（示范街创建工程、主次干道整治工程、窗口部位改造工程、城乡环境净化工程、绿满港城提升工程、市容秩序规范工程、市场规范改造工程、河道环境治理工程、临违建筑整治工程、小区容貌改善工程），美化城市，盛装迎奥运。

4 月，汤河公园“红飘带”栈道入选国际知名旅游杂志《康德纳特斯旅行家》评出的“世界建筑新七大奇迹”。“红飘带”于 2006 年 7 月建成，2007 年获“2007 年度美国景观设计师协会设计荣誉奖”，被选为美国 2008 年第 1 期《景观设计学》杂志封面。

4 月，全市首次工业用地使用权挂牌出让在市土地收购储备交易中心大厅进行，首宗海港区港城大街北侧晨砻新型建材东侧项目国有建设用地，以总成交额 2626.44 万元被秦皇岛渤通物流有限责任公司竞得，标志着秦皇岛市工业用地实施招标拍卖挂牌出让制度进入新的发展阶段。

5 月 15 日，在全区向四川汶川地震灾区爱心捐款仪式上，区委、区政府发出赈灾捐助倡议。号召全区人民迅速行动起来，发扬中华民族“团结互助、扶危救难”和“一方有难、八方支援”的传统美德，向受灾地区奉献一片爱心。

5 月 21 日，全区组织系统党员向四川汶川地震灾区缴纳“特殊党费”。捐款仪式上收到捐赠的“特殊党费”11 万多元。

5 月 25 日，洋洋花卉古玩城二期建成开业，古玩城营业面积 9000 多平方米，经营种类达万种。成为河北省最大的古玩交易和展示平台。

5 月 27 日，迎奥运畅通工程——秦皇岛至首都机场准航空式服务高速客运直达班线正式开通。

5 月 28 日，秦皇岛飞艇救援服务队正式成立。是世界上第一个以飞艇灾害救援服务为核心的团队。

6 月 5 日，秦皇岛—深圳航线复航。为迎接奥运会，山海关机场陆续增加航班航线，上海、石家庄航线增加至每天1班。

7月15日，中共中央政治局常委、国家副主席习近平在中共中央政治局委员、北京市委书记、北京奥组委主席刘淇，河北省委书记张云川，代省长胡春华等陪同下，到奥运秦皇岛赛区视察，听取秦皇岛赛区安保工作情况汇报。

7月16日，全区首个集科普教育、植物展示和休闲游憩于一体的多功能现代植物园——秦皇植物园开门迎客。市委书记王三堂，市长朱浩文为植物园开园揭幕。植物园位于港城大街与西外环路交叉口，2007年10月10日开工建设，占地面积25.32公顷。绿地面积20多万平方米，栽植植物52科320种。建筑面积3500平方米，总投资2.5亿元。

7月30日，8：00—11：30，奥运火炬经过100多个日夜的长途接力和2万多名火炬手的激情传递，在秦皇岛进行35千米的“和谐之旅”。北京奥组委委员、中国奥委会副主席、北京奥组委主席助理屠铭德，河北省委副书记车俊、副省长孙士彬，秦皇岛市委书记王三堂及北京奥组委、省、市相关领导参加起跑仪式。秦皇岛市市长朱浩文主持起跑仪式。秦皇岛市委书记王三堂在起跑仪式上致辞。国际奥委会奥运会执行主任费利及屠铭德、孙士彬、王三堂、朱浩文，奥组委火炬接力中心常务主任、火炬接力运行前方总指挥张明出席结束仪式。市长朱浩文在结束仪式上致辞，副市长李秦生代表秦皇岛接受北京奥组委官员向秦皇岛市赠送的火炬和证书。火炬传递的起点设在万里长城起点——老龙头，终点在北戴河奥林匹克大道公园，传递里程35千米，其中徒步传递路段7千米，208名火炬手参加。区长于春海参加火炬传递。

8月5日，站西路改造工程全线竣工。工程东起站西里，西至红旗路立交桥，全长752米，路宽7米。6月25日开工建设。投资100

万元。

8 月 6 日—16 日，北京奥运会秦皇岛足球赛区承办 8 支男队和 6 支女队参加的 12 场比赛。接待运动员及国际足联技术官员 684 人次、注册记者 232 人、非注册记者 144 人，BOB 转播工作人员 67 人，赞助商及合作伙伴代表 500 多人；国内外贵宾 990 人，包括国际奥委会执行副主席、国际奥委会委员、国际足联主席和秘书长等奥林匹克大家庭成员和贵宾 24 人次，韩国、喀麦隆、科特迪瓦、尼日利亚、日本等国驻华使节 46 人次。12 场比赛售票 143. 45 万张。各场比赛均未出现技术故障、失误，和谐稳定，圆满完成奥运赛事任务。

8 月 27 日，全市最大的渔政执法船——中国渔政 13101 执法船正式起航。中国渔政 13101 执法船长 38. 6 米，宽 6. 4 米，主机功率 660 千瓦，航速 13. 2 节，满载排水量 250. 16 吨。

9 月 9 日，秦皇岛大酒店举行“五星”揭牌仪式。秦皇岛大酒店前身为秦皇岛信谊大酒店，成立于 1986 年，1998 年由市政府接管，更名为秦皇岛大酒店。

9 月 19 日，位于海港镇石山村的秦皇岛市建筑垃圾处理场工程建成并投入使用，工程投资 1033 万元，占地面积 4. 11 万平方米。

9 月 25 日，海港区工商局、海港区工商局海阳工商分局被国家工商总局评为“全国工商行政管理系统陈化粮监管工作先进集体”。

10 月 30 日，秦皇植物园在 2008 中国环境艺术高峰论坛暨中国环境艺术示范工程经验交流会上获首届“中国环境艺术奖”。全省唯一获此殊荣。

11 月 7 日，燕山大街东延伸工程竣工通车。工程西起东环路，东至东港路，全长 1105 米，规划红线 50 米，主路双线 4 车道，概算投资 3200 万元。

12 月，在 2008 年中国区街发展论坛上，文化路街道办事处被中国社会工作协会授予“全国和谐社区建设自主创新先进街道”。

2009 年

1 月 1 日，即日起调整增加基本养老金。

1 月 18 日，国家重点工程津秦客专工程开始征地拆迁。津秦客专工程秦皇岛段海港区境内全长 37.6 千米，新增建设用地面积 46.67 公顷，涉及海港镇、东港镇、西港镇、海阳镇和北部工业区 21 个村、616 户村民、26 家国有企业土地。

3 月 3 日，海港区被中宣部授予“2008 年度全国舆情信息工作先进单位”，是全国县区级舆情信息工作唯一受表彰的单位。海港区报送的《多数网民支持延长境外动画片禁播时段》信息被中宣部评为“好信息”奖。

3 月 3 日，全市首家“一元企业”——秦皇岛成悦化工科技研发服务社在海港区工商局登记注册成立。

3 月 29 日，秦皇岛—哈尔滨航线正式恢复通航。

3 月，全区完成粮食农资综合直补工作。直补涉及 80 个村的 1.65 万农户，涉及种粮面积 4206.67 公顷，安排补贴资金 298.49 万元。

4 月 25 日，第五届国际徒步大会在秦皇岛市举办，沈阳、天津等 16 个城市的徒步爱好者、国际友人及秦皇岛市市民 1 万多人参加活动。

4 月 30 日，零时开始，秦皇岛取消政府还贷二级公路通行费，撤除收费站。

5 月 15 日，市政府与秦皇岛移动公司举行“无线城市”建设合作协议签字仪式，秦皇岛市成为全省首个基于 TD－SCDMA/HSDPA

网络的“无线城市”。

5月17日，世界电信日，河北联通在秦皇岛、石家庄、保定、唐山4市同时启动3G业务试商用体验，秦皇岛市成为全国首批开通WCDMA制式3G业务的56个城市之一。

5月25日，全区开始实行暂住证“一证式”服务管理，流动人口可享受市民待遇。

5月，港城大街东延伸工程及5个标段均获“2008年度省优市政公用建设工程”。港城大街东延伸工程上跨龙联铁路立交桥段获“2008年度全国市政金杯示范工程”。

6月1日，中国—伊朗男子足球对抗赛在秦皇岛市奥体中心体育场举行。是继2008年奥运会之后，奥体中心体育场举办的首场国际赛事。

6月7日，承秦高速公路项目开工奠基仪式举行。省长胡春华宣布开工，副省长宋恩华在开工仪式上讲话。承秦高速公路是河北省规划的高速公路主骨架的重要组成部分，是河北北部及内蒙古中西部等内陆地区物资的出海通道，全长193.9千米，总投资149.8亿元。

6月12日，金三角商业街正式开街。李洪卫、于春海、冯国林、鲁栋、何发江等市、区领导为商业街剪彩并参观商业街。

6月16日，位于北港镇麻念庄北的全市第一家污泥处理厂——绿港污泥处理厂建成并正式投入使用。标志着全市污水和污泥处理形成完整的产业链。

6月20日，中共中央政治局常委、国务院总理温家宝在省委书记张云川、市委书记王三堂等省、市领导的陪同下到秦皇岛港煤码头考察煤炭运输。

7月6日，城管局成立机械化清扫公司，配备机械化清扫车6

台、大型喷雾降尘车1辆。主要负责河北大街、文化路、迎宾路、港城大街东段、河北大街西段等路段的清扫、洒水降温。

7月14日，由方志出版社出版的《海港区志（1983—2002）》举行首发式，成为全省第二轮修志后第一部公开出版的主城区志。

7月，区法院长城法庭被中央政法委和中国人民解放军总政治部授予“全国维护国防利益和军人军属合法权益工作先进单位”。

7月，“2009中国城市分类优势排行榜”在香港公布，秦皇岛市荣登“中国十佳宜游城市排行榜”第三名，是河北省唯一入围“十佳宜游”城市。

8月2日，中国宋庆龄基金会“青少年活动基地”揭牌仪式暨2009年全国重点城市青少年足球赛开幕式在国家体育总局秦皇岛训练基地、中国足球学校隆重举行。中国宋庆龄基金会主席胡启立、国家体育总局局长刘鹏、中国宋庆龄基金会副主席兼中央统战部副部长黄跃金、中国宋庆龄基金会副主席兼全国政协常委梁金泉到会祝贺，市长朱浩文参加揭牌仪式和开幕式。

8月12日，世极城堡、安居东里5组经济适用住房公开销售摇号仪式在文化广场一楼学术大厅举行。在市第一公证处现场公证、市监察局监督下，经过7个批次的公开摇号，1294户无房户中签，302户家庭喜获购房资格，45户获候补资格。

8月19日，燕山大学“国家大学科技园”被科技部和教育部联合授予全国首批“大学生科技创业实习基地”。

8月24日，召开农村公路建设调度会。全区新建和改扩建农村公路51条、87千米，累计投资2000多万元。在全市率先实现水泥路“村村通”。

8月，在全国睦邻文化高层论坛上，文化路街道被评为“全国睦邻文化示范单位”，为全市唯一获此殊荣的街道。

9月9日，秦皇岛临港产业聚集区成立揭牌仪式在北部工业区管委举行。产业聚集区规划面积94.56平方千米，包括海港区北部工业区、东部循环经济园、临港物流园、山海关临港产业园、抚宁临港产业园等。

9月28日，全市首家大型体验式家居购物商场——红星美凯龙家居生活广场正式开业。商场总经营面积6.8万平方米，设500多个摊位。

9月30日，京沈高速秦皇岛出口工程竣工通车。工程于4月20日开工，南起杨庄户铁路桥，北接京沈高速公路，道路全长10.9千米。工程投资6.85亿元。

9月30日，位于归提寨村的儿童福利院及儿童保护中心举行入住仪式。工程总投资1800万元，建设规模和质量达省内一流。可同时容纳350名孤残儿童入住。

10月19日，港城女神枪手张铁、刘虹余、赵慧联手在全运会上获女子10米气步枪团体金牌。

11月23日，由区市政处承建的东环路（建设大街至护城河）工程竣工通车。道路全长855米，宽20米，两侧人行道各宽3.5米，总投资1400多万元。

11月，文化路街道办事处被民政部授予“全国和谐社区建设示范街道”称号，是民政部第一次为街道授奖，也是全市唯一获此项殊荣的街道。区法院民事审判一庭庭长杨超获全国“三八红旗手”称号。

12月10日，秦皇岛—石家庄—武汉航线正式开通。是继开通省会（石家庄）、东北（哈尔滨）、华东（上海）、珠三角（深圳）航线之后，首次开通中南地区空中通道。

12月12日，2009—2010年度全国青少年校园足球联赛秦皇岛赛区比赛在中国足球学校启动。

12 月 15 日，京沈高速秦皇岛站正式开通运营，成为京沈高速在秦皇岛市区开通的第 3 个出入口。原“秦皇岛西出口”更名为“秦皇岛北出口”。

12 月 19 日，台湾货轮“修明”号抵秦。是 2008 年“两岸三通”后第一艘由台湾直达秦皇岛港的船舶。

2010 年

1 月 15 日，全球第三大零售商特易购集团旗下地产公司专为中国打造的全新购物中心品牌——乐都汇购物广场及旗下乐购超市在秦开业，成为秦皇岛市首家外资零售商。

2 月 24 日，海港区检察院在最高人民检察院召开的全国检察机关“双先”表彰会上被授予“全国模范检察院”。海港区检察院连续 8 年被评为“全省先进检察院”、2005 年和 2007 年度两次被授予“全国先进检察院”及 2006 年被最高检察院荣记集体一等功之后，获得的检察机关的最高荣誉。

2 月，海港区文化路街道办事处被民政部授予“和谐社区建设示范街道”。全市唯一获此殊荣。

3 月 4 日，秦皇岛五兴房地产有限公司承建的“在水一方”住宅小区通过河北省节能减排重点标准化项目验收，是全省房地产行业第一家通过省级节能减排重点标准化项目验收的企业，标志着全区标准化工作取得突破性进展。

3 月 11 日，省重点项目——秦皇岛市彩龙国际商贸大市场在临港物流园区落成。

3 月 30 日，市党政联席会议决定将黄河道、港城大街统一更名为秦皇大街。更名后的秦皇大街分两段：海港区段称为秦皇东大街，市经济技术开发区段称为秦皇西大街。

3 月，海港区被中宣部授予“2009 年度全国舆情信息工作先进单位”，连续 3 年获此殊荣。

4 月 26 日，秦皇岛—北京、秦皇岛—石家庄两组对开动车运行。

4 月 28 日，位于友谊路北段的秦皇岛慈善医院举行开业庆典暨福彩送健康、万名贫困群众免费体检工程启动仪式，标志着全省首家由慈善机构创建的非营利性综合医院秦皇岛慈善医院正式营业。

5 月 12 日，秦皇岛市最大保障性住房项目——杨道庄保障性住房项目“大儒世家”开工建设。

5 月 30 日，秦皇岛机场开通秦皇岛—郑州航线，是秦皇岛机场年内新开通的第二条航线，也是秦皇岛市民航开通的第五条航线。

5 月，全市首座室内综合自动化枢纽变电站——港东 220kV 变电站正式投入使用，2 台主变压器可以为海港区东部提供 360MVA 电力支持。

7 月 5 日，即日起，利用半年时间，在全区开展“深入一线，转变作风”主题教育活动，通过“下一线，民情大调研”“下一线，基层讲法规”“进村户，惠农兴百姓”“转作风，面对面恳谈”“转作风，解难题办实事”“我的一线日记”六大载体，组织全区党员干部深入工作一线，深入镇（村）、街道（社区）群众中直观体察民意，全面了解群众期待和需求，帮助基层单位和群众解决工作、生活中的问题。

7 月 16 日，配套完善、设计独特的大型经济适用房小区——东里庄项目奠基，预计 2012 年 6 月底交付使用，可入住低收入困难家庭 4400 多户。东里庄项目东至兴电路，西到港务局经济适用房，南至秦山铁路，北至兴化大街，总占地面积 18 公顷，总建筑面积 30 万平方米，是全市最大的保障性住房项目。市人大常委会副主任王文钊、副市长马宇骏、市政协副主席肖明地、区委书记张经华、区长于春海、区委副书记冯国林、区人大常委会主任鲁栋等领导参加奠基仪式。

7月，由区市政工程处承建的民族路道路改造工程主路竣工通车。改造工程为民族路中段港城大街至河北大街，路段全长约1.4千米，施工内容有道路新建、道路罩面、桥梁铺装层改造、新建电缆沟、绿化、路灯及相关管线等市政设施。

7月，启新水泥生产线收尘装置项目完成土地招拍挂和备案手续，落户临港物流园区。项目由秦皇岛启新工贸有限公司开发建设，总投资1.1亿元，占地面积3.23公顷。是继福凯物流、冀盛物流、永和盛物流后年内完成备案的亿元以上项目。

8月9日，省委书记张云川、省长陈全国到燕山大学考察调研。

8月10日，秦皇岛市首届读书节开幕式在文化广场隆重举行。毛泽东唯一嫡孙、中国军事科学院战争理论和战略研究部副部长、少将毛新宇，省新闻出版局局长李晓明代表省全民阅读活动组委会和省新闻出版局对秦皇岛市首届读书节的成功举办表示热烈祝贺。市委书记王三堂致辞。省委常委、省委宣传部部长聂辰席出席开幕式。王三堂、朱浩文、菅瑞亭分别为读书节题写读书寄语。是日，邀请毛新宇举办《毛泽东诗词赏析》专题讲座。

9月28日，建于1929年的市第一中学举行迁入新校区并举办庆祝大会。新校区总投资4亿元，建筑面积近12万平方米。每间教室都配备现代化的教学设备。

9月30日，海港区临港物流园区举行晋升省级物流聚集区揭牌仪式，为全市首家省级物流聚集区。市委常委、常务副市长李洪卫为聚集区揭牌。区长于春海主持揭牌仪式。区委书记张经华致辞。临港物流园区由4.8平方千米扩大到18.5平方千米，北起京沈高速公路，南至北环路，西起韩石路，东至山海关交界线。彩龙国际、北方义乌等10多个亿元以上项目入驻园区，总投资37亿元；2010年省重点项目4个，累计完成投资20亿元。

10月，市政工程管理处全面完成工农里、农乐里、铁新里小学门前、玉峰南里4条街巷路路灯安装及路面恢复工作。工程于4月正式开工。共铺设混凝土大板面积654平方米，连锁块面积771平方米，荷兰砖面积495平方米。煤港里污水改造工程完工。工程于8月下旬正式开工，总投资110万元，共铺设主管道336米、支线管道420米，砌筑污水检查井65座，清淘化粪池及污水井污泥220立方米。

11月1日，由海阳镇鲤泮庄的5名农民共同投资兴办的全市首家农机专业合作社——秦皇岛宝兴富民农机专业合作社正式注册成立。主要为周边地区农业生产提供机械化耕地、播种及收割服务。

11月15日零时起，秦皇岛站停办客运业务，作为过渡站龙家营站同时启用。

11月22日，海港区首批8个老旧小区改造工程完工。全区计划用3—5年对城区40多个老旧小区进行分批改造。

11月，秦皇求仙入海处被首批命名为“河北省少先队实践教育基地”。全省175家单位被命名。

11月，秦皇岛市第一座人行过街天桥——东港路过街天桥主体工程完工并通过验收。总投资300多万元，桥长62.1米，宽3.3米，净高5.3米，主体采用钢箱梁结构，桥面、坡道为高级防滑橡胶板，桥面两侧护栏处将安装夹胶安全玻璃。

11月，区民政局被民政部命名为“第三批全国养老服务活动示范单位”。

12月8日，举行市第一医院外科楼落成暨便民就诊卡赠送仪式。

12月，东港镇西向河寨村被评为省级“农村党员干部教育培训基地”。全省确定农村党员干部教育培训基地50个，全市入选3个村。

2011年

3月8日，海港区作为全国舆情信息直报点被中宣部授予“2010年度舆情信息工作先进单位”。连续4年获此殊荣。

3月24日9时30分，首航日本、韩国集装箱班轮航线的“海丰福迪”号轮驶离秦皇岛港，标志着秦皇岛至日本、韩国集装箱班轮运输航线成功开通。

4月27日—29日，海港区第十三届人民代表大会第五次会议在国贸饭店举行。选举冯国林为海港区政府区长，陈巍为区检察院检察长。

6月29日，“三进三治”活动动员大会在文化广场召开。会议决定在全区广大党员干部中深入开展历时半年的“进农村、进社区、进企业”和“治庸、治懒、治散”（简称“三进三治”）活动。活动分四个阶段：动员部署和学习教育阶段、深入基层和自查自纠阶段、问题剖析和集中整改阶段、总结提高和成果巩固阶段。

7月1日，海阳镇李艺文、马静茹、苏久胜、李学华、董晓娜5位农民走进国家大剧院观看谭晶主演的新版《白毛女》。次日，应邀参加在中央电视台由马东主持的“文化视点”栏目，专题录制有关《白毛女》的故事。著名歌唱家王昆在朝阳区十里河画院的一间排练厅里会见李艺文一行。

7月20日，秦皇岛市“6+2”民生工程，即城市区“六河”水系综合治理一期工程中6个节点项目和2个过街天桥项目竣工投入使用。

7月24日，市妇幼保健院妇产科楼正式落成启用。副省长孙士彬、市委书记王三堂为市妇幼保健院揭牌。

7月，海港区被省委授予“农村党建工作先进县（区）”称号；被省委宣传部、省司法厅、省人力和社会资源保障厅、省总工会、省法制宣传教育小组办公室授予“‘五五’普法先进区”称号。

8月3日，中国耀华玻璃集团有限公司成立，弘毅投资公司与其关联公司持股70%，向新耀华增资1亿美元，引入IFC（国际金融公司）向新耀华提供1.5亿美元的长期贷款。中国耀华玻璃集团公司变更注册为中国耀华玻璃集团有限公司，成为一家弘毅投资公司控股的中外合资企业。

8月7日，海阳镇大里营村村主任李艺文登上央视一套播出的《小崔说事》之“谭晶的世界”电视节目舞台，扮演杨白劳与知名演员谭晶搭档，为全国观众表演自排话剧《白毛女》之“红头绳”等选段。

8月12日，秦皇求仙入海处环幕4D影院、动态全景馆竣工庆典暨《秦皇求仙》首映式在秦皇求仙入海处举行。中华文化促进会副主席于广华，市委副书记杨泰安，中国徐福研究会副会长李书和，市人大常委会副主任王文钊，副市长张锋，区委书记张经华，区委副书记、区长冯国林出席仪式并剪彩。

9月1日—2日，中共海港区第九次代表大会在市文化广场隆重召开。大会应到代表205人，实到代表196人。选举新一届区委委员37人，候补委员7人；选举产生出席市第十一次党代会代表32人。中共海港区第九届委员会第一次全体会议选举常委12人；选举冯志永为区委书记；冯国林、高立明为区委副书记。

10月，海港区举行城乡居民社会养老保险金发放仪式。全区城镇居民社会养老保险和新型农村社会养老保险“两个试点”工作惠及城乡居民5.29万人。

12 月 27 日，在全国社区党风廉政建设工作会议上，海港区作为全国唯一区级代表作典型发言。

2012 年

1 月 6 日，坐落于市文化广场的金棕榈国际电影城开业。DMAX 巨幕影厅填补秦皇岛市放映巨幕电影空白。

1 月 29 日，区政府授予丁春启“见义勇为先进分子”称号，奖励人民币 1 万元。

1 月，秦皇植物园获“河北省十佳公园”称号，为秦皇岛市唯一入选河北省的“十佳”公园；秦皇大街获河北省“十佳景观大道”。

2 月 14 日，全区召开加强基层建设年暨“一联六促、访解帮带”活动动员大会。全区选派 338 名领导干部和年轻干部下基层“接地气”，驻村居开展工作，5 年为一个周期。区委书记冯志永，区委副书记、区长冯国林讲话，区委副书记高立明宣读《中共海港区委关于开展加强基层建设年暨“一联六促、访解帮带”活动的实施意见》。区人大常委会主任鲁栋、区政协主席何发江等领导出席会议。

2 月 15 日—17 日，海港区政协八届一次会议在秦皇岛大酒店召开。选举杨永会为区政协主席，张素珍、肖长祥、张继成、李国强为区政协副主席，孙贺为区政协秘书长。

2 月 16 日—18 日，海港区第十四届人民代表大会第一次会议在工人文化宫举行。选举鲁栋为区人大常委会主任，陈永山、廉国会、韩国祥、杨丽萍为区人大常委会副主任；选举冯国林为区政府区长，张国林、杨东明、赵长泰、张立红、刘晓光、袁会民为区政府副区长；选举董宝军为区法院院长；陈巍为区检察院检察长。

2 月，西港镇副镇长姜广明被国家司法部评为“全国模范司法所长”。

3 月 23 日—25 日，海港区首届新世纪两岸诗歌高端论坛暨海子诗歌艺术节在秦皇岛隆重开幕。论坛由海港区与中国国际汉语诗歌协会共同主办，邀请中国台湾著名诗人、艺术家管管，国立台北教育大学教授、诗人林于弘，女诗人、文艺活动家颜艾琳及北京师范大学教授、诗人、诗评家任洪渊，北京师范大学中国当代新诗研究中心主任谭五昌，山东威海职业学院教授、著名诗评家燎原，湖南省文联主席、诗人谭仲池等 27 名诗人、诗歌评论家到会。其间，举办两岸诗人作品朗诵会、诗歌讲座、海子诗歌研讨会、秦皇岛山水风光观光体验和创作笔会等活动。24 日，论坛在东北大学秦皇岛分校礼堂正式开幕，区委副书记高立明主持开幕式，区委副书记、区长冯国林致辞。

3 月，海港区被中宣部授予“2011 年度全国舆情信息工作先进单位”，连续 5 年获此殊荣；北部工业区石山村被全国文明办授予“全国文明村镇”；区妇联被全国妇联与人力资源和社会保障部评为“2011 年度妇联系统先进集体”，是全省 4 个获此殊荣的先进集体中唯一区级妇联组织。

4 月，长城法庭庭长杜艳文获“全国妇女‘创先争优’先进个人”称号。

4 月，全市首家登记的大规模、跨地区农民专业合作社——秦皇岛海尔思蜂业农民专业合作社成立。合作社成员达 180 人，涉及北京、辽宁、承德等周边地区，其中，农民成员 173 人，单位成员 3 人，成员出资总额 300 万元。

5 月 8 日，国际书画艺术联盟首家分会在海港区成立，中国企业家收藏协会常务理事长赵宁任分会会长。开幕式在秦皇求仙入海处景区砚池边举行。张大千再传弟子、国际书画艺术联盟执行主席高歌，副主席胡正云，河北书画协会理事蔡振林，中国企业家收藏协会顾问张义民及社会各界人士到场祝贺。

5月8日—14日，秦皇岛青年手风琴演奏家许笑男在德国克林根塔尔举行的第49届德国克林根塔尔国际手风琴比赛中获最高级别大奖——艺术家组第一名。

5月10日，2012年秦皇岛国际拳联女子拳击锦标赛欢迎晚宴在秦皇国际大酒店举行。国际拳联执委弗兰克·法切内里、国际拳联技术代表赫尔墨特·兰兹、中国拳击协会主席常建平、省体育局局长张平及国际拳联技术官员、裁判员近100人出席欢迎晚宴。市委副书记、市长朱浩文出席晚宴并致辞。

5月11日，投资20.68亿元的城市西部快速路竣工通车。工程东起河北大街与西环路交叉口，西至北戴河区联峰北路下穿北戴河京沈连接线现况通道西南约106米处，路线全长9.78千米，途经崔各庄、蔡各庄、慕义寨、南大寺、新店子、下庄、归提寨等村庄，控制红线宽度标准路段为70米，行政中心路段为80米，设计速度80千米/小时，主路双向6车道。项目总投资20.68亿元。此路是秦皇岛市第一条采用BT模式建设的城际间快速路，将山海关区、海港区、北戴河区和北戴河新区连接，建成城市组团间“20分钟交通圈”。

5月11日—19日，2012年秦皇岛国际拳联世界女子拳击锦标赛暨伦敦奥运会资格赛在秦皇岛奥林匹克体育中心体育馆隆重开幕。省委书记、省人大常委会主任张庆黎出席开幕式并宣布开幕。国家体育总局局长刘鹏，国际拳联执委弗兰克·法切内里，国家体育总局副局长段世杰，省委常委、省委秘书长景春华，副省长杨汭等出席开幕式。弗兰克·法切内里、杨汭等分别在开幕式上致辞。比赛共设10个级别，中国队夺得3项冠军，并拿到伦敦奥运会参赛席位2个。

5月28日，巴哈马籍五星级豪华邮轮“汉莎蒂克”号靠泊秦皇岛港西港区21号泊位，澳大利亚、德国等7个国家278名游客和船员分批登陆游览秦皇岛。“汉莎蒂克”号是德国赫伯罗特邮轮公司旗下的五星级豪华邮轮，称“海上度假城”。

6月5日，区市民中心举行开工奠基仪式。区市民中心位于大汤河以东、海阳路以西、李姓安庄村以南、秦皇大街以北，总占地面积1.76公顷，总建筑面积3.82万平方米。副市长邢留逮宣布工程开工，区委书记冯志永讲话，区委副书记、区长冯国林主持开工仪式。市人大党组书记、副主任李秦生，市政协副主席王进勤出席奠基仪式。

6月5日，全省首个市级船舶污染应急指挥中心——秦皇岛市船舶污染应急指挥中心挂牌成立。

6月21日—7月6日，第九届秦皇望海祈福文化旅游节在秦皇求仙入海处开幕。文化旅游节历时16天，以“幸福”为主题，推出逛码头·万众祈福、游庙会·体验幸福、竞智慧·成长幸福、看世界·行走幸福、迎奥运·运动幸福等9项主题活动。其间，秦皇求仙入海处景区共接待游客3.83万人次，门票收入19.15万元。

6月25日，秦皇大街东段维修工程竣工，继河北大街地道桥、民族路人行道维修工程完工后，市区3条重点维修工程全部完工。

6月，中国摄影家协会会员肖吉地的摄影作品获中国文联和中国摄影家协会联合主办的摄影艺术领域全国最高个人成就奖——“第九届中国摄影金像奖”。

7月，海港区历史上第一部村镇志《海港区村镇志》正式出版。《海港区村镇志》是第一部反映全区镇村自然面貌和社会历史发展变化的权威性专著，也是秦皇岛市、河北省乃至全国第一部以合编形式正式出版的村镇志。《海港区村镇志》以述、志、传、图、表、录等为体裁，真实、详细地记述全区 5 个镇、2 个园区和 118 个行政村历史之沿革。

8 月 19 日，中国地方志指导小组常务副组长朱佳木在市方志馆看到海港区地方志办公室编纂的《海港区村镇志》时给予高度评价，他说：“一个县区将辖区内的村镇志合编为一本志书的形式比较好，不必要每个村镇都搞志书，那样也不容易编好。”

8 月 25 日，在意大利举行的第 65 届世界杯手风琴锦标赛上，许笑男夺得世界杯组冠军，成为自 1938 年创建手风琴世界杯以来第一位中国选手获得世界冠军。

8 月 29 日，在北京召开的全国组织系统“讲党性、重品行、做表率”活动总结会上，区委组织部获“全国组织系统先进集体”称号。区委常委、组织部部长刘爱秀应邀到北京领奖，受到习近平、李源潮等党和国家领导人的接见。

9 月 3 日，市数字规划馆试行对外开放。数字规划馆位于秦皇植物园内，主体分数字沙盘演示厅、展板及多媒体展厅、会商中心三部分。数字规划馆拥有国内最大的三维悬浮式数字沙盘，空间信息屏投影幕面积 384 平方米，信息屏投影幕面积 178 平方米。

10 月 15 日，秦皇岛市获“中国最佳休闲徒步旅游目的地城市”称号。

11 月 15 日，海港区退休人员活动中心正式启用。中心位于红旗路 5 号，使用面积 606. 82 平方米。活动中心内设 7 室 1 厅，包括乒乓球室、图书室、阅览室、书画室、舞蹈室、棋牌室、健身室、多功能厅，用于开展退休人员健身娱乐活动。

12 月 28 日，承秦高速公路秦皇岛段正式通车。承秦高速全长 191 千米，是河北省高速公路网布局规划“五纵、六横、七条线”中的第一条，对拓展秦皇岛港口腹地，打造京、承、秦旅游金三角，带动秦皇岛市北部山区经济发展具有重要意义。承秦高速公路在秦皇岛境内长99千米，设抚宁北、青龙、青龙东3个服务区，6个收费站。高速秦皇岛段90%路段地处山区，有大中桥77座，小桥2座，涵洞126道，隧道17条。高速公路通车后，承秦之间车程由4个多小时缩短为2小时。

12月，海阳镇司法所助理兰清福获司法部“全国模范人民调解员”称号。

2013年

1月29日，“云纹琉璃大缸”吉尼斯世界纪录认证仪式在北部工业区的君鼎科技开发有限公司举行。吉尼斯世界纪录认证官程东亲临现场，宣布“云纹琉璃大缸”高度0.9米、上沿内径1.02米、底部内径0.63米，为世界上最大的琉璃大缸，创立一项新的吉尼斯世界纪录，并颁授证书。

1月，在2012年度国家环保宣教中心“国际生态学校绿旗荣誉学校”评比中，白塔岭小学凭借长期开展的生态教育和承担国际生态学校“箭牌垃圾减量”项目获“国际生态绿旗学校”称号。

3月12日，召开“树正气、讲团结、聚合力、促发展”大讨论活动动员会议。从3月开始，利用3个月时间，全区开展“树讲聚促”大讨论活动。区委书记冯志永讲话。

3月，区法院党组成员、民一庭庭长杨超被最高法院评为“全国优秀法官”。

3月，全区完成种粮农民粮食直补和农资综合直补补贴资金发放工作。涉及77个村、1.54万户农民，种粮面积3711.96公顷，安排补贴资金352.17万元，其中，粮食直补资金39.98万元、农资综合直补资金312.19万元。

5月24日，区人武部召开党委第一书记任命大会。秦皇岛军分区司令员马忠代表军分区党委宣布：海港区委书记冯国林任海港区武装部党委委员、第一书记。

5月，海港区作为全国舆情信息直报点，连续6年被中宣部授予"全国舆情信息工作先进单位"称号。

6月，9月1日起，全国中小学学籍管理信息系统建成并投入使用。届时每一名中小学生都要建立电子学籍档案，每名学生将拥有全国唯一、终身使用的学籍编码，实行对学生就学过程全程化信息管理。

6月，市中医院糖尿病科被卫生部确立为国家临床重点专科建设项目，实现全市卫生系统零突破。

9月1日，国土资源部部长姜大明到秦皇岛港调研西港搬迁改造工程。省委常委、市委书记田向利，副省长张杰辉，省国土资源厅厅长张绍廉，市委副书记、市长商黎光，市委常委、常务副市长马宇骏，市委常委、副市长邢留速等陪同。

9月—12月，开展吃空饷专项治理工作，将重点清理在编职工离职、开除、辞退、非组织选派自行离岗学习、长期病事假、长期旷工、已故或失踪、违规停薪留职，但未办理核销（减）工资手续，仍在原单位正常领取工资福利人员；按规定应办理而未办理退休手续，以及办理退休手续，但仍按在编职工领取工资人员；离休、退休、退职职工已故或失踪，其家属或利害关系人仍代领离休费、退休费或退职生活费人员；离休、退休职工从社会保险机构领取养老保险金，又同时从财政领取离休费、退休费人员；受党纪政纪处分、被司法机关羁押和受到刑事处罚未按规定进行工资核销（减）人员；享受遗属补助的人员已不具备享受补助规定条件，仍继续领取补助人员；虚报多领、冒领职工工资福利和对个人家庭补助的单位和人员；其他已经不具备直接从财政领取补助条件、仍继续领取补助的人员 8 类人员。

10 月，联益种植专业合作社被全国妇联、科技部、农业部联合认定为“巾帼现代农业科技示范基地”，获扶持资金 5 万元。是继宝润生态园被认定后第二家国家级巾帼现代农业科技示范基地，是年河北省仅有 6 家企业获此殊荣。

10 月，区委下发文件，决定在全区党员干部特别是领导干部中，广泛开展向靖红利学习的活动。靖红利是北港镇西连峪村原党支部书记。2009 年 11 月 8 日，他因劳累过度引发脑溢血倒在修筑盘山路的工地上，不幸去世，年仅 45 岁。在担任村干部的十几年间，他始终牢记党的服务宗旨，坚守为民信念，以党的事业作为人生最大的追求，以实现群众利益作为自己最大的满足。为让全村的老百姓过上好日子，他舍小家顾大家，不顾重病在身一心扑在工作上，团结带领村民以愚公移山的精神修筑盘山路、挖掘蓄水池、种植经济林，把千亩荒山变成“聚宝盆”，用生命谱写一曲拼搏进取之歌，诠释了一名共产党员的高尚情操和为民情怀，体现当代共产党人与时俱进的时代精神和无悔追求。

11 月 6 日，天津至秦皇岛高速铁路（津秦高铁）进入运行试验阶段。津秦高铁北接京哈线、哈大高铁，西接京津城际铁路，南接京沪高铁，是东北、华北、华东高铁的重要连接线。津秦高铁 2008 年 11 月 8 日开工建设，正线全长 257 千米，设计时速 350 千米，起点为天津站，终点为秦皇岛站。全线设天津、军粮城北、滨海、滨海北、唐山、滦河、北戴河和秦皇岛 8 个车站。

11 月 6 日，海碧台项目在香港举办的亚洲国际地产领袖峰会（MIPIMAsia）上获“最佳中国未来大型建设项目”金奖。位于金梦海湾商务旅游度假区西部的海碧台住宅项目由嘉里置业（中国）有限公司主要出资建设，由国际著名设计大师摩西萨夫迪设计。

11 月 26 日，全市唯一一家“河北省农村文艺辅导基地”在北港镇刘峪村挂牌。

11 月，美国华盛顿的中国研究中心下属机构发布“中国 500 所小学排行榜”，青云里小学、迎宾路小学榜上有名。青云里小学居 407 位，迎宾路小学居 412 位。

12 月 3 日—6 日，全区 35 家党政机关和事业单位近 1200 人入驻海港区市民中心。

12 月 28 日，火车站站前广场全功能性投入使用。

2014 年

1 月 2 日—5 日，中国·秦皇岛“乔氏杯”第二届中式八球国际大师邀请赛在市奥体中心体育馆举办。上届冠军加雷斯·波茨成功卫冕。此届大师赛是中式八球史上规模最大、规格最高、影响最广的国际体育赛事。

2 月 7 日，全市首批 168 辆插电式气电混合动力新能源车在秦皇岛火车站公交总站投入运营。

2 月 17 日，区委召开党的群众路线教育实践活动动员大会，贯彻落实中央、省、市关于开展第二批群众路线教育实践活动动员大会精神，对全区党的群众路线教育实践活动进行动员部署。会议由区委副书记、代区长霍春利主持，区委书记冯国林作动员讲话。高立明、张浩、鲁栋、杨永会等区领导出席会议。

2 月 21 日，区第十四届人民代表大会第三次会议在市民中心文化馆大礼堂举行。会议应出席代表 271 人，实出席 262 人。选举胡福全为区人大常委会副主任；选举霍春利为区政府区长；孙毅、桑菊为区政府副区长；选举刘光明为区法院院长。

2月，燕山大街街道天洋新城社区党支部书记周慧霞在第四届中国社工年会上被评为“2012年度中国最美社工”。是全市唯一获此殊荣的社区干部。

3月4日，在中央电视台财经频道、中国邮政集团公司、国家统计局共同主办的“中国经济生活大调查2013—2014”发布会上，秦皇岛市被评为“中国最幸福城市20强”，在地级城市中排名第一。

3月10日，全区各部门单位5000多名在职党员走进83个社区，开展“在职党员进社区”集中活动日活动。冯国林、高立明、张浩、杨永会等区领导和全区党员干部一起参加社区活动。

3月11日，全区深入开展党的群众路线教育实践活动区委主要领导报告会在文化广场大礼堂举行。区委书记冯国林就作为一名党员干部和党的基层组织领导者，就如何坚定政治信念和提高思想觉悟、如何树立正确的权力观、如何为人民群众办好事实事、如何取得人民群众信任四个方面进行专题辅导。区委副书记张浩主持会议。全区1000多人参加报告会。

3月17日，秦皇岛移动举行4G商用启动仪式。标志着秦皇岛市正式步入4G时代。

3月22日，海港区首家物流行业联合会举行揭牌仪式。

3月24日，第十届世界徒步大会暨第十届秦皇望海祈福文化旅游节健步走活动在秦皇植物园隆重开幕。市委副书记、市长商黎光宣布活动开幕。区委书记冯国林为活动鸣锣。区委副书记、区长霍春利在开幕式上致辞。商黎光、王桂鹏、冯国林、霍春利、张浩等市、区领导为徒步走爱好者领走。

3月26日，全市首个渠化路口——建国路与河北大街交叉口改造工程竣工通车。

3月30日，通过股权回购，秦皇岛公共交通有限责任公司完成国有化改制，结束11年的民营模式。

3月31日—6月6日，第十届秦皇望海祈福文化旅游节在秦皇求仙入海处举办，中华文化促进会副主席于广华代表中华文化促进会授予海港区“中国望海祈福文化之乡”牌匾。此届旅游节以“幸福家园，文化港湾”为主题，其间举办望海大会、沙滩音乐季、龙舟赛、中日韩青年艺术家联展、百姓民乐会等系列主题活动。

3月，海港区连续7年获中宣部“全国舆情信息工作先进单位”称号。

3月，海港区制发《区委常委会践行群众路线“十带头、十杜绝”有关规定》，就进一步开展党的群众路线教育实践活动，大力弘扬焦裕禄精神、做焦裕禄式好党员好干部作出承诺。

3月，海港区华叶电机有限公司研发设计的高效和超高效三相异步电动机产品，通过国家能效检测和专业认定，成为全市首家在工信部和国家技术监督总局完成能效标识备案的机电企业。

6月8日，第七届世界华侨华人社团联谊大会河北参访团一行88人在国家、省、市侨务工作人员的陪同下，莅临“全国侨务社区示范点”——东环路街道东环里社区参观，区委副书记、区长霍春利陪同参观。

6月30日，召开庆祝建党93周年暨“焦裕禄式好党员好干部”命名表彰大会。区委副书记、区长霍春利主持会议。会上，授予10名同志“海港区焦裕禄式好党员好干部”称号。

6月，文化路街道新一街社区居荫平之家被全国妇联评为“幸福家庭”，为全市唯一获奖家庭，全省仅3户家庭获此殊荣。

7月，区疾控中心在全国伤害监测工作表彰会上获“全国伤害监测工作先进单位”。

8月31日，2014秦皇岛国际马拉松在秦皇岛市奥林匹克中心正式鸣枪起跑，全球12个国家和地区的1.7万名顶级职业选手和业余跑者参与赛事。

8月，临港物流园区获“2014年度全国优秀物流园区”。是全市唯一入选的园区，全省6个园区入选。

9月12日，秦皇岛摄影家肖吉地获中国艺术摄影学会主办的最高摄影奖——“2014中国摄影金路奖”。

9月23日，秦皇岛以“观海听涛美”上榜中国城市竞争力研究会发布“2014年中国最美城市排行榜”。

9月30日，海港区在汤河公园烈士纪念碑前举行2014年烈士公祭活动，迎接全国第一个烈士纪念日。冯国林、霍春利、高立明、张浩、杨永会等区领导出席。

9月，第七中学被人力资源和社会保障部、教育部授予“全国教育系统先进集体”称号；外语实验学校教师董卉获“全国优秀教师”称号。

11月15日，秦皇岛港煤炭堆场防风网主体及附属配套设施工程全部完工。防风网总长度5038米，成为国内规模最大的防风网工程。工程历时7年。

11月27日，海港区召开农村土地承包经营权确权登记颁证工作会议，全区农村土地承包经营权确权登记颁证工作全面展开。

12月7日下午，燕山大学机械工程学院李镇豆等同学在西浴场海边赏雪时，发现一女子向大海深处走去，25名大学生冒着生命危险陆续下海，手拉手结成一条冰海救人的“生命链”，将女子成功救起。冰海救人大学生群体被市文明委授予“文明秦皇岛人标兵”称号，被团市委授予“秦皇岛市优秀共青团员”称号，被省文明委授予“学习雷锋善行河北先进人物群体”称号，被省教育工委、省教育厅授予“河北省见义勇为优秀大学生群体”称号。

12 月 22 日，北环路上跨铁路立交桥主路竣工通车。

12 月 23 日，金梦海湾沙滩木栈道工程全部节点竣工，与北戴河木栈路成功对接。中国最长的亲海沙滩木栈道——“秦皇岛万米木栈道”全线贯通。木栈道东起体育基地游船码头，西至北戴河湿地公园，总长 1.17 万米。

12 月，海港区社区党建工作分获“全国社区服务型党组织建设示范城区”“全国社区服务型党组织建设示范街道”称号，文化路街道党工委书记刘淑珍获“全国社区服务型党组织建设模范带头人”称号。

12 月，区社区教育管理中心创立的“齐兵剪纸工作室”被中国成人教育协会 2014 年全国终身学习活动品牌名单收录，成为全国百个终身学习活动品牌之一。

2015 年

1 月，最高人民法院举行“第三届全国审判业务专家”颁证仪式。区法院刑事审判二庭庭长、四级高级法官董林华被授予“第三届全国审判业务专家”称号。是河北省唯一获此荣誉的法官。

1 月，全国城乡居民基本养老保险基础养老金最低标准提高至每人每月 70 元。

2 月 2 日，秦皇岛冀盛物流有限公司被评为国家 AAAA 级物流企业。

2 月，居民医保补助标准在 2014 年基础上提高 60 元，达到人均 380 元。居民个人缴费在 2014 年人均不低于 90 元基础上提高 30 元，达到人均不低于 120 元。

2 月，临港物流园区被中国物流与采购联合会、中国物流学会授予“全国优秀物流园区”称号。

3月13日，位于金梦海湾的彩色自行车道完工，宽4米，长3200米，以海浪波纹为设计原型，融入中国古典园林造景手法，结合场地与绿地布置，自行车道与辖区木栈道之间形成大开大合的布置形式，营造多样的休闲体验。

3月19日，省委第八巡视组向海港区反馈2014年10月22日至12月5日对海港区的巡视情况。组长史双胜对中共海港区委认真贯彻执行中共中央和省委、市委的决策部署，高度重视党风廉政建设，自觉执行中央“八项规定”，不断改进干部选拔任用工作给予肯定。提出在巡视中干部群众反映一些问题，主要反映在党风廉政建设和反腐败斗争方面、干部作风建设方面、执行上级决策部署方面、干部选拔任用方面。

5月16日，以“绿色崛起，徒步先行”为年度主题的第十一届世界徒步大会在海港区西浴场拉开帷幕，国内外3万名徒步爱好者共同感受“中国最长亲海沙滩木栈道——秦皇岛万米木栈道”的独特魅力。参加徒步大会的百人以上团体达53个，还出现千人以上团体。省委常委、市委书记田向利，市领导刘辰彦、邢留逮、刘宝岐、杨春光、王桂鹏，国际休闲运动合作组织执委戴奥卡·齐亚斯，世界徒步协会理事、驻华代表希奥金出席启动仪式。秦皇岛市被国际休闲运动合作组织、国际市民体育联盟、世界徒步协会授予“世界最佳徒步城市”称号。

5月22日，第四届“感动港城·平民偶像”事迹报告会暨颁奖典礼在市民中心大礼堂举行。区委副书记齐香民主持会议。霍春利、刘爱秀、张立红、高骥恩、张晶、田宏伟、印洪等区领导出席报告会。

5月30日，中国·秦皇岛金梦海湾帆船帆板邀请赛在金梦海湾开赛。北京、山东、辽宁等省市及国外帆船帆板运动员、爱好者80

多人参赛。

5月31日，2015秦皇岛马拉松暨全国马拉松锦标赛在秦皇岛奥体中心开幕，全国各省、市的2.29万名职业和业余跑友参加比赛。省委常委、市委书记田向利，市委副书记、市长张瑞书，国家体育总局田管中心马拉松办公室主任张永良，省体育局副局长何文革，市领导刘辰彦、李秦生、杨宏、马宇骏、杨长新、闫五一、冯志永、王桂鹏参加起跑仪式并为获奖者颁奖。云南选手董国建以2小时19分34秒的成绩获男子全程马拉松冠军，河北邯郸选手华绍青以2小时37分19秒的成绩获女子全程马拉松冠军。田向利、张瑞书等市领导为坐落在秦皇岛马拉松赛起点处的优秀选手纪念墙揭幕，此举为国内首创。

6月19日，京津冀第三届龙舟冠军挑战赛、省首届龙舟公开赛、秦皇岛第四届龙舟大赛在汤河举行。比赛由省体育局、省体育总会主办，北京市社会体育管理中心、天津市社会体育管理中心、河北省体育局社会体育指导中心、秦皇岛市体育局、秦皇岛市体育总会、秦皇岛市文明办、海港区委、海港区政府承办。区委副书记、区长霍春利主持开幕式。区委书记冯国林致辞。市委副书记刘辰彦、市人大常委会副主任刘文杰、副市长冯志永、市政协副主席王桂鹏为比赛船只龙头点睛。比赛设6个组别，12人龙舟和22人龙舟2个类别，200米和400米两个项目，北京市、天津市、河北省的45支队伍720多名运动员参赛。

7月1日，召开纪念中国共产党成立94周年座谈会。区委副书记、区长霍春利主持会议。区委书记冯国林讲话。会议号召广大党员干部深入践行“三严三实”，团结和带领全区人民与时俱进，奋力拼搏，真抓实干，为打造一流主城区和沿海经济增长极作出更大贡献。区人大常委会主任鲁栋、区政协主席杨永会参加会议。

7 月 1 日，辖区首张“三证合一”营业执照在区政务服务中心工商窗口正式发放，秦皇岛南岭市场管理服务有限公司获海港区第一家“三证合一”营业执照。

7 月 26 日，组建海港区落实中央“八项规定”精神、纠正“四风”工作暗访组，以狠刹“四风”“3 + 2”专项整治行动为基点，全面开展落实中央“八项规定”精神、纠正“四风”专项行动。区委常委、纪委书记张晓雁亲自安排部署，并公布举报电话 3550145 和举报邮箱 hgqjfb@ 126. com，接受社会各界监督举报。

7 月，海港区新增省级科技型中小企业 15 家，共有省级科技型中小企业 116 家。

8 月 4 日，召开政府职能转变暨机构改革动员大会，对全区的政府职能转变和机构改革工作进行部署。区委副书记、区政府党组书记吕国新主持会议，区委书记冯国林讲话。齐香民、鲁栋、杨永会、刘爱秀、詹立军、张晶等区领导参加会议。

8 月 5 日，“干部进民企促发展”活动拉开序幕。首批选派的年轻优秀干部 29 人到企业担任总经理助理职务，每月至少到企业工作 10 天以上。

8 月 21 日，国务院批复同意秦皇岛市部分行政区划调整。同意撤销秦皇岛市抚宁县，设立秦皇岛市抚宁区；将原抚宁县的石门寨镇、驻操营镇、杜庄镇划归秦皇岛市海港区；将原抚宁县的牛头崖镇划归秦皇岛市北戴河区。行政区划调整后，海港区总面积达 700 平方千米，常住人口总数 80 万人。

8 月，在第二届“河北省畜牧业百强优秀企业”评选活动中，秦皇岛市牧羊源食品有限公司和秦皇岛市善源养殖有限公司被评选为“畜牧业百强优秀企业”。

8 月，海港区玉宽种植农民专业合作社注册成功，成为全区首家由基层社领办的农民合作社。

10月8日，海港区为秦皇岛冉创商贸有限公司颁发首张“三证合一、一照一码”营业执照。

11月5日，海港区委宣传部被中宣部授予“基层理论宣讲先进集体”。

11月22日，召开深入开展“接力沈汝波为民做好事”活动动员会议。区委书记冯国林出席会议并作动员讲话，区委副书记、代区长吕国新主持会议。

11月26日，杨家琛先进事迹报告会在区市民活动中心大礼堂举行。市、区领导郝占敏，杨长新，刘建军，冯国林，齐香民，张晓雁，张立红出席报告会。

11月，首个民营企业孵化器——秦皇岛青豆荚科技孵化器落户海港区原颐高数码广场。

12月，白塔岭小学获评“全国心理健康教育特色学校”；外国语实验学校和建设路小学获“全国节约型校园”。

12月，横断山路—南岭东路路段的全断面施工任务全部完成。

12月，博硕光电设备股份有限公司自主研发的第四代单轨道自动串焊机远销美国和巴西等多个国家。

12月，全区15个项目被列为国家、省科技项目，获科技经费336万元。秦皇岛视听机械研究所的“省创新方法示范企业”等3个项目被列为省创新资金项目，获省创新资金90万元；中冶东方工程技术有限公司秦皇岛设计院的“高炉渣干法粒化余热回收及非真空熔炼铬锆铜合金技术”等6个项目被列为省科技计划项目，获省科技资金210万元。

2016 年

1 月 1 日起，秦皇岛市城镇低保标准调整为：各县区不低于 500 元/月；农村低保标准调整为：各县区不低于 3000 元/年；农村五保供养标准调整为：各县区不低于农村低保标准的 1.5 倍，即不低于 4500 元/年。

1 月，驻操营镇龙泉庄村党支部书记温守文当选“2015 年度河北十大新闻人物”。

2 月 1 日，海港区第十四届人民代表大会第五次会议在市民中心大礼堂召开。选举刘凤奎为区人大常委会副主任，吕国新为区政府区长。

2 月，“秦皇岛第四届海子诗歌艺术节”被中国诗歌春晚组委会评为 2015 年度中国“十佳品牌诗会”。

3 月 26 日，第五届海子诗歌艺术节暨京津冀诗歌联盟首届诗会在海港区开幕。

4 月 1 日，区国税局推出全市首台云办税服务厅自助“发票领购机”办税终端，纳税人只需携带身份证和金税盘就可以自助领取发票。

4 月 7 日，全区第一次“全民洗城”集中行动正式开始，对辖区范围内的公共设施、交通护栏、绿化带、树木植被、道路路面、墙体立面、广告牌匾、交通站点在内的城市主干道及两侧至建筑物外立面所有的公共空间进行清扫、清洁、清除。孟祥伟、张瑞书等市四大班子领导，冯国林、吕国新等区四大班子领导与全区 2000 多名机关干部，50 多支专业清扫队伍，1 万多名志愿者一起走上街头，清除垃圾、清洗道路、清洁公共设施。

4 月 19 日，召开“两学一做”学习教育动员会。区领导吕国新、张浩、张晓雁、高骥恩、张晶、田宏伟参加会议。

5 月 9 日，河北省农村干部“万人示范培训班”到归提寨村参观，学习归提寨村发展的模式和理念，学习杨家琛埋头苦干，只为村民谋幸福的精神。

5 月 15 日，第十二届世界徒步大会暨 2016 年中国秦皇岛定向徒步赛在金梦海湾浴场万米沿海沙滩木栈道起点开幕。北京、天津等 45 个城市及国外的徒步爱好者共 3 万多人参加不同长度的健步。

7 月 9 日，在石门寨镇石门寨第一水泥厂一分厂，举行全市水泥行业化解产能过剩集中拆除活动。省、市、区领导魏建厂、孙国胜、吕国新、刘爱秀参加活动。

8 月 29 日，海港区与秦皇岛住达房地产开发有限公司举行海阳片区（秦皇皓月城）项目土地一级开发合同签订仪式。区委书记冯国林、河北三河燕达实业集团有限公司董事长李怀分别致辞。市、区领导邢留逮、冯国林、吕国新、张潮海、杨丽萍、李秋来等出席仪式。

8 月 31 日，省委督导组到海港区督导“两学一做”学习教育进展情况，区委书记冯国林对海港区“两学一做”学习教育工作进行汇报。督导组对海港区的“两学一做”学习教育工作给予高度评价。区领导齐香民、詹立军、田宏伟陪同。

11 月 23 日，全国义务教育发展基本均衡县国家督导检查组到海港区督导检查。听取海港区义务教育均衡发展情况汇报，观看义务教育发展专题片，就择校问题、教师交流情况、随迁子女入学等方面进行全面了解。区领导吕国新、齐香民、陈永山、桑菊、李秋来陪同检查。

12 月 1 日，全国煤炭交易会在秦皇岛市开幕。

12 月 22 日，举行区、镇两级人民代表大会代表换届投票选举，全区55万选民在43个大选区、153个小选区进行投票，产生新一届人大代表271人。

12月30日，召开典型案件通报暨党员干部警示教育大会。区委副书记、代区长曹立新主持会议。区委书记冯国林参加会议并作重要讲话。区委常委、区人大、区政府、区政协领导班子成员及区法院院长、区检察院检察长出席会议。

12月，海港区通过国家义务教育发展基本均衡县评估认定。

2017年

1月22日，北京绿色人居城市规划设计研究院、住建部政策研究中心、国家广电总局等相关机构的专家到海港区考察新型城镇化建设情况。冯国林、曹立新、刘爱秀、张立红、张潮海、杨丽萍、印洪、陈德耀等区领导陪同考察。

1月，海港区被评为“河北省社区教育示范区”。

2月20日—21日，中国共产党海港区第十次代表大会在区市民中心大礼堂召开。选举新一届区委委员40人，候补委员8人，新一届区纪委委员21人；选举冯国林、曹立新、涨潮海、周贤发、高骥恩、侯葵然（女）、王健、印洪、詹立军（满族）、张晶为区委常委；选举冯国林为区委书记，曹立新、涨潮海为区委副书记。选举出席市第十二次党代会代表37人。

2月25日—27日，政协海港区第九届委员会第一次会议在区市民中心大礼堂召开。选举杨永会为九届区政协主席；李秋来、赵长泰、吴贵荣、苏文胜为副主席；敬卫兴为秘书长。

2月26日—28日，海港区第十五届人民代表大会第一次会议在市民中心大礼堂召开。选举齐香民为区人大常委会主任，刘凤奎、桑菊、韩国祥、杨丽萍为区人大常委会副主任；选举曹立新为区政府区长，印洪、孙毅、杨忠权、肖桂玲、陈永祥为区政府副区长；选举刘光明为区法院院长；陈巍为区检察院检察长。选举出席市第十四届人民代表大会代表107人。

3月30日，省委第十巡视组向海港区委反馈巡视整改“回头看”暨换届风气专项巡视情况意见。省委第十巡视组组长崔彦文、副组长扈俊贵，市、区领导刘新宏、冯国林、张浩、张潮海、齐香民、杨永会等出席会议。

4月9日，市委常委、区委书记冯国林在区市民中心礼堂为全区县级领导干部、各单位党委书记和分管党务工作人员上党课。区领导曹立新、张浩、张潮海、齐香民等参加听课。

4月17日，举办创建全国文明城市新闻发布会。区委副书记、区长曹立新致新闻发布词。《工人日报》、新华网、《河北日报》、河北电视台、《燕赵都市报》、长城网、《秦皇岛日报》《秦皇岛晚报》、秦皇岛电视台、秦皇岛传媒网、河北共产党员网、搜狐焦点等30多家传播媒体和新媒体参加发布会。

4月28日，开展淘汰取缔燃煤锅炉和“散乱污”企业集中行动，对32台燃煤锅炉和1家“散乱污”企业进行拆除。市、区领导张瑞书、冯国林、孙国胜、曹立新、陈永祥参加集中行动。

5月12日，沧州、石家庄、邯郸等地的200多名村党支部书记到石门寨镇房庄村参观学习村级组织建设、村民致富项目、老君顶景区建设等。

5月14日，2017年秦皇岛国际马拉松赛暨全国马拉松锦标赛（第二站）在秦皇岛奥体中心开赛。锦标赛设迷你5千米与全程42.195千米两个项目。全程的起点为奥体中心，经滨海大道、绕北戴河海滨风景区，折返回起点，整个赛道为秦皇岛最美丽的沿海风景线，是广大跑友评出的“最美马拉松赛道”。参加马拉松的选手共

2.45 万人，其中，全程 9683 人，迷你 1.48 万人。外籍选手 16 人，来自美国、俄罗斯、德国、加拿大、澳大利亚、肯尼亚、埃塞俄比亚等 9 个国家。专业选手 14 人；年龄最大 80 岁，为秦皇岛跑友李殿成；年龄最小 20 岁。

5 月 26 日，海港区在市民中心礼堂举办第六届“感动港城·平民偶像”事迹报告会。市委常委、宣传部部长陈玉国，市委常委、区委书记冯国林及张浩、侯葵然、詹立军、吴贵荣等参加报告会。12 名当选的第六届“感动港城·平民偶像”向大会作事迹报告。

6 月 10 日，第十三届世界徒步大会暨全国奥运火炬手健步活动在金梦海湾浴场万米沿海沙滩木栈道起点开幕。此届徒步大会的主题口号为“美丽与毅力邂逅，‘靓’力而行”，徒步路线包含极具魅力的秦皇岛亲海栈道、北戴河海滨等路段。国内外徒步爱好者 3 万多人参加此次不同长度的健走活动。其中第一方队由国内的 80 多名奥运火炬手组成，倡议夏奥助力冬奥、传递奥运精神。

6 月 11 日，长沙远大住宅工业集团股份有限公司、秦皇岛中秦兴龙投资控股有限公司和秦皇岛金洋集团有限公司，就共同建设装配式住宅产业化项目在市民中心文化馆举行签约仪式。区领导冯国林、曹立新、田学清出席仪式。

6 月 16 日，全国青年帆船锦标赛在金梦海湾旅游度假区开赛。比赛为期 6 天，9 个省、市代表队近百名运动员参加比赛，分为男、女 470 级，男子激光级，男、女激光雷迪尔级，芬兰人级，男女 420 级等级别，各级别进行场地赛和长距离赛。

7 月 16 日，秦皇岛柳江地质文化研究会成立。选举吉羊教授为会长，董耀会教授为名誉会长。区领导冯国林、侯葵然、孙毅、李秋来、苏文胜参加成立大会。

7 月 19 日，由中广联合会新闻节目工作委员会、河北省委外宣局、河北广播电视台联合组织的“行进中国，精彩故事”第二届全国广播媒体走进美丽河北大型采访的50多位广播电台记者到海港区采访。

7月，秦皇岛市在金梦海湾浴场、鸽子窝、老虎石、平水桥等6处游客较多的沙滩上设置“沙滩书吧”，游客和市民可以免费阅读里面的图书。

8月，新型环保水泥垃圾桶投放使用，其材质选用水泥材料，具有耐腐蚀、耐酸碱、抗老化等特点。

10月1日上午9时，在人民广场举行以“祖国在我心中”为主题的升国旗仪式。市委、市人大、市政府、市政协四大班子领导，市直机关各单位主要领导、干部职工和海港区机关干部职工代表参加活动。

10月，国庆中秋假期，全区接待游客113.16万人次，同比增长57.89%，实现社会旅游总收入10.72亿元，同比增长40.49%。北部片区接待游客41.18万人次。

11月7日，秦皇岛市海港医疗集团成立大会暨揭牌仪式在海港医院举行。市委副书记、市长张瑞书，市委常委、海港区委书记冯国林，副市长廉茹艳出席大会。张瑞书、廉茹艳为医疗集团成立揭牌。区委副书记、区长曹立新主持揭牌仪式。

11月21日，由中国煤炭工业协会主办，中国煤炭运销协会、河北港口集团公司承办的2018年度全国煤炭交易会在秦皇岛市开幕。国家发展和改革委员会副主任连维良，中国煤炭工业协会会长王显政，河北省副省长王晓东，秦皇岛市委副书记、市长张瑞书，秦皇岛市委常委、海港区委书记冯国林，秦皇岛市副市长孙国胜等出席开幕式。10家大型钢铁企业、10家大型建材企业、12个铁路局、10家大型港口、26家区域煤炭交易中心、70多家大型煤炭物流与贸易企业负责人共2000多人参加会议。其间，举办部分重点产煤省（自治区、直辖市）和大型企业座谈会、专场交易会、展览展示等系列活动。

12月11日，青云里小学获首届“全国文明校园”称号。

12月18日，秦皇岛市海港区投资环境说明会在天津举办。以“打造世界一流滨海康养旅游度假区”为主题，全面宣传推介海港区优良旅游文化资源，展示投资环境新形象，强化与天津企业交流，加速融入京津冀协同发展。区委副书记、区长曹立新介绍海港区的基本情况，区文旅委、北部工业区、杜庄工业区、物流园区和首秦公司分别针对各自的项目和产业进行宣传推介，签订3项战略合作协议。

12月，全区开展“横向到边”和“纵向到底”的层层网格化中共十九大精神宣讲活动。区、镇（园区、街道）、村（居）三级层层组建宣讲团，开展面向基层、面向群众的大宣讲活动，形成领导带头、全员参与、全民动员的大宣讲格局。

12月，经省文明委审核，省委、省政府批准，确定第一届河北省文明城市（城区、县城）名单。海港区获第一届“河北省文明城区”称号。

2018年

1月6日，“悦动港城——秦皇岛之冬、欢乐冰雪季”秦皇岛2017—2018雪季冰雪活动在石门寨镇老君顶景区启动。活动主要内容有第二届冰雪嘉年华、河北省第十五届运动会滑雪和滑冰项目秦皇岛选拔赛、冰雪社会体育指导员培训、秦皇岛市第一届全民健身冰雪运动会、中小学生冰雪体验等。市长张瑞书出席启动仪式，并调研秦皇岛市冬季冰雪运动旅游工作。市委常委、海港区委书记冯国林，副市长冯志永，市政协副主席孙立军出席启动仪式。

1月16日，“乐享河北开启旅游新时代——2018河北旅游发布”活动在石家庄太行国宾馆举行。秦皇岛山海花田旅游景观道入选“2017河北十大旅游公共服务项目”；海港区旅游服务驿站“以商养厕模式”入选“2017河北十大厕所革命亮点”；新奥集团股份有限公司入选“2017河北十大旅游投融资企业”；秦皇岛闆城小镇入选“2018旅游发布不得不访的十大特色小镇”。

1月19日，召开典型案件通报暨党员干部警示教育大会。区委常委、纪委书记周贤发通报2017年度海港区查处的违反政治纪律、廉洁纪律、工作纪律、生活纪律、财经纪律、涉嫌贪污、涉嫌犯罪的等8起典型案例。

2月2日，区人大常委会主任齐香民主持召开区第十五届人大常委会第七次会议。接受杨永会等5人辞去区第十五届人大代表职务。补选周贤发为市第十四届人民代表大会代表；苏文胜、陈占勤为区政府副区长，刘俊安为区人大城乡建设和环境保护委员会主任，表决通过后，新任命的国家工作人员向宪法宣誓。

2月10日—12日，海港区第十五届人民代表大会第二次会议在海港区文化馆大礼堂召开。大会应出席代表273人，实出席253人。会议听取和审议区委副书记、区长曹立新所作的《秦皇岛市海港区人民政府工作报告》；区十五届人大常委会主任齐香民所作的《秦皇岛市海港区人民代表大会常务委员会工作报告》《关于秦皇岛市海港区2017年国民经济和社会发展计划执行情况与2018年国民经济和社会发展计划（草案）的报告》（书面）《关于秦皇岛市海港区2017年财政预算执行情况和2018年财政预算（草案）的报告》（书面）《秦皇岛市海港区人大常委会关于区十五届人大一次会议代表建议、批评和意见办理情况的报告》《秦皇岛市海港区人民政府关于区十五届人大一次会议〈关于借势旅发大会，加快我区旅游业发展的议案的决议〉落实情况的报告》《秦皇岛市海港区第十五届人民代表大会第二次会议选举办法》《设立区十五届人大法制委员会等四个专门委员会的决定》《有关专门委员会组成人选的表决办法》《关于秦皇岛市海港区人民法院工作报告》《关于秦皇岛市海港区人民检察院工作报告》。会议通过上述各项报告，并作出相应的决议。会议依法补选卢利辉、刘俊安、杨春岩、赵荣福、薛莉 5 人为区十五届人大常委会委员；选举周贤发为首任区监察委员会主任，表决通过区十五届人大法制等 4 个专门委员会组成人员人选。区十五届人大二次会议收到代表议案、建议 149 件，代表建议办结率 100%，满意率 100%。

2 月 10 日—12 日，区政协第九届委员会第二次会议在市民中心文化馆大礼堂召开。出席会议的政协委员 257 人，因事、因病请假 24 人，实际出席委员 233 人，符合规定人数。市委常委、区委书记冯国林代表区委、区政府对大会召开表示祝贺并作题为《凝心聚力、携手共进，为开创海港区高质量发展新局面而努力奋斗》的讲话。受政协海港区第九届委员会常务委员会委托，区政协副主席李秋来向大会作《政协海港区第九届委员会常务委员会工作报告》、区政协副主席赵长泰向大会作《政协海港区第九届委员会常务委员会关于九届一次会议以来提案情况的报告》。听取和协商讨论《秦皇岛市海港区人民政府工作报告》《2017 年国民经济和社会发展计划执行情况和 2018 年国民经济和社会发展计划报告》《2017 年财政预算执行情况和 2018 年财政预算报告》及其他报告。会议选举郭占鑫为政协海港区第九届委员会主席；兰鹏为秘书长。

3 月 28 日，海港区 2018 年春季重点项目在开滦路历史街区旧城改造项目现场举行集中开工。市委副书记、市长张瑞书致辞并宣布项目开工，市委常委、区委书记冯国林出席活动。区委副书记、区长曹立新主持活动，区委常委、常务副区长印洪介绍开工项目情况。此次集中开工的项目有11个，计划总投资119亿元，其中，省级重点项目2个，市级重点项目4个，总占地面积157.47公顷，投资强度7575万元/公顷。万达广场总投资42亿元，总占地面积10公顷，是万达第四代城市综合体，集购物中心、高端住宅、办公楼、休闲娱乐等业态于一体，项目分两期建设，预计2019年12月竣工，2020年正式运营。世纪港湾商业广场二期项目总投资2亿元，建筑面积5万平方米，是港城首家快时尚、生活超市、影院电玩、潮流精品、时尚服饰、生活配套为一体的全客层一站式购物平台，一、二期项目总建筑面积近20万平方米，预计2019年7月完工，8月试营业。

4月10日，秦皇岛市海港医院获河北省“五一劳动奖章”。

4月13日，2018年秦皇岛国际马拉松赛暨全国马拉松锦标赛在秦皇岛市奥体中心鸣枪开跑。比赛以“文明城市的城市文明”为主题，比赛设全程马拉松（42.195千米）和迷你马拉松（5千米）两个项目。14个国家和国内32个省、自治区、直辖市和香港特别行政区243个城市的2.5万多名选手参加比赛。

4月14日，海港区召开全区党政班子纠正“四风”问题专题民主生活会议。市委书记孟祥伟全程参加指导，市委常委、海港区委书记冯国林主持民主生活会，并开展自我批评、检查剖析，代表全区作表态发言。区党政班子成员、人大常委会主任、区法院院长、检察院检察长围绕“四风”和中央“八项规定”，查摆问题，开展自我批评，进行党性剖析。市纪委、市委组织部、市委大督查第四督查组有关负责人及其他区级领导，区委各工委、各部门负责人，区直各单位、各人民团体负责人，各镇、街党（工）委书记，海港经济开发区党工委副书记列席会议。

4 月 27 日，第十四届世界徒步大会在金梦海湾海韵广场举行。大会以“从众、自然、绿色、健康”为主旨，倡导“脚步度量梦想，足迹记录成长”的可持续参与理念，主题为“走进新时代，踏向新征程”。徒步线路包括美丽的海滨栈道及长城步道，最短 7.5 千米，最长 35 千米，参与者可自由选择。

4 月，区城市管理综合执法局全面启动凌晨马路机械化洗扫作业，每日 38 台机械化洗扫车全部上路，对 15 条主干道进行早、午间清洗作业。

4 月，沈汝波获得的 7730 元捐款作为特殊党费上交党组织。

6 月 3 日，沈汝波遗体告别仪式在市殡仪馆告别大厅举行。孟祥伟、张瑞书、田金昌、刘辰彦、郝占敏、薛永纯、闫五一、刘文萍、刘新宏、李国勇、陈玉国、冯国林、王景田、廉茹艳、高恩泽等市领导，市县（区）有关单位负责人及各界代表 400 多人参加告别仪式，全市近万名群众沿途送别，向沈汝波表达哀思和怀念。

6 月 15 日—8 月 25 日，首届美丽乡村旅游文化节在老君顶景区举办。此项活动由 CCTV 7 军事农业频道（闻道）栏目组、老君顶景区主办，秦皇岛老君顶旅游开发有限公司承办，秦皇岛市招商引资和服务企业第 10、11 办理组，海港区政府，淮岗区文旅委协办。文化节主题是“常游天地间，印象老君顶”，旨在更深入地挖掘老君顶旅游文化资源，打造文化、艺术、体育相融的旅游景区。

6 月 21 日，秦皇岛首钢赛车谷项目启动仪式在首秦公司厂区内举行。国家体育总局汽摩运动管理中心主任、中国汽车摩托车运动联合会主席詹郭军，市委副书记、市长张瑞书，首钢集团总经理张功焰等出席启动仪式并按下启动按钮，揭开首秦转型的大幕。市委常委、海港区委书记冯国林，副市长冯志永出席仪式。

6 月 22 日，经过各级专家组层层遴选，海港区耀华小学的课外体育活动案例成功入围“第二届‘全国小学体育活力校园创新奖’优秀案例全国 100 强”，获“课外体育活动案例奖”；耀华小学教师金共桥获“全国课外体育活动创新奖”。颁奖典礼在北京水立方国家游泳中心隆重举行。

8 月 5 日，市委书记孟祥伟宣布：秦皇岛西港花园正式向广大市民和游客开放。河北港口集团有限公司董事长曹子玉，河北港口集团有限公司总经理刘广海，市委常委、市委秘书长李国勇，副市长冯志永出席开园仪式。西港花园是河北港口集团建设国际旅游港起步区的一期工程，占地面积 80 公顷，包括秦皇岛港大码头、甲码头、乙码头、南栈房、老港路、靠山路和青松路沿线及太平湾堆场部分区域。

8 月 21 日，海港区召开柳江盆地经济社会发展工作座谈会议。东北大学教授、秦皇岛柳江地质文化研究会会长吉羊对柳江盆地进行介绍；全国部分高等院校的老师就实习过程中发现的问题，分析形成原因，提出改进的意见和建议；围绕柳江盆地申报世界地质公园、建设国家地质公园、国家长城文化公园、国家森林公园提出长远规划。区政协主席郭占鑫出席会议并讲话。

8 月，燕海里社区被命名为“全国民主法治示范村（社区）”。

8 月，海港区新增小学、初中 4 所。归提寨小学和第七中学集团第十四中学即将建成并交付使用，对归提寨小学、第七中学集团第十四中学及周边规划建设的第十六中学集团南岭国际中学（暂定名）、公富庄小学施教区及对口学校予以明确。此次施教区划分办法自 2018 年秋季中小学招生时正式实施。

9 月 12 日，第二届京津冀服务外包协同发展论坛海港区“智慧城市与主城区发展”分论坛在阿尔卡迪亚酒店举行。旨在宣传推介海港区投资环境新形象，提振海港区产业发展新引擎，与100多家企业代表共同探讨服务外包发展新机遇，共叙友谊，共商合作。市委常委、区委书记冯国林出席活动并致辞。省商务厅副厅长陈彦报，副市长冯志永出席签约仪式，区委常委、常务副区长印洪出席活动。

9月14日—16日，第七届海子诗歌艺术节活动在秦皇岛隆重举行。关仁山、于坚、林雪等全国各地的60多位作家、诗人在金秋九月会聚一堂，以诗为友，以文会友。其间，举办“诗意海港”诗歌研讨会、海子诗歌音乐沙龙、“山情海韵”诗歌朗诵会等系列文化活动，带领与会人员欣赏花海展演、走进美丽乡村、体验滨海风情、共赴诗歌盛宴。

9月17日，《人民日报》刊发题为《他做的好事数也数不完——追记河北省秦皇岛市海港区退伍军人沈汝波》，中国之声“新闻和报纸摘要”节目播出《河北秦皇岛好人沈汝波，一生要做十万件好事》。

9月20日，海港区“中国首届农民丰收节”在北纬40度公园盛大启帷。此次活动由秦皇岛市委宣传部、秦皇岛市文明办、海港区委、海港区政府主办。市委常委、海港区委书记冯国林宣布活动开幕。市政协副主席王贵鹏、区委副书记涨潮海出席活动并致辞。活动以生态文明丰收喜悦为主题，通过产品展销、优秀农产品“PK”、农村优秀传统文化会演、美丽乡村图片展、体验农民丰收等活动，精彩呈现海港区在乡村振兴和农旅融合中取得的丰硕成果。市文明办主任姚飞、区政协主席郭占鑫出席活动。区委常委、宣传部部长侯葵然主持开幕式。

11月10日，中宣部、退役军人事务部向社会公开发布20名“最美退役军人”先进事迹，并颁发“最美退役军人”荣誉证书。

沈汝波被追授为“最美退役军人”。

11月，在杭州结束的2018中国（国际）休闲发展论坛上，2018年度中国十大诗意小城揭晓，海港区获“2018年度中国十大诗意小城”称号。

11月，2018中国卡车公开赛（秦皇岛站）在杜庄镇首钢赛车谷钢铁赛道拉开帷幕。中国卡车公开赛是国家体育总局汽摩运动联合会与欧洲卡车大赛组织机构合作举办的世界高水平卡车赛事，也是中国唯一列入年度全国体育竞赛计划的卡车类赛事。此次比赛，有14台经过改装的超大马力重型卡车参与，3000多名赛车爱好者和市民观看比赛。

12月5日—7日，2019年度全市煤炭交易会在秦皇岛市召开，为全国煤炭交易会连续第三年在秦皇岛市召开。5日，举行隆重的开幕式。11家煤炭企业与19家用户企业签订煤炭中长期合同。交易会期间组织召开企业家论坛及煤炭市场探讨、展览展示等系列活动。

12月29日，海港区第七届“感动港城·平民偶像”道德模范事迹报告会在区市民中心礼堂举行。13位当选的第七届感动港城平民偶像报告他们的先进事迹。

2019年

1月12日—21日，中国·秦皇岛“乔氏杯”第七届中式台球国际大师赛总决赛在秦皇岛奥体中心体育馆举行。

1月13日，在新华网主办的第六届旅游业融合与创新论坛上，秦皇岛市以“首批全国优质康养休闲旅游胜地”荣登“2018旅游业最美中国榜”。

1月18日，区市场监督管理局依照《中华人民共和国电子商务法》规定颁发首张电商营业执照，首次在工商登记办理中使用网络地址作为经营场所。

1 月 29 日，中共海港区第十届委员会第四次全体（扩大）会议召开。会议由区委常委会主持。市委常委、区委书记冯国林，区委副书记、代区长樊海涛讲话。全会全面总结 2018 年工作，安排部署 2019 年经济社会发展任务。

2 月 20 日—22 日，区政协第九届委员会第三次会议在市民中心文化馆大礼堂召开。出席会议的政协委员 263 人，因事、因病请假 12 人，实际出席委员 251 人。市委常委、区委书记冯国林代表区委、区政府对大会召开表示祝贺并作题为《同心同德聚合力、群策群力促发展、携手共创新时代海港区高质量发展新篇章》的讲话。受政协海港区第九届委员会常务委员会委托，区政协主席郭占鑫向大会作《政协海港区第九届委员会常务委员会工作报告》、区政协副主席李秋来向大会作《政协海港区第九届委员会常务委员会关于九届二次会议以来提案情况的报告》。听取和协商讨论《秦皇岛市海港区人民政府工作报告》《2018 年国民经济和社会发展计划执行情况和 2019 年国民经济和社会发展计划报告》《2018 年财政预算执行情况和 2019 年财政预算报告》及其他报告。会议审议通过提案审查情况的报告和政治决议。

2 月 21 日—22 日，海港区第十五届人民代表大会第三次会议在海港区市民中心召开。大会应出席代表 272 人，实出席 253 人。大会听取和审议区人民政府代区长樊海涛所作的《海港区人民政府工作报告》，区发展和改革局局长石建军《关于海港区 2018 年国民经济和社会发展计划执行情况与 2019 年国民经济和社会发展计划（草案）的报告》（书面），区财政局局长马馨《关于海港区 2018 年财政预算执行情况和 2019 年财政预算（草案）的报告》（书面），区十五届人大常委会主任齐香民所作的《海港区人民代表大会常务委员会工作报告》，区人民法院代院长曹敬东所作的《海港区人民法院工作报告》，区人民检察院检察长陈巍所作的《海港区人民检察院工作报告》。会议通过上述各项报告，并作出相应的决议。大会依法补选李连仲、梅红霞2名区十五届人大常委会委员；选举樊海涛为区人民政府区长，敖国强为区监察委员会主任，曹敬东为区人民法院院长；表决通过区十五届人大社会建设委员会组成人员人选。区十五届人大三次会议共收到代表议案1件、建议149件，全部审议办理完毕，实现办结率、满意率两个100%。

3月3日，“接力沈汝波为民做好事”学雷锋志愿服务活动月启动仪式在人民广场举行。市委常委、宣传部部长陈玉国主持启动仪式，市委常委、组织部部长刘文萍宣读《“接力沈汝波为民做好事”学雷锋志愿服务活动月实施方案》，市委书记孟祥伟和省委宣传部部务会成员、省文明办专职副主任李秀存为秦皇岛志愿服务供需对接平台揭牌。市领导李国勇、刘文杰、冯志永、郑泉出席活动，全市各界2000多名志愿者参加启动仪式。

3月28日，市保障性住房管理中心在海港区秦皇大街文化广场二楼大剧场对位于海港区东部、开发区西区共计1400套公共租赁住房进行公开摇号。

3月30日，海港区举行2019年春季重点项目集中开工活动。市委副书记、市长张瑞书出席活动并宣布开工。全区此次集中开工的项目12个，总投资42亿元，当年计划投资23.5亿元。其中，产业类项目7个，基础设施建设类项目2个，社会事业类项目2个，棚改项目1个。

4月1日，住房公积金贷款额度测算办法和提取政策进行调整。取消子女购房提取父母住房公积金政策、物业费提取政策、全款购买首套90平方米以下住房多次提取政策，规范重大疾病提取政策，严格审核异地购房材料的真实性。

4月21日，由著名儿童电影导演、资深制片人齐为民主导的电影《嘿！功夫小鬼》新闻发布会暨开机仪式在海港区成功举办。

4月29日，由中华诗词学会、河北广播电视台、中共秦皇岛市委、秦皇岛市人民政府联合主办的“秦皇山海”全民诵读大会新闻发布会在北京梅地亚中心举行。

4月，西港路小学邀请埃及国际象棋主席希沙姆、印度国际象棋特级大师卡西克，开展2019“一带一路”国际象棋进校园活动。

5月7日，秦皇岛市2019年高校征兵工作启动仪式在燕山大学举行。

5月12日，君乐宝2019秦皇岛国际马拉松暨全国马拉松锦标赛在市奥体中心开赛。经过2个多小时的激烈角逐，肯尼亚选手阿尔弗雷德摘取男子组第一名，用时2小时15分44秒；中国选手张美霞获女子组冠军，用时2小时32分21秒。

5月26日，第15届世界徒步大会在金梦海湾举行。此届徒步大会以“献礼祖国，执梦行走”为主题，徒步大会线路包括美丽的海滨栈道及长城步道，共设5千米、10千米、30千米三条线路供参与者自由选择。巴基斯坦、俄罗斯等12个国家和国内30多个城市的徒步爱好者和1.2万名市民参加。

5月31日，由中国电影制片人协会青少年电影工作部，秦皇岛市残疾人联合会，海港区委、区政府共同主办的中国秦皇岛首届残障儿童电影周在区市民中心大礼堂正式启动。

6月7日，秦皇岛第八届龙舟大赛在老君顶景区举行，28支参赛队伍激烈角逐。

6月22日，第十三届秦皇望海祈福文化旅游节之秦皇岛礼物展在京津冀旅游集散中心拉开帷幕。

7月7日，纪念全民族抗战爆发82周年，海港区组织开展防空警报试鸣和社区居民疏散演练活动，警醒广大群众铭记历史、勿忘国耻、珍视和平、居安思危。

8月16日，秦皇岛首钢赛车谷开园仪式在首钢赛车谷汽车特技秀场举行。市委副书记、市长张瑞书出席仪式并宣布“秦皇岛首钢赛车谷”正式开园。

8月24日，为期两天的2019中国家庭帆船赛（秦皇岛站）在秦皇岛帆船游艇港拉开帷幕。41支船队进行激烈角逐。

9月1日，城市区居民管道天然气销售价格由2.38元/立方米调整为2.65元/立方米；城市低保户、城镇分散供养特困人员生活用气价格由1.45元/立方米调整为1.6元/立方米。

10月12日，第八届海子诗歌艺术节在海港区开幕。全国各地的30多位诗人、作家和评论家汇聚一堂，以诗抒怀、以诗言志，共享一场诗歌盛宴。区委副书记、区长樊海涛出席开幕式并致辞。

10月19日，秦皇岛茂业天地购物中心对外营业。茂业天地建筑面积17万平方米，分快时尚、餐饮、娱乐、教育培训、零售等区域，有240多个商家入驻。

10月21日，东北石油大学附属小学揭牌，其前身为海港区归提寨小学。

11月2日—3日，“2019中国娱乐卡丁车大奖赛（CRKC）秦皇岛站”在首钢赛车谷“卡丁世界”拉开帷幕。全国各地78名卡丁车爱好者和19支队伍参赛。

11月22日，秦皇岛万达广场建成开业。

11月，全市城镇职工基本医疗保险、大额补充医疗保险和城乡居民基本医疗保险、大病保险、建档立卡贫困人口医疗保障救助均实现省内和跨省异地住院费用“一站式”直接结算。

12 月 13 日，秦皇岛市中医院被商务部、国家中医药管理局认定为首批国家中医药服务出口基地，为河北省唯一获批的医疗机构。

12 月 23 日，中国共产主义青年团海港区第七次代表大会召开。

后　记

《秦皇岛市海港区革命老区发展史》深刻记述秦皇岛市海港区百年波澜壮阔又艰辛曲折的发展历程。遵照习近平总书记重要讲话中提出的“三大历史性事件”和“三大里程碑”（成立中国共产党、成立中华人民共和国、推进改革开放和中国特色社会主义事业，是五四运动以来我国发生的“三大历史性事件”，是近代以来实现中华民族伟大复兴的“三大里程碑”）历史时期和“三个伟大飞跃”（第一，中华民族迎来了从站起来、富起来到强起来的伟大飞跃；第二，中国特色社会主义迎来了从创立、发展到完善的伟大飞跃；第三，中国人民迎来了从温饱不足到小康富裕的伟大飞跃，中华民族以崭新的姿态屹立于世界东方）要求，记述中共海港区委员会领导全区人民革命、建设、改革开放、脱贫致富奔小康的光辉历程，总结全区人民英勇斗争、改天换地、建设家乡的宝贵经验，彰显全区人民继承弘扬革命传统奋勇前进的英雄气概。在编写过程中，我们始终贯穿这条红线，海港区发展的每一个历程，都是中国共产党领导的结果。特别是党的十八大以来，在以习近平同志为核心的党中央领导下，海港区的经济和社会事业健康快速发展，人民生活水平显著提高，尤其是脱贫攻坚、精准扶贫取得很大成绩。

本书编纂上限为中国共产党建立，下限为2019年，内容涵盖党的早期革命活动、土地革命战争、全面抗战、解放战争、新中国成立后三十年、改革开放和新时代中国特色社会主义时期。编纂内容涉及全区党、政、军、民在政治、经济、军事、文化、卫生、科技、人民生活等各个方面的多个层次。

本书编纂是按照中国老促会、河北省老促会的指示，在省、市老促会的直接领导和关心下进行的。市老促会2018年布置编纂任务后，海港区立即组织编写队伍，于下半年开始收集资料，走访镇、村，采访有关当事人，于2020年11月完成初稿。经党史部门审核修改，2021年2月定稿。

本书编撰过程中，区委、区政府主要及主管领导非常重视，管标准，管进度，管质量，帮助解决编纂过程中遇到的困难和问题，确保编纂进度和质量。市地方志办公室、市老促会、港务局、耀华集团、区委办、区党史办、区政府办、区地方志办公室、区发改局、区教育局、区房产局、区卫生局、区人力资源和社会保障局及驻操营镇、石门寨镇、杜庄镇的领导和主管同志对资料收集和编纂给予很大帮助，你们的付出，海港区历史将铭记！

《秦皇岛市海港区革命老区发展史》记述海港区百年革命发展历程，内容浩瀚，编辑人员虽竭尽全力、尽其所能，但由于缺乏经验、欠丰学识、未逮能力，书中疏漏和不尽人意之处，敬请各位领导、专家、学者和读者提出意见、建议。

编　者